赣南师范大学学术著作出版基金资助项目

新时代乡村善治逻辑及其实践

熊小青 著

中国社会科学出版社

图书在版编目(CIP)数据

新时代乡村善治逻辑及其实践 / 熊小青著 . —北京：中国社会科学出版社，2024.7
　　ISBN 978-7-5227-3117-9

Ⅰ.①新…　Ⅱ.①熊…　Ⅲ.①乡村—社会管理—研究—中国　Ⅳ.①D638

中国国家版本馆 CIP 数据核字(2024)第 041600 号

出 版 人	赵剑英
责任编辑	宫京蕾
责任校对	秦　婵
责任印制	郝美娜

出　　版	中国社会科学出版社
社　　址	北京鼓楼西大街甲 158 号
邮　　编	100720
网　　址	http：//www.csspw.cn
发 行 部	010-84083685
门 市 部	010-84029450
经　　销	新华书店及其他书店
印　　刷	北京君升印刷有限公司
装　　订	廊坊市广阳区广增装订厂
版　　次	2024 年 7 月第 1 版
印　　次	2024 年 7 月第 1 次印刷
开　　本	710×1000　1/16
印　　张	15
插　　页	2
字　　数	258 千字
定　　价	88.00 元

凡购买中国社会科学出版社图书，如有质量问题请与本社营销中心联系调换
电话：010-84083683
版权所有　侵权必究

自　序

乡村善治是关于乡村善于治和治于善的治理理论与实践。农耕生活作为人类最初的生产生活方式，意味着乡土生存以及乡村社区是人类最先经历的生存样式。随着乡村社会的出现，乡村生存自然就有了秩序的建立和维护，从而就有了社会管理。任何管理或治理，都是基于某种价值理念而做出的，包括为了谁的利益，站在谁的立场，符合谁的需要方式，等等。对这一系列问题所做出的善恶评价便成为管理或治理之善恶、之好坏的评判。所谓善治，就是能带来乡村社会稳定、有序，利于乡村人的团结，确保大多数人利益等的治理。因此善治体现着乡村生存的美好愿景和乡村共同体的共同利益，代表着乡村管理的人性化以及实现。善治作为愿景和目标，不断引领乡村社会治理的变革与创新。

作为一个农业大国，中国在漫长的乡村发展过程中形成了乡村善治传统。传统社会的善治更多的是以"善政"表现出来。这与中国传统社会的中央集权制管理体制有关。而"善政"最为直接的表现就是以"德治"为核心的儒家传统政治思想，包括以德治国的仁政思想，君轻民贵的民本思想等。善政就是"能给官员带来清明和威严的公道和廉洁，各级官吏像父母一样热爱和对待自己的子民，没有私心，没有偏爱"[1]。尽管这些是基于整个社会管理而言，但对于一个以农为本、重农的国家而言，"善政"在很大程度上是对农民的善政。进入现代社会后，"善政"即英语中的"good government"，直译为"良好的政府"，或"良好的统治"，这当中就有了如法治、廉洁、行政效率、行政服务等内涵，尽管仍是基于统治而言，但"善政"的公共性使政府与农民间的互动参与得到了拓展。20

---

[1] 俞可平：《治理与善治》，社会科学文献出版社2000年版，第8页。

世纪 90 年代,"善治"理论被提出后,学界以及实践工作者将善治应用于乡村治理并进行了有益的讨论与实践,对其内涵及实践逻辑进行了探讨并有了更多的共识,尤其是作为化解当时社会转型所引发的乡村社会矛盾的有效方式,获得了积极肯定。

善治理论是西方基于治理理论不足而提出的新的理论。它强调国家(政府)与公民的有效互动与合作来推进公共事务管理,要求以实现公共利益最大化为基本目标,并将之体现于公共权威运作和社会管理的过程中。善治理论的实质是国家权力的社会回归,强调治理主体之间的平等参与和合作。当善治理论移植于中国乡村社会治理时,善治的中国化以及实践就必然成为首先需要面对的问题。为此,结合中国国情、社会制度、中国乡土文化传统等因素展开乡村善治的研究,形成具有中国特色的乡村善治理论与实践有了必要。

随着中国特色社会主义进入新时代,全面建设社会主义现代化国家新征程已经开启,乡村现代化必定带来巨大的乡村社会变革、转型,乡村社会发展将进一步融入国家现代化发展战略之中,即乡村的国家重构更加直接、有力,乡村作为国家有机整体中的地位更加重要。然而我国仍是一个农业大国,农业、农村和农民仍然是制约国家经济社会发展全局的重大战略问题,尤其是市场化、工业化、城镇化发展所带来的乡村社会分化及由此引发的治理问题,如乡村人口流失、村民会议难以有效召开、村庄发展缺乏后劲等,乡村面临的困境已经成为现代化进程中长期需要面对和解决的问题。解决这些问题的关键,在于重塑乡村治理体系,推进乡村治理现代化建设,使乡村治理体系和治理能力适应乡村社会现代化发展需要。党的十九大报告提出"加强农村基层基础工作,健全自治、法治、德治相结合的乡村治理体系",这为新时代乡村善治指明了方向。要构建起"三治结合"的治理体系,需要在自治、法治和德治诸多环节下功夫,如村民自治制度的进一步完善、乡村法治环境建设、乡土文化传统的继承与弘扬,基于目前市场化、城镇化的乡村社会失序而进行乡村的再组织化,基层政府乡村公共服务能力提升等。通过这一治理体系的完善,有效推进乡村善治的实践,促进乡村治理的不断创新,调动乡村各种治理主体的参与积极性,提升政府对乡村公共服务的水平。因此乡村善治已经成为化解乡村问题的重要突破口,成为乡村现代化进程中的重要抓手。

乡村活,则乡村兴;乡村稳,则国家稳。中国作为一个人口大国,农业始终是国家安危和国民经济的基础。农业、农村和农民问题,归根到底是农民问题,是乡村治理的问题。走善治之路,就是实现乡村治理的现代化转向,是现代化与乡土治理传统有机结合的治理创新,是乡村公共利益最大化的实现。这当中,既有乡村民主法治建设,又有村民现代素质提升、观念更新;既有不同治理主体参与形式创新,又有乡村公共产品供给能力提升等。这些内容最终都聚焦于有效的公共产品供给和公共服务上。而这些公共产品以及公共服务,正是乡村不同主体共同参与所创造的,也是乡村人共同享有的。当乡村治理提供了村民满意的公共产品和公共服务时,这一治理就是实现着善、实践着善。基于善,乡村治理作为基层治理,乡村遭遇的问题及解决总是现实的、具体的、琐碎的,乡村善之治以及实践就必须在治于善的愿望中还必须有着善于治的实践技巧,就必须懂得国情、乡情和社情,洞察民生、民情、民意,或者说接地气地回应百姓诉求,解决老百姓生产生活的现实问题。这样的善治才能真正被百姓所感知,才能真正惠及乡村百姓,才能成为维护乡村大多数人利益的善治。

走向乡村善治,让善治真正惠及乡村百姓,这是乡村善治的真谛所在。

是为序!

2022 年 8 月

目　录

引言　走向乡村善治 ………………………………………………（1）

第一章　乡村善治与善治逻辑概述 ………………………………（11）
　　第一节　乡村善治及其乡土性内涵 ………………………………（12）
　　第二节　现代乡村社会善治内涵与善治逻辑 ……………………（21）

第二章　乡村善治逻辑的乡土基础 ………………………………（39）
　　第一节　乡村的宗族力量与村庄政治 ……………………………（39）
　　第二节　乡土文化与乡土秩序 ……………………………………（43）
　　第三节　乡土社会的农民分化 ……………………………………（53）

第三章　乡村善治逻辑的现代建构 ………………………………（58）
　　第一节　乡村及善治的国家建构 …………………………………（58）
　　第二节　乡村善治的民主化 ………………………………………（66）
　　第三节　乡村善治的法治化 ………………………………………（72）

第四章　乡村善治逻辑实践及演进 ………………………………（82）
　　第一节　乡村善治逻辑实践 ………………………………………（82）
　　第二节　乡村善治逻辑的实践演进与特征 ………………………（95）

第五章　社会主义乡村善治逻辑与实践探索 ……………………（103）
　　第一节　善治与社会主义制度 ……………………………………（103）
　　第二节　社会主义制度下乡村善治的集体化实践经验与启示 …（111）

第六章　新时代乡村善治实践逻辑的生成 ………………………（119）
　　第一节　新时代中国特色社会主义建设决定着推进乡村善治的
　　　　　　必然性 …………………………………………………（119）

第二节　乡村治理传统是推进新时代乡村善治的重要基础 ……（133）
　　第三节　乡村治理现实奠定了新时代乡村善治有效性实践的
　　　　　　基本框架 ……………………………………………（137）

第七章　新时代推进乡村善治的实践进路 ……………………（153）
　　第一节　新时代推进乡村善治的实践困境 …………………（153）
　　第二节　创新新时代推进乡村善治的实践路径 ……………（168）
　　第三节　创新新时代推进乡村善治实践的实施方式 ………（195）

主要参考文献 ……………………………………………………（227）
后记 ………………………………………………………………（230）

引言

走向乡村善治

一

善治即"善于治"或"治于善"之义。"善"体现着人性的光辉，实现着人性的善念。因此善治就是治理意义的人性化及实现，包括彼此尊重、共同参与、互助包容、共建共享等。自从有了人类社会后，人们在相互交往中逐渐形成了适合人生存的社会秩序的需要，而为着建立这一社会性秩序并维持其相对稳定，就有了人们之间的沟通协调、协商、共议，甚至基于公议而采取强制性惩处等活动，这便是社会治理。有治理就必然存在"好"的治理或者"善于"治理的评价和追求，从而有了社会善治问题。善治，说到底是必须具备"善"，而"善"作为主体评价，尽管有着其主观性，但社会治理之"善"却有着更多的"客观性""现实性"内涵，即社会绝大多数人所表现出来的社会需要是否得到满足和实现？符合人生存需要的社会秩序是否建立？是否稳定？这些需要包括社会秩序、社会生活、人的现实利益、人的发展等。而这些需要总是被社会制度、社会生产力水平以及人们的观念等所塑造，从而有着更加直观感性的内容和形式：比如乡土社会，费孝通先生以"差序格局"来表现人们交往关系与秩序；传统观念的人以封建伦理等级来描述乡村人际关系及社会秩序；等等。就社会治理而言，对于合理性的维护恰恰就是治理"善"之实现，如传统乡村社会的宗族治理模式。就个体农民难以立足和生存而言，宗族无疑是个体农民组织化的一种有效方式。尽管宗族有着诸多封建的、落后的内容，但它也有慈善的、互助的、自治从而实现其内部秩序稳定的一面，因而宗族组织在特定社会环境下也有着治理之善之义。离开小农社会这一历史大背景，我们是无法理解治理之"善"的内涵，因此讨论善治及其实践，必定是基于人们现实的传统乡村、具体的生存需要而进行的，并由此形成了不同时期人们对善治的追求及实践，从而也呈现出不同时期善治与善治逻辑各自的独特内涵、形式及特征，成就了人类社会的善治史。

乡村善治是基于乡村生存所需要的"好治理"，是乡村公共利益最大化的体现，是乡村绝大多数人利益需要的实现。就现代意义上说，乡村仅仅是相对于城市的人的生存空间。城市和乡村是整个社会正常运行体系中的有机部分。城乡彼此关联、相互影响，共同成就着现代人类生存。但乡村的生产方式及在整个社会生产体系与社会功能上的不同，从而在交往方式及关系、公共利益及公共秩序等方面表现出乡村的独特性。从文化传统意义而言，乡村不仅是地理空间、区域产业概念，更是文化、精神、心理和社会概念。乡村以其乡土生存方式所建构起的一整套与之相对应的价值观念、交往法则，深深地烙印在乡村人的生存理念之中，成为他们的行为准则及意义标准，并最终成为乡土文化传统。与人的乡土生存实践相一致，乡土传统基础上形成的乡村社会秩序，无论是自生自发阶段，还是外在于乡村的社会他律、他治阶段，都是乡村社会治理主体共同作用的结果；离开了人的善治追求与实践，就不可能有乡土秩序及发展，因此必须深植于乡土人及生存现实来探讨善治与实践。乡村善治即通过有效措施来建立一种更适合乡村人现实生存需要的乡土社会秩序和人居环境，无疑是乡村治理追求的目标及治理合理性的基础，以致成为人们乡村治理进程中不懈努力的实践动力。乡村发展史，从治理意义上就是乡村善治史，即人们不断追求更加适合乡村生存秩序的历史。因此乡村善治成为认识乡村、改造乡村的切入口，也成为新时代中国特色社会主义乡村振兴战略实施的有效途径。

乡村善治即乡村社会的"好秩序""好环境（社会）"，是乡村各种治理要素共同作用的结果。这些要素包括乡村之外的社会环境，乡村内部的诸因素，它们彼此影响和共同作用所形成的内在必然性关系及其结构就成为善治逻辑。因此善治逻辑是关于乡村善治何以存在、以何内涵与要求、何以实现等所呈现出来的内在必然性关系。善治逻辑的实现，实质上就是善治内在必然性的有序有效展开，或者说遵循善治内在规律从而使善治得到实现。因此善治逻辑作为善治内在必然性，是推进善治的基本遵循，是有效实现善治的前提、路径，因而也成为推进乡村善治的实践进路。

乡村善治逻辑，说到底是国家治理体系的乡村具体化。乡村作为整个国家的组成部分，必然受到国家的规范和塑造，尤其是中国长期实行中央统一领导下，国家的大政方针由中央掌握，乡村社会的基本制度和方针政策来自于国家。无论是传统社会的庙堂之高、朝廷与村野，还是现代的中央政府，它们以中央名义提出的乡村治理之道当然具有决定性影响。传统社会的社会保障、社会秩序维持，如历代王朝通过建立诸如组织机构、司法介入等方式，实现权力的乡村延伸，到现如今的乡村经济发展、乡村社会发展，如集体化运动、国家投入等，都体现着国家意志的乡村愿景，其根本在于国家与权力的本质所致。因此乡村善治逻辑当中，国家力量以其合法性力量显现其存在的正当性，并主导着乡村治理，乡村善治实质上是国家意志下的乡村善治。

地域辽阔的中国乡村，有着差异巨大的自然条件，以及在此条件下的形式多样、风格迥异的风土人情和人文环境，这决定着中国乡村治理与善治应该是多样的。善治内涵及其实现逻辑也是地方性甚至村庄性的，因此乡村自治有了更多的必然性。尽管传统王朝下的"自治"与现代乡村"自治"，无论内涵还是实现方式有着本质不同，但在依靠村庄力量来实现国家意志下的乡村秩序这一点上是一致的。正是村庄力量的参与，乃至成为村庄治理的主体力量，使得国家意志下的乡村治理有了更多的乡土气息，即更接地气、更有人情、更有实效，社会力量以其道义性、人性化而成为善治逻辑的重要影响力量。事实上，任何善治必定是具体的、现实的，都是基于村庄具体环境及社情民意而做出最符合大多数人的最佳选择。因此乡村善治逻辑也是具体的，作为一种必然性必定是乡土性基础上的必然性。

二

当中国特色社会主义进入新时代及实施"乡村振兴"战略已经现实地成为中国共产党领导中国特色社会主义的历史定位及其行动纲领时，新时代推进乡村治理的善治建设就有了必然性。"新时代"作为新的历史定位，既体现在社会主要矛盾发生了转变，又体现在整个社会生产生活无论在内容还是方式上都有了新的期待，尤其是新时代作为开启全面建设社会主义现代化国家新征程的发展定位，这些都意味着中国特色社会主义已经进入新的历史起点，必将加速中国社会的现代转型及其现代化建设，从而在更宏大或根源意义上影响乡村社会及其治理的善治转向。这些变化必然带来乡村社会的深刻变化，从而深刻重塑着乡村善治内涵及其善治逻辑。

新时代乡村善治是基于中国特色社会主义进入新时代、乡村振兴战略已经成为新时代国家整体发展战略部署的前提下，乡村治理的善转向越来越成为推进乡村现代化建设的重要抓手、国家力量越来越成为乡村现代化发展的重要力量背景下进行的。因此国家现代化建设成为新时代乡村善治大背景，乡村现代化建设及乡村社会的现代转型成为新时代乡村最大化的公共利益从而成为善治中心任务下，乡村内外因素相互作用而成就着新时代乡村善治逻辑。具体而言，主要涉及以下方面。

（一）中国式现代化建设构成了这一问题的宏大叙事背景

当现代化已经成为中国社会发展既定目标之时，它也由此统摄起了整个社会力量并建构起相应的社会秩序。现代化是近代以来中国社会发展的主轴，也是新时代中国特色社会主义的奋斗目标。尽管世界各国由于其国情及其发展方式不同，使得现代化建设在模式、过程等方面呈现出不同特色，但通过工业化、城镇化为主要方式的现代化建设，形成巨大生产力和经济力，从而使人们物质生活得到更丰富的满足等内容是共通的。整个社会变化表现为乡村人口大量转向城市，农业经济逐渐让位于工业经济，社会的乡村主导转向城市主导，科技力量日益成为社会生产生活方式变化的第一位因素，并不断解构着整个社会的传统秩序；同时乡村自身在现代化潮流中，从原来的粗放增长、小农经济，逐渐转变为规模化种植、科技化生产、精细化管理的效益型模式。正如马克思主义唯物史观所说，经济基础的变化必然引起整个上层建筑的变化，从而最终使整个社会发生改变。现代化建设对传统乡村社会的冲击和影响，必然从表层的生活样式到深层的文化价值，从经济生产到社会管理，现代化已经引发着乡村社会的剧烈变化。当然也最终促使与小农生产相适应的乡土秩序和乡土管理方式不断被现代化所解构、重塑。也就是说，当今乡村社会包括治理创新在内的发展变化，都能在现代化以及现代化建设这一大背景下找到解释。因此现代化作为中国社会发展的目标和方向，也成为乡村善治发展的宏大历史与现实背景。

（二）中国特色的乡村治理传统成为这一问题的文化背景

在长达2000多年的封建社会里，由于中国的幅员辽阔、乡村广泛分散，高度中央集权的管理体系下，乡村秩序主要通过士绅地主和宗族制度来实现，并由此进行乡村"自治"管理。尽管"政不下乡"作为官僚体系对乡村管理的基本策略，但政权以及政府通过士绅地主及其所控制的伦理价值观念与教化，实行着乡村的渗透和管理。因此乡绅阶层秉承政府旨意，联结于国家与乡村、政府与农民，完成国家征收各种赋税和摊派，并对乡村地方公共事务进行管理。乡绅阶层，一方面来自于"科举制"造就的"知识精英"，另一方面来源于地方权威人士。他们既是政府的"化身"，又是"正义""道德礼仪"的代言人。因此乡村"自治"实质上就是乡村乡绅阶层进行的管理，即乡绅治理，说其自治在很大程度上就是乡绅治理没有被国家纳入进"官僚化"的政府管理体系内而已。

然而尽管不是"官僚"，但这些人直接与村民打交道，天然与村民有着情感联系。乡绅推动乡村的公共事务，如办教育、修道路、赈灾济贫等，源自于政府对农民"摊派"的合理"抽取"，以及乡绅收取的一部分"地租"。乡绅主办地方事务，处理社会纠纷，使得乡绅具有"官"的一面；同时乡绅的"多重身份"如教化、正义、有学问、政府化身等，又使乡绅言行具有至上性、伦理性的一面。乡绅正是凭借这些方面，有效地推进着乡村公共事务的管理，实现着乡村社会的有序化，维持着乡村社会的秩序稳定。

中国传统乡村管理所形成的"政不下县"的"自治"的社会管理基础，及由此所造就的"教化""治理传统"，已经沉积在乡村社会之中，成为乡村社会尤其是人与人关系秩序建构的重要部分，深刻地影响着乡村社会。推进乡村社会发展及其治理创新，必须基于乡村社会这一机理性的治理结构及其文化传统，或者说基于乡村治理传统以及村民这一文化心理及其期待。这由此成为新时代推进乡村善治的文化背景。

(三) 新时代中国社会主义现代化建设构成了这一问题的现实基础

中国特色社会主义进入新时代，这就意味着整个中国特色社会主义建设进入了新的历史阶段。这一阶段是以全面推进中国特色社会主义现代化新征程为特征，因此新征程的现代化建设必然需要加快国家对乡村的统摄、引领和改造，使乡村不断融入国家现代化建设之中。党的十九大提出"乡村振兴战略"，通过这一战略实施来推进乡村现代化建设进程，因此乡村现代化建设已经成为新时代中国特色社会主义的奋斗目标。而治理现代化作为整个乡村振兴的重要内容和重要环节，其治理水平、治理能力如何，其现代化程度怎样，直接关系到乡村社会的稳定和乡村现代化建设的发展，也直接关系到新时代中国特色社会主义现代化建设的进程。

乡村治理现代化作为现代化的重要内容，正是以现代化方式，在中国乡村摆脱绝对贫穷并全面进入小康后,而成为乡村振兴发展新愿景的统摄和引领力量。乡村治理现代化其本质就是善治。新时代走善治之路,就是以现代化去推进乡村治理创新。党的十九大基于此提出了构建自治、法治和德治"三治结合"的治理体系,推动乡村治理体系和治理能力现代化的目标任务,也由此成为乡村走向善治的内涵及其逻辑遵循。面对新时代乡村治理所遇到的历史际遇,以及治理现代化中遭遇到的新困境,乡村善治实践与创新就有了更多超越实践意义的理论自觉,需要从理论上厘清和突破,从而推动实践创新。

乡村治理现代化其本质就是实现乡村善治。乡村现代化建设是乡村发展的历史必然,是整个社会发展的需要,而乡村现代化首要的是乡村治理创新。通过创新,形成对乡村各种资源的有效整合,并在城乡融合中形成互利共赢、分工合作的协作关系,从而实现乡村生产方式、生活方式的现代转向,提高乡村社会整体治理水平。因此乡村现代化其根本就是实现善治,既体现在生产水平的现代提升,更体现在乡村社会的治理水平和治理质量的"公共性"的实现和提高上,因此善治成为乡村治理的必然要求和发展趋势。

中国特色社会主义及其现代化建设是为着人民当家作主、全体人民共同富裕而进行的,因此中国特色社会主义制度从根本上规定着乡村治理的农民之善、乡村之善和国家之善的取向和目标。然而乡村社会治理尽管根源于社会制度的本质要求,但是社会制度要求的实现却总是具体的。正如习近平总书记所指出的:"我国今天的国家治理体系,是在我国历史传承、文化传统、经济社会发展的基础上长期发展、渐进改进、内生性演化的结果。"① 基于历史传统的巨大影响,新时代乡村善治必然是在乡村优秀善治传统承继基础上进行,但显然不是传统善治的再现,也不是照搬已经现代化国家的乡村善治模式,它必然体现着历史性、时代性及其制度特性,尤其是中国特色社会主义现代化建设特征,这由此呈现出新时代乡村善治的内在的逻辑性。

新时代乡村善治是基于人们对美好生活向往而提出的治理创新要求。传统善治是建立在传统农耕文明基础上,"互识的社会,角色的混淆,低水平的劳动分工和高度的自身消费,这便是传统文明与乡村生活的特征"②,因此传

---

① 习近平:《习近平谈治国理政》,外文出版社 2014 年版,第 104 页。
② [法] H. 孟德拉斯:《农民的终结》,李培林译,社会科学文献出版社 2005 年版,第 267 页。

统善治是人生存之间互助、秩序和好善的智慧结晶。而今天乡村社会处于市场化、社会分工等现代化大潮中，是整个国民经济发展链中的一部分，是整个国家治理体系中的一个局部，因而乡村善治状况折射出的是整个国家治理现代化水平。新时代乡村善治是在乡村社会被工业化、城镇化所解构，处于市场化、社会分工基础上，其治理成为整个国家治理体系的组成部分。所以中国特色的社会制度、文化传统及其现代化发展需要等因素，深刻地建构并内在于新时代乡村治理及其善治内涵的要求上，并由此成为乡村善治逻辑生成的重要力量。

党的十八届三中全会明确提出了"推进国家治理体系和治理能力现代化"问题，要求国家治理体系和治理能力必须适应现代化建设需要。乡村治理作为国家治理体系的重要组成部分，以现代化治理方式来建构乡村善治体系，从而适应乡村社会现代化建设需要，形成中国特色的乡村治理道路问题，就成为新时代迫切需要解决的问题。党的十九大提出了实施"乡村振兴"战略，指出"自治、法治、德治"的"三治结合"的乡村治理结构的新思想，提出"产业兴旺、生态宜居、乡风文明、治理有效、生活富裕"的新要求，以及由此而成就的新时代中国特色社会主义善治实践等问题。这是具有新时代内涵的乡村善治，深刻体现着国家现代化下乡村发展及其治理现代化的必然性，是新时代中国特色社会主义乡村善治逻辑的展开。

三

作为一个以农为本、重农传统的国家，历代王朝的"善治"更多体现在对农业的重视及其对乡村社会秩序稳定的关注。轻徭薄赋、与民休息也好，不与民争利、体谅农民疾苦也罢，乡村作为帝国的根基，都在帝国统治者的"恩赐"的"善治"之中，也由此形成了中国式的"善治"传统，寄托了人们在传统社会中对社会秩序及其社会管理的美好愿望。无论是古代的"太平盛世""清官""仁政""国泰民安"，还是现代的"关心百姓生活""体察百姓疾苦""让人们监督政府""人民政府"等，好政府、好官员进而好治理，都成为善治应有之义。随着中国特色社会主义进入全面推进现代化建设阶段，国家治理体系与治理能力现代化已经成为中国特色社会主义建设的重要组成部分，这就决定了乡村善治进入新的历史阶段，即现代化成为善治内涵和目标的阶段。现代化的确立，既是乡村进一步融入国家战略,成为现代国家有机整体的需要,也是乡村社会文明进步、生产力水平进一步发展、农民富裕幸福的必然。因此乡村现代化必然要求治理方式、内容的现代化,这也由此成就着乡村善治的现代化内涵。这就意味着善治已经是现代化意义上的善治,不仅是乡村生产能力的现代化水平、物质生活的富裕,而且更是农民现代素质、乡村民主法制、精神文化富足的体现。因此对新时代乡村善治及其实践逻辑的探讨,显得更为迫切而有意义。

1. 新时代乡村善治及实践探讨,加深了对中国国情及中国特色社会主义理论的认识,深化了马克思主义中国化的理解,提升了对新时代乡村治理及农村现代化的认识水平。

任何治理制度及其善治目标的确立必定是基于治理目标、任务,以及治理环境等因素而形成的,它常常与国家历史发展、社会治理现状,尤其是社会制度有着深刻的关系,形成了明显的路径选择。正如习近平总书记所指出的:"一个国家选择什么样的治理体系,是由这个国家的历史传承、文化传统、经济社会发展水平决定的,是由这个国家的人民决定的。"[①] 新时代乡村善治必须基于新时代中国特色社会主义建设这一制度和实践逻辑,来认识乡村善治内涵、逻辑特征及实践进路,尤其是党的十九大提出的自治、法治、德治"三治结合"的新思想、乡村振兴的新要求,以及由此而进行的善治及实践等展开。这是乡村善治的现实基础,是推进乡村善治实践的前提。

事实上,乡村善治是中国特色社会主义进入新时代、开启全面建设社会主义现代化国家新征程的大背景下所推进的治理创新。现代化建设已经成为国家战略、国家行动,从国家对乡村的整合从而引发乡村根本性变迁,到村民自治的基层民主建设,再到乡村振兴确立,它既是中国式乡村现代化的必然选择,也是中国特色社会主义制度优势体现的结果。深刻认识到这一现实背景,就能更加深刻认识到新时代中国特色社会主义乡村善治的中国特色的必然性,理解到乡村善治的中国逻辑进路是建立自治、法治和德治相结合的治理体系的深刻性,提升对乡村善治是新时代乡村治理创新以及乡村振兴战略实施的有效抓手的认识高度。事实上,中国特色社会主义乡村善治从本质上规定了乡村善治必定需要走人民当家作主、人民

---

① 习近平:《习近平谈治国理政》,外文出版社 2014 年版,第 104 页。

富裕之路，而"三治结合"是国情、社情和乡情有机统一的必然，乡村治理现代化其本质就是善治。这些内容共同构成了乡村善治的现实基础，也由此成为乡村善治实践的前提。有了这些认识和把握，我们就能积极面对新时代推进乡村治理现代化所遭遇到的乡村发展困境、治理碎片化状况、村民自治有待于深入等问题，就能通过善治及治理现代化来统领、认识把握和化解这些问题。通过这些认识，就能加深对党在推进乡村社会建设尤其是党的十九大提出乡村振兴战略，以及在这一建设中强调中国逻辑的深刻性，从而深化对马克思主义中国化的认识理解，加深对乡村治理及其治理现代化的认识。

2. 新时代乡村善治及实践探讨，对于乡村政府职能转变、加强乡村党组织建设、农民民主素质提升及加快乡村民主化进程，具有可操作性及其示范意义。

乡村善治实践包括主体建设、制度建设、社会文化建设等问题，其中最为突出的是处理好政府尤其是乡镇政府与村民自治的关系问题，包括政府在善治下的职能角色定位，基层政府治理能力建设等问题。与多主体理念下的弱政府主张不同的是，中国善治理论研究认为应强调政府作用，提出政治与行政职能的适度分离及法治化问题。乡村治理是政府、社会（村庄）与农民的三位一体的合作共享共治，是现代文明与乡土优秀传统、经济发展与乡村社会进步的有机统一。乡村善治研究是以"乡村"为区域的基层社会治理研究，是如何发挥好政府、乡村社会和乡村人作用，从而形成乡村社会有序、充满活力的治理局面的研究。新时代基层政府在乡村现代化进程中如何提升治理能力和治理水平，如何参与到乡村治理体系从而形成善治局面等诸多问题；村庄党的组织与村民自治和其他各种社会力量如何有机协调地进行协作等，这一研究对乡村善治所涉及问题具有很强的现实针对性、适用性，从理论和实践层面较为深刻厘清了它们的内涵及其关系。

3. 新时代乡村善治问题的研究，探讨分析了乡村现代化的诸多理论问题，系统阐述乡村治理现代化内涵，为乡村治理现代化各项具体工作提供了新思路。

新时代乡村善治是中国特色社会主义的有机组成部分，中国特色社会主义决定着乡村善治的方向、性质，乡村善治是中国特色社会主义必然要求的体现；中国特色社会主义乡村现代化决定了推进乡村善治的中国逻辑必然性、必要性。因此乡村善治走中国特色社会主义道路，坚持民主原则、人民利益至上原则、治理有效原则，在国情、乡情和民情等"中国逻辑"基础上推进乡村社会管理，是新时代乡村善治的必然选择。

乡村善治的中国逻辑与新时代中国特色社会主义建设具有一致性。遵循中国逻辑推进乡村善治，是新时代中国特色社会主义建设中所面临的现实及解决新问题需要决定的。党的十九大提出的乡村振兴战略及乡村善治正是这一"新"的体现及其具体化；以自治、法治和德治的"三治结合"新思想为引领，从不同主体平等参与、治理优化、效率公平，以及公共利益的最大化入手，推进乡村治理的善治化，是善治的具体实践途径；基层政府职能定位及公共服务实现、村庄自治的更好落实、乡村治理体系建设、乡村治理主体能力建设及其平等参与等已经成为乡村善治与创新的主要抓手；新时代乡村善治实践，必然体现中国乡土文化、乡村的社会制度要求；强调乡村治理中的乡土传统文化保护与发扬、乡愁的留住，注重善治的文化基础和心理基础，进一步增强文化自信，推进中国特色社会主义文化建设，等等，已经成为善治实践的具体工作内容。

当现代化已经成为乡村社会发展的方向与目标时，现代化无疑成为整个社会的统摄力而不断嵌入乡村社会各个领域，并促使其发生现代化的深刻改变。乡村治理现代化正是在这一背景下乡村社会治理的创新，其本质就是实现乡村善治。现代化所建构起来的善治，必将是乡村发展及治理史上的新高度，乃至成为未来乡村治理的典范。

走向善治从而实现乡村振兴，将成为新时代乡村现代化实践的必由之路。

第一章

乡村善治与善治逻辑概述

中华民族有着崇德向善的优良传统。"善"已经成为中国社会的基本道德规范与共识。从甲骨文的"善"("羊"下一个"目",意为羊的眼睛很明亮),再到后来"羊"加一个"二十",下面一个"口"字,二十口羊(意为羊多,而羊多为善;犹如羊大为美即"羊"加一个"大"一样),"善"代表的是美好之义。善之美好逐渐演变为善良、亲善、赞许、肯定,如"择其善者而从之,其不善者而改之"(孔子《论语》),意为好、善良之义;"王曰:'善。'"(《邹忌讽齐王纳谏》),意为赞许、肯定之义;"楚左尹项伯者,项羽季父也,素善留侯张良"(司马迁《鸿门宴》),意为亲善、友好;后进一步变为好的行为、熟练、熟悉,进而有了善于、擅长之意。如"君子生非异也,善假于物也"(荀子《劝学》),意为善于、擅长之义;"善刀而藏之"(庄子《庖丁解牛》),意为好好对待,即修治、整理之义。善最终上升为道德上的完满、完美观念,从而成为对人的道德进行评价的标尺。

善治是基于群体及其社会而言的。最早出现"善治"的是《道德经》。"上善若水,水善利万物而不争,处众人之所恶,故几于道。居善地,心善渊,与善仁,言善信,正善治,事善能,动善时。"(《道德经》第八章)正者政也,因而"正善治"就是政善治之义。善治自古以来就是中华民族的美好追求,也是历代统治者施行统治的至上理念。后来,儒家结合其"仁爱"思想,把道家的老子的"政善治"思想发展为儒家的"仁政"思想,并通过孔孟思想影响力而成就着各国的善国实践,尤其是朝代更替中统治者对于"得人心"以及"水能载舟亦能覆舟"等"仁政思想"的强化,最终成为影响中国几千年的政治文化思想。

中华民族是一个强调"家国一体""大国小我"的民族,"修身、齐家"之德都以"治国平天下"为旨归,因此善之德向"治国"之德演化有其必然性,个人的善之德必然上升到"治国平天下"的"国之德"。治国在政,而为政以官,因而善治就成为为政者、为民者共同的理想目标。尽管不同时期善治的诉求及其主张不同,但作为一种美好的愿望、一个未来社会治理的想象,被人们所接受。

第一节 乡村善治及其乡土性内涵

几千年的农业生产传统成就了中国特色的乡村生产生活的同时,也成就了中国特色的人际交往关系。人的群体生存方式注定着人与人之间有着组织与协调,从而就有了人际交流与关系的调适,因而就有了人的关系与管理;当人被区分为阶级后,管理就变为统治、臣服。儒家的仁政、伦理纲常,道家的顺自然而为,法家的法治、耕战等理念,既是生存之道,更是善治之径。它们以人性化的内涵及方式,确立起乡村社会秩序,并随着人的生存需要及乡村发展而不断成就着这一中国式的乡土善治图景,演绎了中国式的乡村善治发展的历程。

一 乡村社会及其乡土特征

在中国传统社会中,乡村是乡土的。所谓乡土,就是人们的意识、利益始终是基于土地意义上来谈论的,它表现在以血缘和地缘为纽带,以家庭为单位,通过人伦关系及由此所建构出的亲疏关系,把人与人联结在一起。因此传统乡村是一个通过传统、血缘和地缘来实现其运行的非正式组织性社会。在这一社会中,家庭与血缘是一切社会关系的起点,也是社会矛盾化解及社会治理的基础和前提。与现代社会的严密组织性及其制度化生活不同,乡村社会更多的是依赖习俗、传统及经验而实现其乡土的秩序。

血缘,是通过自然生育所建立起来的亲子关系。在传统乡村社会,血缘成为人与人联系及其关系的联结纽带,进而确立起其亲疏关系以及利益关系,这实质上反映的是人的一种自然性的一面,这种血缘基础上的关系更多的是基于人的自然基础上的一种自然关系。"血缘,严格地说,只指由生育所发生的亲子关系,事实上,在单系的家族组织中所注重的亲属却多由于生育而少由于婚姻，所以说，是血缘也无妨。"① 然而，人的社会化生存使得自然的血缘赋予了更多的社会性内涵，从而使血缘所形成的自然关系表现出更多的社会化的内涵。在人生存的社会化后，自然血缘成为农民在现实社会关系当中，对于其亲疏关系从而认定身份的直观而感性的划分标准，进而成为农民与他人联结，或者说发生关系的纽带，成为农民现实社会关系网络中的基本结构，由此也成为农民在乡土社会及人际关系中对于其权利和义务分配的基础。

以家庭为单位的乡村社会，其实质就是在血缘基础上的共同体。"村落家庭共同体存在的前提是所有成员以相同的血缘关系为联结，并从这一血缘关系出发联结其他亲属关系。所有家庭共同体的成员都凭着血缘相同的身份相互认定，组成一个紧密的整体。"② 因此血缘及由此所形成的家庭成为乡土社会的基本形态和基本结构，血缘情结及血缘崇拜就成为乡土社会人与人之间最直接的情感基础与纽带。这就决定了乡土社会的熟人性、传统性及其情感性等特点，从而成就了乡土社会形态及基本社会结构特征。所以要认识乡土社会以及乡土社会中人们的行为，包括乡村治理关系，血缘及其乡土性是其重要入口。

血缘纽带所建立起来的乡土社会，其实质是从属于血缘基础上所形成的社会秩序。因此血缘纽带下的社会秩序需要血缘中的每一个个体服从于血缘整体的需要，把个体的存在置于血缘所形成的整体之中，并依从血缘的主次、前后而确立其尊卑、贵贱的关系。这大概是宗族以及宗族秩序的雏形。但乡土社会的每一个个体却又是以自我为基点，根据血缘亲疏远近即"差序格局"来确立起自己的社会关系，并构建起与他人之间的权利、责任和义务关系。因此乡土社会关系是人情的、血缘的，当然也是利益的，不过利益始终从属并依附于血缘。

然而人终究应该以人的方式进行生存。这种人的方式必然是人的社会化方式，即以一种超越血缘，或者说基于血缘基础的更广阔的联结而成的社会共同体方式，表现为利益的、情感的（如慈善）、交往的（如友人）、职业的、文化的等结合体，参与到乡土生活中。因此血缘这一自然关系便

---

① 费孝通：《乡土中国》，北京大学出版社1998年版，第69页。
② 王沪宁：《当代中国村落家族文化——对中国现代化的一项探索》，上海人民出版社1991年版，第23页。

以社会化的方式①呈现出来，并且有了更多的社会化内涵。正如费孝通先生所说，传统乡土社会……是个"无法"的社会，假如我们把法律限于国家所维护的原则。但是"无法"并不影响这个社会的秩序，因为乡土社会是"礼制"的社会……而礼却不需要这有形机构来维护，维护礼这种规范的是传统。就是说，中国传统乡村社会不是遵循"法"的秩序，而是乡土宗法秩序，即一种"礼治秩序"。"礼"是"经教化过程而成为主动性的服从于传统的习惯"②。这一乡土之"礼"是乡土生存中的人在长期的乡村熟人关系及其实践基础上形成的行为规范（实质上是血缘关系基础上的交往法则），通过风俗习惯、人情及血缘而获得公认并被不断强化的行为准则。因此"礼"在乡土社会的执行力、影响力是巨大的，人们在"礼"的面前只能是认同、臣服并践行之。因为"礼"已经渗透于乡土社会的每个毛孔中并成为人们无可选择的生存方式。它是基于一种习俗、传统经验的累积，或者家族式权威、血缘身份等级的服从的生活样式。这一"礼治秩序"及其生活方式，其根本就是维持血缘基础上的社会等级秩序。生活于乡村的每一个人必然受到这一秩序所形成的社会文化结构的塑造，并通过每一个人的"礼治秩序"践行而不断强化"礼治"的文化影响，以致最终成为乡土中国社会的基本结构方式。

对于乡村社会秩序的理解，必然要回到现实的乡土关系之中。正如马克思所说："人的本质不是单个人所固有的抽象物，在其现实性上，它是一切社会关系的总和。"③ 乡村传统社会的"差序格局""礼治秩序"现象，根源于中国传统乡村社会关系尤其是经济关系。中国政治经济的不平衡性，尤其是中国乡村长期处于小农经济状态，使得乡村经济具有相对独立性，乡村长期处于自给自足境况；农业生产缺乏政府援助而长期处于自救、自助状态，使得生产力水平及人们生活水平长期处于一种低层次发展甚至停滞状态；家庭式、群居式的生产生活方式，不断强化着个人对于家庭及家族的依附；人口的低流动性、生产的低商品化或小商品化、社会的低组织化等，成就着乡村"安土重迁的，生于斯、长于斯、死于斯"的乡土社会基本形态；同宗、同源，血脉相连，利益与共，使得乡村生活天然具有更多的情感、亲情和血缘成分，从而不断强化其血缘群体的特色

---

① 社会化的方式即血缘交往法则的社会化运用方式。
② 费孝通：《乡土中国》，北京大学出版社1998年版，第50页。
③ 《马克思恩格斯选集》第1卷，人民出版社1995年版，第56页。

和联系；等等。这一切使得乡村生产生活日益熟人化，并长期置于一种循规蹈矩的封闭循环之中，并通过农民现实的生产生活，即被置于亲疏远近的权利规则及尊卑长幼之地位的等级秩序之中的社会环境，并不断强化这一社会等级秩序，乃至最终演变成为风俗、习惯，成为传统和习惯，成为乡村社会秩序的规范、约束的现实力量。因此乡土生存是基于血缘及血缘化的地缘与情感，而不是基于理性、判断与分析。正如费孝通先生所言："乡土社会的信用并不是对契约的重视，而是发生于对一种行为的规矩熟悉到不假思索的可靠性。"① 也就是说，人们之间的信任是基于血缘、家族，基于一种情感和传统来践行的。

人生存的社会化注定了传统社会的农民必须融入到乡土传统之中。对习俗和传统的承认、对既有乡土秩序的遵从是人生存的前提；与此同时，正是这一遵从与实践，这一关系及秩序又不断强化其规范性、约束性，从而成为乡村的现实治理力量。因此乡村社会对人的行为塑造及约束（即治理）不是成文的"法"，而是"传统"，即一种非正式规则的生存法则，一种基于血缘基础上形成并在村民长期生存实践中得到强化的生存传统。简言之，就是以血缘为纽带，地缘为边界，传统为律令，通过家庭、宗族的力量及其教化方式使之成为乡土社会的生存法则。这些构成了传统乡土社会及其治理的基本特征。

二　乡土之善与乡村善治

善具有完满、美好之义，是基于人生存的期望与满足。善总是具体的。所谓具体，就是善总是与主体有关，而主体由于其生存状态、生存环境等，从而有着生存需要与期待的差别。乡土之善，既是基于乡土生存期望及需要的满足，也是这一愿景所建构的乡土社会关系及其生存价值的体现与实现。乡土之善体现着乡土性，是在乡土基础上对善的具体化诠释，是基于乡土生存实践基础上的完满与美好。因此乡土之善，表现为以下几方面的特性：

1. 乡土社会是传统社会，乡土之善是"差序格局""礼治秩序"的具体化体现与实现。

乡土社会是以血缘、地缘为纽带，"家庭、血缘、地缘"三者相互交

---

①　费孝通：《乡土中国》，北京大学出版社1998年版，第10页。

织、彼此作用而成的有机体。它以自我为中心并依据血缘远近来确定亲疏关系及交往关系。不同人确立起不同的中心，从而形成不同的交往关系，最终确立起人与人的关系网。血缘在这其中成为基点和中心，地缘、业缘成为边界，在血缘基础上的家庭成为这一人际关系网的基本形式。因此乡土社会在某种程度上是共同体。滕尼斯在《共同体与社会》一书中认为，人类群体生活以不同的结合形式从而形成了共同体和社会两种类型。依据形成基础及其时间，"共同体是古老的，社会是新的"。与人为建立的"社会"不同，共同体的结合类型主要是在家庭、宗族—血缘共同体里实现的，"这种共同体是有机地浑然生长在一起的整体，是一种持久的和真正的共同生活"①。这一共同体的基础是血缘，其基本特征是彼此间的熟悉。在共同体内，人与人之间是熟悉的，乡村成了生于斯、死于斯的场域；在地方性的限制下，人的生存局限于这一有限的空间中，其常态的生活是终老是乡。"假如在一个村子里的人都是这样的话，在人和人的关系上也就发生了一种特色，每个孩子都是在人家眼中看着长大的，在孩子眼里周围的人也是从小就看惯的。这是一个'熟悉'的社会，没有陌生的社会。"②同时，人的生存环境，以至人面对着的一切都是熟悉的。费孝通先生曾指出："不但对人，他们对物也是'熟悉'的。一个老农看见蚂蚁在搬家了，会忙着去田里开沟，他熟悉蚂蚁搬家的意义。从熟悉里得来的认识是个别的，并不是抽象的普遍原则。在熟悉的环境里生长的人，不需要这种原则，他只要在接触所及的范围之中知道从手段到目的间的个别关联。在乡土社会中生长的人似乎不太追求这笼罩万有的真理。"③正是这种人与人、人与环境之间的熟悉，构筑起人们所说的熟人社会。

熟悉所形成的熟人社会，必然以其熟悉作为一切关系的基础。熟悉，意谓存在较为密切的关系，成为彼此信任的基础。熟悉也可通俗地理解为，双方彼此之间存在七拐八拐的血缘关联，甚至存在一定利益联系。因此乡村的一切社会关系在熟悉基础上呈现熟悉所应有的特征，即情感性、血缘性和传统性。因而基于血缘基础上的熟悉，使得这种熟悉所构成的社会关系及情感必定表现为差序性的。对于乡土社会的治理也是熟悉基础上

---

① [德]斐迪南·滕尼斯：《共同体与社会》，林志远译，商务印书馆1999年版，第52—54页。
② 费孝通：《乡土中国》，北京大学出版社1998年版，第1—6页。
③ 费孝通：《乡土中国》，北京大学出版社1998年版，第1—6页。

的秩序维护，熟悉就意味着有情感因素，彼此相知从而有沟通的基础，因此情感的、沟通的、协商妥协等方式成为化解矛盾的主要方式，最终演变成了传统的、习惯性的、经验的乡土性治理方式和手段，并进一步衍生为宗族的、家规家法的治理模式，这便是这一乡土治理有效的基本范式。乡土秩序的"差序格局""礼治秩序"，决定了乡土之善必定是情感性与血缘性的结合，从而同样表现为血缘基础上的差序性、传统性。也就是说，善即一种完善性、美好性，是以血缘为中心不断向外扩展的方式而呈现的，一切都以血缘为评判的主体定位。家作为血缘现实的实现形式，善首先表现为家庭和睦、子孙繁衍、父慈子孝，其深层次的根源是小农经济活动及其血缘关系秩序的需要。此其一。其二，就是家族及由血缘生发的亲戚，是家庭生存的重要外援，因而表现为相互的尊重、亲密和互信等。再次是姓氏家族，最后就是其他人。后二者就是互利、互信，其核心在于义，即仁义、道义等，而义之根本在于小农经济基础上的等级秩序。乡土之善的差序之善、传统之善，归根到底是传统乡村社会结构深刻地塑造着人们的行为模式以及人与人的关系结构的结果。

2. 乡土之善是基于传统经济而形成的，乡土之善表现为功利性、世俗性。

中国乡土社会根源于小农经济。一方面乡村经济主要依靠人力畜力基础上的农耕生产活动，自然经济的生产方式决定了生产规模及生产水平处于较低状况。这主要表现在：生产品种的重复性、模仿性，土地的碎片化或者土地耕种的碎片化，生产目的的直接性，商品化率低，生产管理的经验性，等等。另一方面，低水平的生产方式决定了社会财富的有限性，进而决定了人们之间交流交往的地域性、熟人性。就是说小农经济这一现实基础所承载的社会结构，决定了人们的交往关系及社会关系，也决定着人的行为方式。

小农经济作为自给自足的自然经济，依附于土地之上，主要以手工工具为其生产工具，生产条件简陋，生产经济经营规模狭小，因此生产的产品及收入相对有限，积累不足甚至无积累是普遍现象。一旦遭遇自然灾害、市场不利因素或其他生产生活变故，很容易陷入生产生活困境，甚至出现极端贫困化及破产现象，当然也由此有了两极分化。但小农经济以家庭为单位组织生产，社会关系简单，容易聚集力量；也能通过勤劳与节俭来实现生产与消费之间的大致平衡。即使是比较贫瘠的自然条件或者遭受生产生活灾难，以家庭为生产生活单位也可以通过自救等方式进行生产和再生产。因此小农经济具有较好的适应性、稳定性，或者说经济韧性。总之，小农经济生产的分散性（家庭为单位）、封闭性（农业和家庭手工业结合）、自足性（生产的主要目的是满足自家生活需要和纳税）等特征所形成的适应性、耐受性，正是中国几千年小农经济之所以能延续下来的重要内在因素。

任何善，都是基于对人的需要、期望的满足。获得更多的物质利益成为人生存于小农经济基础上最现实的问题，因为小农经济的生产力水平决定了物质生活资料的不足，从而难以满足所有人生存的物质需要。综观历史，一旦遭遇天灾人祸，必然出现无法满足整个社会物质资料需要的情况。只有有了足够的生存物质，人才能生存下去，家庭才有希望。这一现实前提决定着人生存的现实性、功利性。乡土世界中，风调雨顺、发大财、家庭和睦等世俗性愿景，始终是农民最期求的愿景与执念。因此乡土之善必然表现为功利性、世俗性的特点。

乡土之善的功利性，是善以追求其现实的、直接的利益，或者说能见到的利益、掌控的利益为要义，比如经济的、物质的等；所谓世俗性，是以传统的、民众公认的内容和形式表现出来，如婆媳关系和谐、子女孝顺。功利性与世俗性是乡土社会经济基础及其低流动性的社会结构的反映与结果。

3. 乡土之善的民众性、草根性、自发性。

乡土之善是基于生存于乡土社会的人的生存期待，是现实社会关系的体现。所谓民众性，就是乡土之善源自于民众生产生活本身，是乡村人在生产生活中的期待和愿景。由于传统乡村社会长期处于低水平发展，尤其是生产方式长时间未曾有更大的突破，这一期待和愿景一旦形成，必然会成为一种文化力量而对生存于其中的人进行形塑，成为生存于其中的人的精神理念和信念。比如宗族子弟考取功名，家庭和睦的美誉等。民众性，也可理解为乡土之善所拥有的广泛深厚的民众基础，是生于乡土的人的共同、普遍的价值信念，是生存于乡土之中人所熟知的、并受到其规范约束的理念和行为标准。

乡土之善根源于乡土，即善是从土地中"长"出来的。乡土之善无论内涵还是形式，总是与乡土生活的人及生产生活本身结合在一起，是乡土生产生活中社会关系的体现，是已经渗入老百姓精神文化的信念与期待，这便构成其草根性、自发性。其乡土之善源自于生活，源自于生产生活于乡土之中的人的精神需要。无论是家庭的和睦、子孙满堂，乡邻友善、信守忠义，还是农民的勤劳简朴、吃苦耐劳，其实质都是源自老百姓生产生活的现实需要，源自于生存环境的外在压力及生存下去的内在需求。既然小农经济是建立在人力、畜力基础上，劳动力增加的现实渠道就是增加人口，从而就有了乡土的生殖需要及其家庭和谐的期待，吉语中的"人丁兴旺""子孙满堂"就是例子。正是体现乡土生产生活的善，生产生活的完满与美好实践有了更多的乡土气息。

4. 乡土之善的根本性、根源性。

小农经济是几千年中国传统社会的根基。土地与农耕及其相应的手工业成为这一社会主要的经济生产活动，由此构成这一社会的基本结构，即农耕基础上的重农社会结构。因此乡土已经超出乡村而成为整个传统中国的特征。这或许是乡土中国的重要缘由。乡土中国，即整个国家依附于土地、囿于土地、受限于土地，从而整个社会围绕土地而衍生出相应的社会结构、管理模式及其生存理念。因此乡土之善已经超出了乡村而成为整个社会之善，成为传统中国社会的期待。费孝通先生在《乡土中国》1937年版的后记和1984年的重刊序言中，特别强调："这里讲的乡土中国，并不是具体的中国社会的素描，而是包含在具体的中国基层传统社会里的一种特具的体系，支配着社会生活的各个方面。它并不排斥其他体系同样影响着中国的社会，那些影响同样可以在中国的基层社会里发生作用。搞清楚所谓乡土社会这个概念，就可以帮助我们去理解具体的中国社会。"[1]

乡土之善深刻地反映着乡土中国社会的品性，乡土之善已经烙进中国传统乡村社会机理之中，成为乡土中国人精神世界的基本信念与期待。乡土及乡土之善意义中的家庭关系、邻里关系、职业关系，社会意义的君臣关系、臣民关系，等等，其本质都是乡土社会关系的体现和要求。理解了这一点，对传统中国及其传统文化就有了更加深刻的认识和把握了。这也由此构成了乡土之善的根本性和根源性。

建立于乡土之善的乡村善治，必然根源于乡土、深根于乡土，其善治就是乡土之善的具体化、现实化。事实上，传统乡村自治是国家（朝廷）与社会（村庄）共同作用来实现的。一方面它依靠乡村的乡正、里

---

[1] 费孝通：《乡土中国》，生活·读书·新知三联书店1985年版，第3页。

甲等，运用乡村形成的价值观念来规范人们的行为，对乡村社会秩序进行有效维持与治理；另一方面国家（朝廷）通过其权力体系，依照国家法律，执行政府的管治功能。因此，从表面上看，乡村自治是利用非法律的制度力即地方行为规范和非国家权力，以乡村权威和乡村传统习俗、规范等，来维持乡村社会秩序。从深层次而言，乡村自治是国家统摄下的有限治理，只不过这一统摄的力度在不同时期有所不同而已。同时即使是国家层面的权力渗入，往往也是通过乡土化的方法来实现其对农民的教化和规约，实行对乡村的有效控制。也就是说，以农民愿意接受的善（内涵及形式）来达到国家权力管控的目的。

另外，就乡村自治系统的权力构成而言，除里正、乡正等具有官方或半官方性质的人员外，还有耆老和所谓的乡贤和族贤等乡村精英。这些乡村精英受到官方认可，往往成为官府乡村管治的重要依附力量。这些自治权力和权威主要靠辈分或年龄两个世系的标准来确定。以明代为例，在里中再选"高年有德，众所推服者为耆老……与里甲听一里之讼，不但果决是非，而以劝民为善"[①]。由于村落往往聚族而居，几十甚至几百年在一起繁衍发展，年长者往往具有经验优势而成为长者被敬仰尊重。因而里甲制、保甲制与宗族自治能够共同构成乡村治理体系。

就乡村自治系统所涉及的范围而言，主要包括族内和族际、村内和村际两个部分。由于村落往往是宗族成员在一起，族内的长老和乡贤、族贤等地方精英有着绝对权威，其乡土秩序尤其是血缘性秩序主导，体现自治性；而在村落之间，乡正和里正等官方色彩的权力起主要作用，代表国家权力进行村落及宗族间关系的协调，具有国家权力的某种强制，体现国家统治性。

因此，乡村自治是依靠乡村的乡土力量以及乡土行为规范，但国家的权威始终在发生作用，甚至乡土规范自身也要受到国家的认同和建构。比如，必须完成官府赋税及其他摊派等；任何自治即使有广泛的民意基础，但只要触犯官府利益必然会受到官府惩处与抵制。在村落之间，尽管村落各自都有其利益，但村落之间不是依据各自利益来处理，而是根据国家（朝廷）的法律行事，因此完全的地方自治是不存在的。

[①] （明）叶春及：《惠安政书》，福建人民出版社1987年版，第328页。

第二节　现代乡村社会善治内涵与善治逻辑

工业革命所开创的生产方式极大地推进了社会发展。机械化生产、运输及有组织地进行管理等，使得社会生产能力得到快速发展，社会财富迅速增加。正如马克思、恩格斯在《共产党宣言》中所说："资产阶级在它的不到一百年的阶级统治中所创造的生产力，比过去一切世代创造的全部生产力还要多，还要大。"[1]随着科学技术发展，生产的社会化、科技化水平不断跃升，社会生产水平与效率迅猛发展，物质产品极大丰富，这些现象表征着现代社会已经超越了工业化所带来的工业经济模式，而进入了科技化、全球化所带来的现代经济时代。伴随社会经济基础的变化，整个社会结构也发生了巨大变化。人口的社会流动性随着交通的便捷而得到增强；人与人的关系由业缘关系取代了血缘和地缘关系而成为人们社会关系的主要形式；城市在更加繁荣的同时，对农村产生了巨大的虹吸力，导致农业人口比重不断降低，农业在国民经济中的比重不断下降，出现乡村日渐凋零，以致出现"空心村""无人村"现象。陌生人关系取代了乡土的熟人关系，原来的血缘文明及乡土文明逐渐被以法治为核心的现代文明所取代；社会法治取代人治成为政治和社会系统运行的基本方式，政府依法全面履行职能，民众守法行使自己的权利和义务，社会的民主化程度不断提高；人与人之间的平等、自由及由此生成的权利被看成是天赋的、不可动摇的。这一切标志着人类已经进入了现代社会。

总之，现代社会以新的理念和方式重塑社会及其社会中的每一个人，从而使整个社会区别于传统社会。现代社会以其巨大的科技生产力、全球化的资源配置能力、专业化规模化的生产水平等因素所显现出来的生产方式，形成了现代经济结构及经济基础，也由此重构了现代社会结构。乡村社会及其乡土经济在这一现代经济发展模式中不断被重塑，乡土生活在现代化为核心的现代社会不断被现代生活所取代。因此乡村治理及其善治取向也不断被现代社会所建构，成为现代社会的重要内容。

一　乡村社会的现代发展

农业是人类社会的生存基础。作为人类最基本的生产活动，人类一切

---

[1] 转引自《马列主义经典著作选编》（党员干部读本），党建读物出版社2011年版，第25页。

农业活动必然受到社会结构及其社会发展水平的制约和塑造。当现代社会以其现代理念和生产方式，尤其是科学技术所带来的巨大生产能力及由此引发深刻的社会变革时，乡村社会以及农业生产活动的现代社会变化已经成为一种必然。乡土化乡村不断接受现代社会理念，尤其是科学技术的塑造，从乡村的治理行为到国家权力的进入，从血缘地缘基础上的人与人的关系到公民及其权利应有地位的确立，乡村的乡土性不断被改造；同时农业活动在现代生产理念下，小农经济模式不断被规模化、专业化的商品经济模式所取代，生产中的分工合作、专业化、系统管理等已经日益显示其优势。这些方面的共同影响，推动着乡村社会的现代转变，或者说，现代化使乡村社会及其生产生活都发生着符合现代社会需要的改变，最终乡村传统社会成为现代社会的有机部分。

（一）乡村经济社会的变化

现代社会以其巨大的社会生产力、日益完善的商业化体系及其日益严密的社会管理体系表现出来。这必然使得现代社会的物质产品不断丰富，消费对生产的引领、影响更加直接有效，物质生产的全社会化乃至全球化趋势更加显著，分工合作更加深度化从而不同主体间彼此更加关联与依赖，行业与行业之间、行业内部之间已经成为一个利益与共而又彼此影响的整体，它们分工合作、相互竞争，共同推动经济社会的发展。因此在这一经济社会下，乡村传统经济方式不断受到冲击，并以现代经济理念与方式重塑并推动着乡村经济活动。

1. 经济活动内容的变化

传统乡村经济更多的是以农业经济为主，兼有手工业经济。农业经济自身也是以农业种植和养殖，即农、林、牧、副、渔的生产。由于农村人口多，耕地有限，农业活动只能在非常有限的规模中进行生产，因而商品化率很低，乡村经济活动充其量只是稍微扩大了的小农经济而已。即使是改革开放后一段时间内，乡村仍是传统农业经济发展模式，农业生产力水平仍处于较低水平，农业生产的商品率很低。

经济活动作为乡村社会的主要活动，现代社会对乡村社会的影响，首先表现在经济生活的多样性。改革开放后，乡村经济生活的一个显著变化，就是农村经济活动一改以往的单一生产内容而走向多样化。这种多样化表现在：从原来的单一粮食（如水稻、小麦）种植转向多种经营，尤其是经济作物的种植经营；从单纯的农业转向农业、商业并举的方式；从依赖乡村土地转向依赖乡村各种自然资源及开采加工利用的工业，或者发挥乡村传统优势开展工业活动。对于劳动力富饶的乡村而言，随着农村家庭承包责任政策的落实，乡村容纳劳动力有限之下，许多农民纷纷走出家门前往经济发展较快的"珠三角""长三角"等地区就业，外出务工及其收入已经成为乡村家庭经济活动的重要内容。

改革开放以后农村经济结构多样化当中，乡镇企业出现应该是"异军突起"。乡镇企业说白了就是农民也来办工厂、搞工业。与土地打交道的农民大举进军资源开采、制造、加工等行业，创造了"中国奇迹"。这一现象最初在沿海发达地区，如广东、浙江等，后来迅速拓展到全国各地。在农民从事的非农行业中，建筑业、资源开采及加工业相对较多。这当中，与这些行业的人力资源要求多元有关。乡镇企业在中国乡村发展尤其是乡村经济结构变化中具有重要意义，极大地推进了中国乡村的现代化进程。

同时，乡村的农业结构也出现了很大变化，表现在：以家庭为生产单位的经济活动方式，使得家庭在组织生产过程中把经济效益、生产效率摆在优先地位，因而效益的生产结构及其方式开始凸显出来，商品化生产成为农民组织生产的依据。部分农民为着效益开始以流转方式接受其他农民的土地，通过扩大耕地面积来提高生产效率及其收入水平。随着各种科技兴农措施的落实，特别是生产农具的机械化、种植的科学化、精准化，国家也积极引导乡村耕地的流转使用，提升耕地的规模化、集约化水平，于是乡村农业结构逐渐突破家庭组织的局限而走向公司化生产模式，即以公司运作模式来组织生产。公司化运作主要是通过农民土地、农民劳动力、科技公司的科技水平、农产品商业运作等一系列因素的共同作用，推动了农业结构的商品化、市场化调整。

农业结构的市场化转向，意味着农业生产的诸要素进行了有机整合，农业生产、加工与销售实行了高效组合，其目的是追求更高农业生产利润。也就是说，整个农业生产在追求更高利润的影响下无论生产要素还是生产过程都受到重构和组合，从而形成有利于利润的最佳农业产业结构。这样农业生产的规模化、科技化，及在此基础上的分工合作，已经成为现代农业发展的必然趋势。

2. 经济增长方式的变化

现代社会体现着科学技术的决定性作用，因而经济增长始终是通过科技力量及其进步来实现的。随着现代社会的发展，国家加大了乡村社会进行符合现代化建设的重构。于是，国家通过教育培养、科技下乡、乡村治理体制改革、文化进步等手段，有计划地推进乡村社会的现代发展。在这些手段、措施中，国家通过推进乡村基础设施建设，提升农业生产水平，推动乡村经济建设，从而实现乡村经济增长方式的变化，是常见的、主要的方式。

乡村经济增长，是指乡村物质产品生产以及提供服务的增加。这反映了在一定时期内乡村经济规模的扩大和生产能力的增加，体现了乡村经济实力的提升。乡村经济增长往往受到资源条件、技术水平、体制及市场等因素的限制。随着乡村社会的现代转变，乡村经济逐渐融入市场化经济体系之中，因而其发展条件的市场化与科技能力逐渐成为主要因素，当然还有自然条件、人力资源和资本等。义务教育的有效实施，国家对农民有组织的技术培训，高等教育招生数的扩大等，这一系列措施无疑使乡村人力资源得到有效提升，为经济增长提供了坚实基础。同时，国家鼓励资本下乡，尤其是国家各项惠农措施，如对生猪、种猪补贴政策，乡村科技振兴计划，粮食收储计划及保护价等，在这一背景下乡村经济增长无论质还是量上都获得了快速提升。国家统计局数据显示，中国农业总产值从1978年的1397亿元，至2020年为137782.2亿元，增加了近100倍。短短四十多年中，乡村整体经济实力增长明显，这在很大程度上得益于现代社会所带来的体制、技术及其市场化力量等的综合作用。

随着国家加大对乡村基础设施的投入，乡村基础建设发生了巨大变化，从而经济活动呈现更加多样的状况，乡村现代经济得到了有效发展，由此表现出一些共同特征：

（1）乡村非农经济收入越来越成为乡村经济增长的主要方式。非农经济包括外出务工、加工制造、商业贸易、餐饮服务等。乡村非农就业带来的收入增长，折射出农业收入增长的困境，或者说非农就业收入水平优于农业就业收入水平。在这当中，外出务工是非农就业的主要渠道。尽管不少地方基层政府通过招商引资等方式吸引外资来当地办厂，从而解决一些当地人的就业问题，但更多的是离乡离土，远赴经济发达地区，因此乡村经济增长更多的是域外收入。这在客观上加速了乡村传统文化的消融。农民外出务工具有明显的乡土帮特点，即通过老乡拉老乡的方式，从而成为一个老乡帮，彼此熟悉，乡土价值及文化习性相同，甚至不少还是沾亲带故的关系。这些组织形式有相当的排外性，内部相对较为团结，在建筑、护理等行业较为集中。这种组织化方式利于团队利益的获得，比如在竞标、竞争中具有相对优势，它的进一步发展，就是劳务公司。一旦进入公司化运作，农民的"非农"就业就以正规即企业化方式体现出来，成为现代社会经济活动的重要力量。当然，还有诸如各种修理店、经商乃至办企业等方式。

（2）农业内部的经济增长，出现了机械化、集约化、公司化的趋势。小农经济在现代农业发展中，其发展空间逐渐受到挤压，其主要原因就是经济效益低下，在竞争日益的市场化环境中缺乏竞争力。因此农业机械化成为提升生产能力、减少成本的必然选择。于是，土地流转、水利设施完善、科技与市场信息、电力道路修建等成为首要解决的问题。这些改变也由此带来整个乡村经济发展水平的提升。近几年，农业合作社以及农业公司化运作更成为乡村经济活动的重要方式，农民以土地入股，参与到公司化运作中来。通过分工合作，尤其是结合当地优势资源进行开发利用，很好地解决了大市场与小生产经营的矛盾，为应对市场竞争提供了坚实基础。国家对土地流转、土地平整、兴修水利、添置机械化农具给予补贴，调动了民间资本对土地和农业的投入。乡村这一新兴经济模式使得乡村经济活动成为现代经济的一部分，在市场竞争中逐渐显现其优势，成为乡村经济在农业内部的重要方式。

（二）乡村社会结构的现代发展

社会结构是社会构成诸要素的构成关系及其构成方式，即社会诸因素以一定秩序所形成的相对稳定网络。结构是构成因素的内在形式和联结方式，不同的结构具有着不同的功能。对于一个社会而言，其构成的主要因素是人口、环境、阶级与阶层、权力和权利、精神文化等，因此社会结构可以分为群体结构、组织结构、社区结构、制度结构、意识形态结构等；也可依据其领域分为经济结构、文化结构、阶级结构等。社会结构是社会不同主体间及其与环境的联结而呈现出来的功能、作用与影响，因此社会结构如何，反映了社会的活力状况、经济水平及其文明程度。

社会结构的形成，或随着社会发展自然形成，如人口结构、乡村生产结构等；或是根据社会需要人为建立，如经济结构、治理结构等。无论是自然还是人为，都应与社会发展水平及其现实需要相一致。比如一种治理结构的建立，必须与主体的治理意识、治理能力以及治理现状等相一致，否则就无法有效发挥作用。任何社会结构都以其自有方式不断演化，从而使结构实现其功能、影响，也不断发生利于或不利于社会需要的变化。比如人口结构的变化，必然引发经济社会的变化；年轻人口多，变成为生产的红利，反之就变成生产的压力；人口老龄化就成为压力。人们对社会结构的认识，更多的是从其结构对社会的功能、影响来把握的，即社会结构是否合理，是从其对社会产生的影响来看待的。比如经济结构的合理性，是从目前经济结构下的就业状况、物价水平、经济运行状况等方面是否出现功能失调、结构失衡来确定的；再如形式主义、以权谋私、贪污受贿等社会问题频发，就表明社会组织结构出现了病变或障碍。

现代社会以其现代化解构并重塑着整个乡村社会，使得乡村传统社会结构发生了深刻的现代变化，并最终使得乡村社会结构成为现代社会的一部分。乡村社会构成因素在现代化下被不断地重构、塑造，使结构获得了一些新的内在性功能，从而使乡村传统社会呈现出一系列现代变化。这些变化主要表现在以下方面。

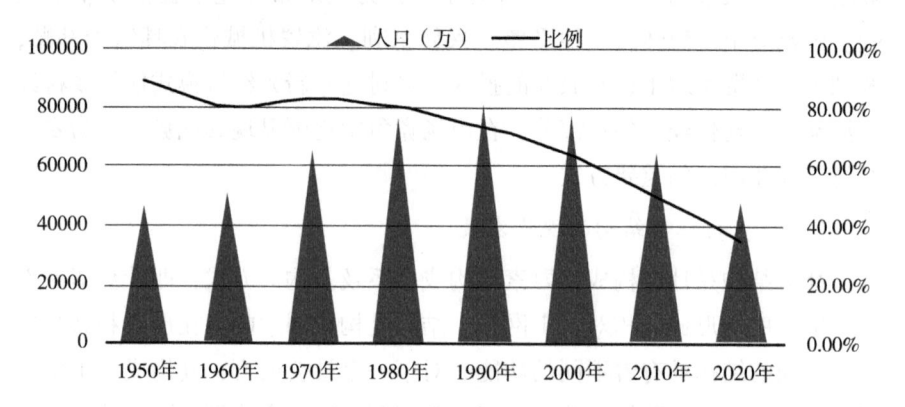

图 1-1　1950—2020 年中国乡村人口数量统计图

数据来源：国家统计局网站。赵利新/制图

1. 乡村成为人口净流出地，从而改变了乡村社会的人口结构

世界各国的现代化过程，是乡村人口不断转移减少的过程，是城市及城镇不断扩大的过程。中国的现代化进程也是如此。从改革开放初期城镇化率不足 20% 到今天超过 55%，预计到 2035 年我国城镇化率将会达到 65.5%。在总人口突破 14 亿关口的当下，农村人口占总人口比已从 1980 年的 80.61% 降至 36.11%，近 10 年来乡村人口流失 1.6 亿。从 1950 年至 2020 年，农村人口变化情况（见图 1-1）可以看出，农村人口占比总体

上处于减少状况,而且近20年无论是减少人口的绝对数还是占比都更加明显。也就是说,乡村人口的城镇转移处于加速状态。这与改革开放所形成的经济实力尤其是城镇化建设是相一致的。事实上,随着农业生产能力的增强以及国民经济的发展,乡村人口流向城市、经济发达地区、城镇等,已经成为必然趋势,以致乡村不断出现空心村、老幼妇村现象。

从流出人口的分析中可以看出,流出人口主要是以下几类:农村在读大学生、对教育看重的农民、经济条件相对好的农民、从事非农产业的农民等。因此乡村流出的人口具有以下特征:劳动能力正处于高位,受教育程度较高,有一定的经济实力,等等。这些人的流出,无疑是乡村社会发展的损失,对乡村治理现代化构成很大冲击。

农村人口的变化,既反映了现代社会人口发展规律,也反映了农业产业在现代社会的发展状况及其地位。但无论如何,乡村人口变化对乡村社会结构及发展方式的影响是巨大的。大量富有竞争力的人口流出,直接导致乡村社会发展人力资源缺乏,同时也导致乡村人口结构老龄化、科技素质及其文化素质以及乡村经济实力相对匮乏等问题,由此必然加大城乡差距、收入分化状况。这几年出现的并村现象、乡村学校撤校现象、土地荒废现象,都在一定程度上反映人口流失问题对乡村带来问题的普遍性、严重性。

2. 乡土传统不断被打破,现代生活方式逐渐成为主流

基于小农经济形成的乡土传统,在现代生产方式、经济发展的大潮下不断受到挑战。人们为着适应现代生产,分工合作、组织化生产、标准化要求等一系列有别于传统社会的规则理念逐渐确立起来了。同时,熟人社会关系不断被陌生人社会关系所取代,信任政府、依赖政府,重视公共利益,注重法治规则,已经成为人们社会生活的常识。这反映了国家权力对乡村的建构已经使乡土之村民变成了国家建构下的乡村之村民,现代社会生活规则尤其是法治规则已经成为人们的基本生活法则。

同时,伴随现代生产力发展带来的商品繁荣,乡村社会从传统的节俭节约转向了重视消费、鼓励消费阶段。消费转向后的乡村社会,成为各种经济主体竞相争夺的主战场,村民成为最大的消费群体。家电下乡、城镇户口下乡、惠农措施落地、网络到村,等等,乡村成为拉升经济从而促进消费的重要场所。这一方面是由于中国经济从生产社会发展到消费社会的需要,另一方面也是乡村社会自身发展的必然结果。这是农业生产力提

高，乡村经济不断发展，国家对乡村基础设施的巨大投入，乡村消费实力提升等一系列因素的结果。当经济生产能力得到快速上升后，商品的丰富必然需要社会的更多消费，乡村社会长期被压制的消费潜力已经成为整个经济社会生产的重要引擎被开发出来了。在这种内外夹击之下，乡土文化的节俭节约、重积累轻消费等被逐渐取代。尽管乡村消费社会仍有待于建设，但乡村社会所形成的消费社会结构、消费方式及其消费理念，已经使乡村社会样式及人们的精神面貌发生了巨大变化。乡村的、乡土的、泥土味的乡村，已经蜕变为绿色的、环保的、健康的乡村，从而使乡土的资源获得了新的内涵，激活着乡村资源的经济价值，乡村生活、乡土生活在现代社会重塑下获得新的活力而成为现代社会重要的组成部分。

（三）乡村治理能力难以适应现代社会发展需要

治理的主旨在于不同主体共同参与到公共治理活动中来，充分发挥不同主体在维护公共利益、提供公共服务等方面的作用，从而实现乡村社会的稳定与繁荣，因此主体参与意识及参与能力成为重要因素。就目前乡村社会而言，人口老龄化、文化水平尤其是现代知识水平不足，政策法治水平不高，加上小农意识及传统观念根深蒂固等，这一切导致乡村主体基于现代社会需要而缺乏足够能力参与到乡村治理实践中。比如对于乡村社会的长远发展规划，不少主体无法真正把握乡村长远发展规律，认识乡村现代化的需要，从而也无法提出有足够影响力的建议。目前有些地方的村民大会，由于许多人离家打工、忙于生计等，其召开都显困难。

同时，随着人口流失，农村党员队伍也存在不少问题。如不少乡村党员干部并不一定住在村里而成为离村离土干部，原来群众之间有纠纷找干部的方式，由于村干部的离场或缺场难以为继；各种自发的自治组织，如红白理事会、经济合作社，由于其正当性、合法性等不足，其号召力、影响力有限，其发挥作用仅局限于其自身领域之中。在乡村很多地方，除了老人妇女跟残疾人之外，在农村居住的年轻人很少，以致出现乡村经济社会空壳化现象严重化趋势。这种空壳化，既表现为产业空壳化、文化空洞化、人口老龄化和居民非农化，也表现为治理空洞化等现象。

二 现代乡村社会善治

现代乡村社会是现代化生产基础上形成的人类生产生活共同体，它在乡村空间下实现着人与人的交往及人自身的生存，由此形成具有乡村乡土、地域特征的生存文化及其生存环境。现代乡村善治问题必然是基于这一前提下进行讨论，并由此形成带有乡土气息的善治内涵。

(一) 现代乡村社会的善治内涵

现代乡村社会是现代化进程中的社会，表现在：科学技术的广泛应用，社会分工基础上的农业生产，科学精细的治理体系，等等。现代化的乡村社会已经把现代化与乡土、现代文明与乡村传统有机结合起来，形成了具有现代乡土性的社会形态。基于这一现代乡土性，现代乡村善治体现着现代化及其乡土性的内在要求，因此善治建构有其内在逻辑，呈现出一些共同的、本质的要求。

1. 乡村公共利益最大化

基于乡村生存的公共需求所构成的乡村公共利益，是乡村社会公有的、人人能够享有的利益，也是乡村人生存与发展的共同基础和保障。现代社会，漠视利益、无视利益的任何治理行为，其影响都是苍白的、无力的。利益的社会取向，或者说利益的绝大多数人的取向，既是对利益在现代社会作用的肯定，更是对利益在乡村治理中的正确运用。公共利益最大化就是乡村善治的根本要求。在乡村治理当中，要立足公共利益最大化来谋划乡村经济社会的发展，从更加公平公正的角度来推进乡村建设。公共利益既包括乡村有形的经济及物质利益，也包括乡村无形资产所形成的利益。

现代社会是重视利益的社会，并以显性方式表达着人们对利益尤其是经济的需求、欲望。商品、资源、金钱、资本等，利益尤其是经济利益已经深入地渗透于社会机体中，当然也渗透到乡村社会中。现代乡村社会作为开放的、市场化的、融入社会化大生产从而参与到产业分工的社会，经济性、物质性的活动已经成为乡村一切活动的中心和基础，也成为乡村社会融入现代社会，参与现代社会分工合作的"资本"。因此乡村经济活动、经济利益重构着乡村治理活动，乡村善治必然被乡村利益所规定、所重构；当然治理活动也影响经济活动。现代经济发展的组织化、协同化决定着乡村现有资源的再次组织化，如土地的规模化耕种、人力资源的协同化运作等。这实质指出了公共利益最大化在现代社会的必要性阐释。

因此，公共利益最大化是乡村善治之根本，公共利益最大化成为乡村治理的根本出发点和价值目标。这不仅意味着乡村是乡村人的共有体，公共利益确保乡村建设惠及绝大多数人，而且确保着乡村治理的社会而非个人方向，实现着乡村公平和谐与可持续发展。

2. 多元主体平等参与

就治理本义而言，多元是其要义。唯有多元才有共建共治，才有广泛的社会基础。乡村多元主体就是指乡村社会中不同领域、不同阶层和不同行业的人，以其所特有的利益诉求、价值观及其行为方式而形成的社会存在。主体多元是社会构成的常态，也是社会存在的必然存在；当然乡村社会治理主体多元也是必然的。不同主体平等地、共同地实现其社会主体职能，行使社会主体责任，发挥社会作用，因而这些主体无论是存在意义还是作用影响所体现的地位而言，都是平等的；这些主体平等参与就成为社会和谐的必然性内容。因为只有不同主体的参与，其主体的社会利益诉求及其价值主张才有可能被社会所了解、所重视，并才有可能成为有效的公共社会利益。

主体平等参与对于现代乡村社会善治具有更加重要的意义。"官府不下乡"是传统乡村社会的治理惯例，从而使乡村自治有了合法性制度基础。这一自治是代表官府的官绅和民间精英掌控下的"自治"，并依赖神权、族权、父权和夫权所塑造的等级社会秩序以及儒家文化来实现；其乡村治权更多的是"肉食者谋之"，如绅士、地主之事，普通百姓在乡村事务中只能接受。作为等级森严、崇尚礼治的乡土社会，农民的主体性显然无法得到体现。因此乡村所谓的"自治"，是缺乏大多数人参与的"自治"，是体现等级秩序的少数人意愿的"自治"。

现代社会以自由平等为社会的基本价值取向，主张公共事务就是人人参与、人人共享的事务，公共利益就是人人共有、人人有责的利益；任何个人都是具有个体利益的个人，离开了绝大多数人的参与，这一公共性、共有性就会受到质疑，甚至被否定，最终个人利益也无法得到实现。因此平等地、积极地参与，成为乡村善治的前提。

3. 合法性

合法性就是乡村治理源自于法律的供给，体现着与法律要求的一致，包括法治原则、法律精神以及法律规定等。依法办事是现代社会的根本原则，是现代文明的标志。乡村社会治理几乎是小事、杂事、琐碎事，但又处处与人的利益直接关联，因而很容易陷入人情世故的纠缠之中。俗话说的"清官难断家务事"，其"难断"之"难"就在于利益直接、纠缠繁杂。

善治一定反映着多数人的意志、愿望，是多数人意愿的体现，符合乡村社会发展的内在规律要求，这恰恰也是良法之本质、之根本。人们常说法律是底线道德，就是法律是基于绝大多数人所认同的信念、规范，又符合社会发展需求而制定的。乡村道德没有太多的政治性，很多都是基于感性的生活体验感受而提出的直接利益规范要求而已，甚至有些利益诉求微乎其微，不值一谈。因此法律对于乡土秩序以及乡村治理而言，更多的是进行国家和社会整体意义的规范、规则，是对乡村人的行为及诉求，进行国家和社会意义的评价、判断和引导；也可以说法律是对乡土性道德的一种国家和社会意义的提升、超越。合法性，就是乡土道德价值及其实践的国家认同。现代社会的任何行为，都要现实地融入国家体系和社会体系之中，甚至个人的、私人化的行为和取向，都受到国家和社会的重塑和建构，完全脱离于国家和社会的个人行为以及价值观念，是不存在的。因此合法性，体现并实现着"好"的国家性和社会性。

4. 和谐秩序

和谐是人的生存佳境，是人对于生活生产结果、状况的主体性满足，是符合社会期待及其人性要求的表现，是人与自然以及人与社会之间协调、友善关系的体现。现代乡村社会更加重视利益，市场经济、商品经济在激活乡村社会经济活力的同时，也使人们有着更多的利益渴求，或者说对经济利益表达出更强烈的欲求：视经济利益为生活的唯一价值；把经济利益看成最高价值，等等。由此使得原有的乡土秩序在利益面前被不断打破，人与自然、人与人的关系变得紧张，经济利益把乡土生活中的宽容、真诚，经济中的诚信、情怀等转变为牟利的手段和方式。

乡村和谐秩序是现代文明建设的要求，更是乡村生活的需要。无论是现代还是传统乡村，农民生存的物理空间大致是一样的，即乡村的、乡土的，人们在有限的范围内生产生活，朝夕相处，其生产对象及生存环境熟悉，因此人与人之间几乎也是熟悉的。这种熟悉包括文化与情趣、理念与习性、待人方式与思维方式等。虽然现代乡村社会有了更多的分工，甚至外出就业更加频繁，但正如人们常说的根还在乡村，其基础还在乡村。因而乡村生活是熟人性的、充满人情味的。这需要更加和谐的秩序，也同样需要具有更多和谐秩序的基础。和谐秩序要求对于现代乡村社会的稳定及其发展，将提供更加坚实的基础和条件。

当然，现代乡村社会的善治内容还包括公平公正、协同友善、环境优美等。善治作为治于善，体现着对乡村社会不同主体需求、诉求的满足，具有广泛性、基础性和包容性。而上述内容更多的是就整个社会的某一方面，而对于现代乡村社会这一特定区域、对象而言或许存在针对性不够，但作为价值取向及社会发展目标，对现代乡村社会及发展仍然有着规范、塑造的意义。

(二) 现代乡村社会的善治特征

现代乡村社会善治是乡村社会进入现代化的"好治理"，现代化重塑着社会关系及其社会需要，因此善治必然是现代化基础上的善治，体现着现代社会特点及需要。具体而言，主要表现在以下方面。

1. 国家对乡村善治的主导性

国家、政党、法治等因素，是现代社会的重要构成因素，现代社会是通过国家来实现其治理的。与传统乡村的"官府不下乡"不同，现代乡村社会受到国家的建构、塑造，事实上成了国家（通过政府）权力直接治理下的区域。特别是在基层政府权力扩张冲动下，"乡政村治"成为事实的乡与村之间的管理模式，"自治"的村务蜕变为政府的政务，村委会成了乡镇政府的下属机构。现代乡村社会必定是国家意义的乡村。

现代社会中，国家对乡村的重构具有正当性。就目前乡村现代化建设而言，无论是资料来源还是具体实践，没有国家的力量几乎是难以实现的。当国家基于发展而采取工业化、城市化建设取向时，乡村建设游离于现代化及国家经济现代化战略之外，从而出现长期落后于工业与城市发展的状况。这是落后农业国家在工业化及现代化中的必然的、无奈的选择，而通过乡村的国家力量加入从而吸取更多的工业化、市场化资源，就成为实现这一目的的手段。随着国家经济实力增加，国家工业化发展不再需要从农业和农村获得资源支持的同时，国家通过其巨大的财力、物力等资源的支持，使农业和农民接受其帮助，从而引导乡村从小农式、自然经济式，向规模化、分工协作的现代农业经济发展。因此乡村善治，无论是经济上的富庶，还是政治上的民主共议，都受到了国家的影响，形成了符合国家利益内涵和需要的改变。

2. 乡村现代化成为善治的鲜明性特征

现代化以其区别于传统社会的理念和方式，尤其是形成了巨大生产力从而改变着人的生存方式及社会发展方式，而成为了现代社会发展趋势。乡村善治必然受到现代化的构建，打上现代化的烙印。治理意义上的善治理论源于西方社会，是西方基于治理的诸多不完善性及其负面性而提出的新理论，它反映了现代化发展下社会治理关系的复杂性及治理主体多样化的状况，以及现代化对于社会建构及影响的深刻性。

现代化对于乡村及乡土传统的解构与建构是深刻的。这不仅体现在现代农业技术的广泛应用所形成的巨大社会生产力水平，而且还反映在社会制度、社会观念及文化所形成的社会秩序与社会关系中。然而，在中国现代化进程中，善治理论及其观点与中国传统文化有着相融性。中国传统之"善"所体现出来的美好、符合人性、不极端的中和观，不仅已经深入中国文化并成为其传统的核心范畴，而且善的治理实践尤其是乡土善行实践使得"善"已经烙进了百姓生存意识之中，成为人生存的精神世界的核心。现代化意义的"治理与善治制度作为一种新的民主制度，在西方的发展有其制度的依赖环境，但作为制度的治理与善治和作为支持这一制度设计理论的治理与善治是两回事。前者具有一定的特殊性，而后者具有普适性，这一普适性的合法基础在于治理与善治制度适应多元化、大众化民主政治的需要"[①]。当治理及其善治所体现的大众化、多元化及其协商共议这一民主政治，与中国传统善文化传统之间有了异中之"同"时，善治就被社会治理实践认同并不断获得推进，即价值理念及生活中的"善治"不断转变为国家治理价值实践的"善治"，这是其一；其二是基于理论观念而提出制度性的治理和善治，即通过社会制度层面提出治理及善治；其三，是实践层面的机制、措施等。通过这些转化、重塑，现代化已经成为乡村善治的应有内涵，成为现代乡村善治的根本与核心。

3. 乡村主体参与的广泛性、真实性

现代乡村社会是建立在科技生产力基础上，通过市场化方式组织生产，以社区方式组织其社会生活，因而乡村社会是一个组织化程度较高，生产能力、分工协作能力等有了提升，体现现代农业生产需要的组织。这种公司化运作的现代乡村生产已经使乡村步入了现代社会组织结构之中。这当中既有组织严密的公司化管理章程、运行机制等，又有村民自治意义的共治、共议、共享机制；既有乡村直接的经济利益，如土地股权、公共资源股份，又有公有利益所形成的非经济利益，如乡村事务的参与、村委会的选举等。这些与主体利益直接关联，是主体利益的体现，因而在客观

[①] 孔繁斌：《治理与善治制度移植：中国选择的逻辑》，《马克思主义与现实》2003年第3期。

上形成了主体对乡村公共事务的参与，并且这一参与是真实的，发自主体利益需要的表达。

在主体积极参与的诸多影响因素中，主体在乡村共同体中的地位具有更为根本性的影响。主体地位包括在乡村中的声望、实力与影响力、资源等。乡村主体地位往往与熟人社会权威、实力是同义词。对于现代乡村社会而言，地位就是乡村资源分配及生存状况的通行证，是市场关系的信用标志，也是人缘、地缘实力的表征。但现代乡村社会形态的多样性、发展方式的多元化及生活价值的主体化，使得乡村社会地位呈现出多样化趋势，既有经济实力方式，也有文化实力方式；既有品德威望形式，也有才能才华内容，等等。地位的多样化、多元化等取向，使人们的选择与参与有了更多符合主体意志的合理性，更加体现主体愿望、主体需要。正是有了主体的广泛而真实参与，乡村善治才能真正体现绝大多数人利益这一根本要求。

（三）现代乡村社会善治逻辑

就其起源而言，"逻辑"一词是英文"logic"的音译，原意指思想、思维、理性、规律等。汉语中"逻辑"一般是事物的规律，事物发展的因果规律或思维规律和规则，是思维过程中对个别的、非本质属性的舍弃从而呈现其本质的、共同的属性的过程。因此某事物逻辑就是它的规律性，即内在的、客观的必然性。善治逻辑，就是好治理所体现的必然性。

1. 现代乡村善治逻辑

就治理逻辑或善治逻辑而言，"逻辑"是指治理的客观规律性，即治理主体及治理对象之间所形成的内在的、本质的、稳定的联系，是治理活动发展的内在动力及治理关系变化的根据。任何善治都是基于其逻辑基础上生成和实现的，因而善治内涵及实践具有客观性、必然性。也就是说，任何善治都是基于现实社会（结构）关系、文化传统、经济社会发展水平等因素而进行的。所谓好的治理或善于治理，其实质就是基于现实基础而最大程度满足人需要的措施及内在结构。现实基础是前提、条件，由此确立的"好"是现实前提、条件下的"好"。因此善治逻辑就是善治的客观性和规律性的实现及其表现；当善治被理解为善治实践时，善治逻辑就是达到的目标、运行的原则、模式或途径及其所体现的内在必然性（规律性）。

善治逻辑，不仅是客观的、不以人的意志为转移的内容，而且也有价值、愿望等与主体相关的内容。前者构成实然逻辑，后者就是应然逻辑。所谓应然逻辑，就是应该体现出来的必然性，是社会发展状况以及人的生存状况共同作用的一种应该的必然性存在。应然当然不同于实然，它是一种基于普遍之"善"的期待及愿望，它是一种需要努力才能现实化的存在。因此，善治逻辑是善治的合规律性和合目的性的呈现，是社会内在治理要求与外生治理条件的有机结合及有效实践。善治逻辑既是社会治理关系规律性的反映，也是生存于现实中人的期待愿望的体现。

现代乡村善治是基于乡村这一物理空间中所形成的人类社会活动的好治理，或善于治理，它是乡村治理关系和谐、乡村公共利益最大化的表现，是乡村人基于生存价值与愿望在社会治理实践中的满足，是乡村在不断参与现代社会分工协作中最终实现着乡村与城市、农业与工业的融合，实现着乡村社会的共治、共议与共享，以及法治、德治和自治的有机结合。基于乡村善治所体现出来的必然性、规律性，便成为现代乡村善治逻辑。

理解现代乡村善治及善治逻辑，一是要从现代乡村社会这一大背景下进行理解。现代乡村社会是现代化基础上形成的社会，科学技术的广泛应用、技术化下的社会管理能力、人与人交往网络的发达等，使得乡村已经不断摆脱物理空间的限制，而成为整个现代社会有机整体的一部分。因此善治必然有着现代化内涵，善治逻辑必定是体现现代化要求、发展趋势的必然性。比如物质上的富足、治理上的平等参与、文化上的自信等现代内涵，已成为善治逻辑的起点及基本内涵。

二是必须抓住和强调乡村这一物理空间及所形成的地方性文化。现代乡村社会，尽管现代化已通过丰富的物质产品、现代理念、社会分工及城乡融合等方式，使乡村融入了现代社会中，但乡村特定的物理空间、人们的居住和生产方式等，使得乡村有着自身特有的文化传统，风土人情和风俗习惯背后所蕴含的思维方式、价值体系及传统，使乡村之善及其乡土善治有其特有的内涵与特色，自然就有了乡村善治逻辑的乡土性。乡土性逻辑既有现代法治意义的利益、平等，更有乡土差序格局的亲情、熟人情结等。

三是要从现代乡村社会的国家重构方面进行理解。国家对乡村的重塑与构建，是现代乡村建设与发展的重要动力，国家意志、国家行动及其国家价值等成为乡村善治的核心内容。作为国家意志的具体执行者，政府通过资源投入取向、意识形态宣传、专政工具等，不断引导乡村及其善治的国家转向，影响着善治逻辑构成。比如现阶段提出的村民自治下沉，乡村第一书记以及由此推进的乡村基层党组织建设，乡村治理体系建设等。这些国家力量所进行的治理体制改革，深刻影响乡村善治及其发生发展逻辑，甚至已经成为乡村善治逻辑本身。

2. 现代乡村善治逻辑特征

现代乡村的最大特征，或者说引发乡村的现代转向的根本就是现代化。现代化通过现代科技所释放出的巨大生产力、更有效率的组织形式及社会运行方式等手段，对乡村社会及运行进行着重塑和建构，使现代乡村善治逻辑必然打上现代化的烙印，有了现代化内涵。这由此构成了现代乡村善治的基本逻辑特征。具体而言，主要表现在以下方面。

（1）国家逻辑已经成为决定性力量。现代国家以其合法性及其所拥有的广泛民众基础而拥有公共权力，并掌握巨大的公共社会资源，成为整个社会具有决定性影响力的因素。现代国家凭借其所拥有的力量，总是力图对其各个部分有效地实现其国家意志，并使之服从于其需要。因此现代国家通过现代政府把国家权力延伸至乡村就有了必然性。这不仅是权力的本性，更是现代国家实力及国家的民众基础的必然结果。现代国家及其政府总是会以民众性、公有性的面目颁布共同性规则即法律，因而法律获得了合理性而成为国家及其政府一切权力行为的依据。现代国家下现代法律的制定及其法治的推进，使得国家与政府对乡村的国家意志改造行为不仅合理化而且合法化，意味着国家力量以异于乡土社会的方式介入乡村事务有了必然性和正当性。

事实上，传统社会意义的国家，是以皇权、皇帝和天下等名义出现，国家治理意义的政府即朝廷力量实行着对黄土、子民及社会秩序的治理。作为天子治下的乡村，天子为代表的政府并不是不想对乡村进行有效控制，更多的是不能而已。辽阔的乡村、众多的村庄、分散的农户，这一切都是当时的政府，在缺乏现代科学技术手段和发达的联结方式等条件下，没有能力将自己的管理传达到帝国的每一个角落。而现代社会恰恰具有了这样的能力，从而传统意义的乡土乡村就成为现代国家意义的乡村，乡村成为实现国家整体的一个组成部分。

因此现代社会的乡村善治是国家意义的乡村善治，国家意志、国家要求或国家利益，决定着乡村善治的内容与形式。工业革命开启了人类社会发展即国家发展的新模式以来，以工业化为主要内容的现代化就成为国家命运的主宰。在现代化背景下，世界各国都把乡村纳入到实现工业化和现代化的体系中，从而对乡村发展做出现代化的国家改造，或者以国家意志推动乡村社会的发展。这种国家意志或国家化的乡村善治是通过直接的国家权力干扰、间接的国家引导等方式加以推进的。直接的有建立各种符合国家意志的基层组织、制定国家乡村发展规划等；间接的有各种优惠政策，如惠农贷款、财政支持资金，农产品购销价格，农业基础建设资金支持等。面对国家强大的经济技术等实力及组织力，基于国家需要的好治理成为了善治的必然。

（2）经济逻辑具有更加重要的意义。几千年的小农经济，使得农民对追求财富及意义更为敏感和强烈。中国社会长期的小农经济使农村物质生产水平有限，加上不断增加的人口，从而使乡村财富的积累有限甚至没有。小农经济意味着物质生产无论能力还是生产的可持续性，都无法得到有效保障。靠天吃饭，遇上风调雨顺，再加上市场价格稳定的年份，收成和收入就高些。一切充满未知，一切充满变数。因此农民理性即一种眼见为实、看得见摸得着的利益行为，讲究实惠，功利而务实，由此形成并成为农民心理。也就是说现实的经济利益构成了农民行动的根本动机。加上历朝历代的剥削制度及不合理的社会分配制度，农民阶层的物质生活匮乏、经济贫困始终处于一种常态。因此祈求风调雨顺获得好收成、发家致富始终是中国农民的永恒愿望。乡村的一切治理活动中，经济无疑具有根本性，经济成为乡村善治的根本性因素。

斯科特在《农民的道义经济学：东南亚的反叛与生存》中以"生存伦理"的概念来理解农民行动的经济逻辑，认为农民行动逻辑是"生存理性"，即以追求基本生理需求满足为最高目标的理性追求。这在一定程度上反映了乡村生产力水平及农民财富水平条件下，农民一切行动的出发点及其动机。经济对于农民的生存意义决定了农民的行动逻辑，当然经济逻辑也成为乡村善治的逻辑。

随着市场经济的确立，经济利益更加凸显。面对庞大的市场，无论是单个的农民还是组织化程度不高的农民组织，对市场的驾驭、预见及其防范能力和条件都明显不足，市场化的竞争、组织化生产管理、科学化生产要素的运作，使得农业生产的经济效益起伏波动并且差距显著且巨大，对乡村及农业的影响更加明显。因此现实的经济利益在新的环境中得到了强化，经济利益逻辑自然成为善治的逻辑。

作为乡村善治的经济逻辑，是公共利益最大化逻辑。公共利益最大化就是在追求经济利益中强调公共利益的重要性。公共利益无论是小农经济还是市场经济条件，它对于乡村整体发展以及乡村大多数人的生存发展，都是首要的。治理的公共性及其大多数人利益的特性，决定着公共利益最大化的正当性。

（3）主体平等参与成为善治逻辑的价值依据。传统乡村社会是不平等的社会，因为封建专制从制度到文化上，都为这种不平等提供了合理性依据。因此传统乡村治理更多地基于统治者的善心、善念，即一种民本主义的善治。现代社会从根本上是平等的社会，无论是个体的人与人之间的平等，还是主权在民理念，其实质都提出了一个人与人之间的平等问题。无论在乡村社会组织还是村民治理参与，任何主体都能并应该平等地参与到公共事务当中。

现代乡村社会治理主体是多样的。这既是乡村社会发展的必然，也是人自身发展的必然。这当中包括个体的人、群体的人，群体中包括各种经济组织、市场主体及社会主体，如乡村红白理事会、慈善团体、经济组织等。现代化是多样化的社会，随着科学技术发展而呈现出的巨大生产水平，伴随价值多样而出现社会多样化发展，这已经成为社会的常态，因而主体多样性就有了必然。

因此当多样化主体出现以后，多样化主体现实地成为乡村社会的组成部分，并且由于其受到现代社会催生从而使之成为乡村社会的重要变革力量。如目前乡村农产品销售中的网红现象、电购平台等，再如资本下乡后的资本拥有者、管理者等。这些力量与传统乡村主体有着很大的不同，它们已经把农业与资本、技术、市场等诸多因素结合起来，实现着乡村传统经济的升级，拓宽了乡村经济发展空间，从而推动了社会形态的变迁。所以乡村公共事务，需要这股力量的参与，一切治理主体的平等参与，是乡村公共利益最大化的基础及有效保证。

第二章

乡村善治逻辑的乡土基础

乡村是乡土中国的根基，也是现代社会现代化发展的重要载体。尽管现代化不断冲击乡村传统根基，但乡土传统仍以其强大的生命力影响着现代乡村，成为现代乡村社会现实根基的重要内容。"从基层上看去，中国社会是乡土性的。"[①] 费孝通先生对传统中国社会基本性质的精辟判断，对现代乡村社会乡土的合理性仍然有着解释力。同时，现实社会制度下国家权力实现了对乡村的现代构建，如建立起基层政权组织，乡村治理成为国家治理的重要组成部分，并显示其在国家治理中的基础性及其重要性，但这些并不意味着乡土传统的消失或无法发挥作用。深入到乡村人精神世界的乡土传统，仍活在乡村人现实的生产生存中，如宗族传统、小农心理等。因此那些已经被"国家性"存在所代替的乡土传统已经不可能"自在地"存在，同时也揭示出"国家式的乡村重构"必然充分尊重乡土传统的事实，并应发挥好这一传统的积极作用。因此理解乡村善治就必须把握乡土传统所构成的这一社会基础。

第一节 乡村的宗族力量与村庄政治

尽管宗族以及宗法制度被现代社会制度不断重塑与稀释，但作为乡村社会长期的社会力量及社会形态，尤其是长期宗族实践中所形成的宗族心理文化，仍然深刻影响着乡村社会，形塑着人与人的社会关系。因此推进乡村善治需要认识乡村宗族力量以及宗族文化的影响，尤其是深刻把握乡村人的宗族心理，积极化解宗族矛盾冲突。

---

① 费孝通：《乡土中国》，北京大学出版社1998年版，第6页。

宗族即依宗成族，宗就是共同祖先所形成的子孙后代，因此宗族成为传统乡村社会的重要单位。传统乡村社会的宗族，往往是拥有共同祖先的人群集合，通常在同一聚居地。共同祖先意味着宗族组成的血缘性及血缘的连续性，而姓氏作为共同血缘关系宗族的一个符号，源于同一始祖者即为同姓，一脉相承、源流绵延，因此人们经常依据姓氏来理解宗族。尽管随着人口繁衍、迁移而有了地缘、业缘成宗，但血缘仍是宗族存在及其发展的核心因素。

一　乡村宗族力量的社会性

宗族通过血缘关系把宗族成员组织起来，形成群聚性力量。宗族内部是按照宗法等级来运作和管理的。所谓宗法就是以同一祖先的氏族家族为中心的制度，是儒家等伦理思想在宗族问题上的具体化规定，其核心就是根据其血统的亲疏、远近，区分为嫡庶亲疏的等级。宗法制度深刻影响着乡村社会，已经成为乡土文化的重要内容。宗法制度在宗族关系的具体体现，就是宗族内部的分层并呈现出来的宗族等级。宗族正是依据这一等级制度及伦理上的正当性来进行内部事务的协调和运作，其最终就是确保宗族稳定及宗族内部这一等级秩序的运行。

随着人口繁衍及家庭数量扩大，宗族势力及规模不断得到拓展，尤其是各种自然和社会因素，如战争、自然灾害等，基于生存而进行人口转移，甚至于被迫迁移，由此出现了血缘的近邻和空间的近邻边界逐渐模糊，一种根源于血缘基础的地缘及业缘由此成为缔结宗族的纽带。而强调地缘中的血缘联结，这既是乡村人活动范围婚姻的现实选择，也是生产生活的理性抉择。人们常说的"一表三千里"就是例子。费孝通在《乡土中国》中也认为，宗族并不是一个膨胀的家庭，甚至不能理解为一种亲属组织，而是一种地方组织。这一意义上的宗族已经突破了血缘局限。

当宗族无论是以宗族成员共同体还是地方组织方式出现时，宗族就有了公共权力从而就应提供部分公共产品。这些公共产品，一是宗族各家凑份子钱来处理宗族内事务、扶贫济弱及褒奖，二是富人或权势者的捐助行为。有些地方尤其是南方，会采取族田、族土等方式，即以宗族名义直接掌握土地等财产，甚至以宗族方式进行经营，其收入就构成了公共产品。这种互助行为是民间化的救助活动，往往具有应急特征。这些公共产品的发放，有些以制度化方式施行，如为同族子弟提供教育资助，组织宗族各种活动等；有一些则是非制度化方式，如以道德约束或声誉激励的形式。由于宗族这一组织具有一定的政治、经济和组织权力，因此在其内部影响力、号召力甚至执行力都是不容忽视的。

乡村宗族出现有其复杂社会根源。一是基于血缘基础上建立起的家庭，成为传统乡村社会的基本单位。为着抵御外来侵犯，人们需要通过抱团即组织化的方式，而血缘基础上的抱团具有更多的人性基础。为此通过通婚而使家庭的外延扩大，以及通过血缘的延续而形成的家族力量成为其主要方式。二是基于传统伦理互助观念，小农经济条件下为着生产上的互助，而有了互通有无的人与人的协作；同时，宗族为成员提供了人与人的伦理联结纽带，使得成员间的相互协助、给予带着道德义务的色彩，从而增强人与人之间的道德自觉。因此宗族的出现及其发展在很大程度上是基于人生存中的经济、地位、权利等的保障，有着一定的互助性、公益性及其自治性，是乡村社会生存的一种现实选择。

二 乡村宗族力量的政治参与及影响

宗族是传统乡村社会的重要治理力量。它通过宗法血缘这一纽带将"家"和"国"联结了起来，以致家族兴旺上升到政治伦理高度。前者如宗族参与国家（军事、剿匪、戍边等）行动，后者如儒家思想的"不孝有三，无后为大"观念。这一切不断强化人们的家族宗族意识及作用。宗族兴旺的重要标志就是人丁多、家族势力大。在乡村社会治理中，人多势众就有了较多的话语权和决策权；宗族势力介入乡村族人的争端调解中，在一定程度上起到维护家族团结和社会稳定的作用；当外族入侵时，宗族势力还承担保护乡土和族人的职责。宗族力量的治理作用，是通过组织化的宗族方式参与到乡村事务中来实现的，如惩罚惩戒、救济救助、维持地方秩序、举办宗族活动等。而官府也借助宗族势力来实现对宗族及其宗族社会的控制，即所谓的宗族与官府一体。在乡村社会宗族实践中，主要表现为选举族长、开垦族田、建宗祠、修理族谱、举办宗族性仪式等。宗族正是通过这些活动来进行宗族及其制度建设，从而达到团结宗族成员、凝聚宗族力量、强化宗族组织建设的功能，也由此参与并成为乡村事务治理的重要力量。族长为宗族最高权力代表，一般是宗族辈分高且有威望的人担任。宗族一般构成以族长为首的等级分明的宗族管理系统，对宗族公共财产收入，如族田、房产收入等进行管理经营；承担起宗族内的扶贫济困、保障族人基本生活、宗族间交往、资助或褒奖学习优异宗族子弟等功能；当然也对违反族规行为进行惩罚，对族人行为加以规范（家规家训）和道德教化，维护宗族利益和内部秩序。

乡村宗族势力具有一定的政治功能，表现在族规及其秩序具有官府的"意识形态"色彩。族规族约是宗族内部的行为规范，通过族规族约而对宗族及族人行为进行管理规范，简称为"宗族乡约化"。"宗族乡约化"把宗族生存实践中约定俗成的观念价值以制度、条约形式表现出来，从而成为可操作的、系统教化的规定。家规族规涉及族人行为、宗族礼仪、祭祖仪式、冠婚丧礼等，以此达到宗族团结、教化族人、规范族人行为及维护宗族社会秩序的作用。"宗族条约化"的实质在于，宗族势力的治理影响和教化作用逐渐被官府所利用，官府有意识地把利于统治的"意识形态"渗透于宗族族规家训之中，并通过（政府）行政体系规范宗族行为，从而实现对宗族的控制，最终实现基层社会秩序稳定。比如不少宗族都把朱元璋的"圣谕六言"、康熙的"上谕十六条"载入族谱族规当中，其官府意志及认同是显然的。"在某种程度上是政府与宗族在维持基层社会秩序方面的合谋共策，在这一过程中，政府与宗族相互依赖，相互支持，彼此之间的互动增强。"[1] 这样，宗族势力成了官府力量的延伸，族规家训所构成的文化教化力量成了官府柔性管理方式，政权与族权的结合成为基层社会管理的重要力量及治理形式。

事实上，官府不仅通过"官府意识"进族规，而且还通过返乡官员、赈灾、慈善、诉讼，以及仲裁、地方秩序维护等途径节制宗族行为。科举制打破了世卿世禄制后，寒庶学子往往通过科举也能获得官位，然年老或官期已满的官员会选择退居乡村或返乡，这些人以"士绅"名义自居，利用自己的官威、权势或人脉，纷纷加入地方乡村宗族组织，成为官府与民众之间最直接、最有效的纽带，尤其是官府意志的最有效的影响者、体现者和说教者。他们或直接参与宗族活动，或通过其权威影响宗族活动，他们的官府身份和"士绅"角色，使得官府意志及官府施政得到有效落实。在地方治理实践中，地方官任职、官府县政或地方事务等，地方官也会通过各种渠道与宗族首领或地方有名望的绅士沟通联系，彼此借助对方实力和影响力。因此无论任何朝代，宗族的政治功能始终存在，只不过不

---

[1] 常建华：《明代江浙赣地区的宗族乡约化》，《史林》2004 年第 5 期。

同阶段其表现及程度不同而已。历史上当政府政权高度集中,社会结构封闭固化时,政府对乡村的控制就更加有效,从而宗族对政府的依赖更为直接。此时宗族政治功能将受到强化,宗族与政府的合作互动更为频繁,宗族的国家地方治理功能更为明显,宗族也成为政府掌控下的治理组织机构。反之,当社会处于动乱期,政府的掌控能力下降,人口的逃亡、迁徙更加频繁情况下,基于血缘宗亲的大宗族不断分裂,宗族实现的国家治理能力下降。人们基于血缘,结合新的地缘和新的业缘而有了新的宗族组织,此时宗族自治管理功能获得发展,而政治性功能有所降低。因此宗族的政治参与既是其存在的必然,也是宗族功能发挥之必然。

第二节 乡土文化与乡土秩序

任何社会秩序,本质上都是文化秩序。为着秩序的治理行为,其实质是文化的重构行为,即一种新的价值理念确立的行为。而任何文化秩序都是在以往文化基础上形成的。因此乡村治理的成效离不开乡土文化基础。文化是人们在生存实践中的自觉意识。"文化不仅是一种在人本身自然和身外自然基础上不断创造的过程,而且也是一种对人本身的自然和身外自然不断加以改造,使人不断从动物状态中提升出来的过程。"[①] 因此文化即人化,文化成为人的生存方式,也成为社会存在方式。文化作为人类价值观(文化的核心内容)被视作行为的目的和规范的调节因素,从而对人及社会行为具有决定作用之类的观点,受到学界肯定。罗伯森·罗兰曾指出,社会科学领域基本上认同了"社会秩序的中心要素是文化价值(和信仰、象征)的制度化"[②]这一命题。因此乡土文化,一个基于乡土实践所形成的意义世界,必然是乡村社会秩序的重要内涵,当然也成为理解乡村及其治理活动的重要入口。

一 乡土文化的根源性及其作用方式

乡土文化本质上是一个界域概念,意指人们基于乡村这一社区生存实践中所形成的价值追求、思维方式等文化现象,是区别于现代(城

[①] 张岱年、程宜山:《中国文化与文化论争》,中国人民大学出版社1990年版,第28页。
[②] [美]罗伯森·罗兰:《全球化——社会理论和全球文化》,梁光严译,上海人民出版社2000年版,第63页。

市）社区文化的一种文化类型。它以乡村所特有的"乡土性"表征其特征，成为具有"泥土味"的文化。

乡土文化根源于"乡土"，表现为"乡土性"。传统乡村是相对城市的生存物理空间，农民居住于乡下，乡下既是生态的和地理的空间，又是一种社会关系及其社会空间等级（social spatial hierarchy）。乡村这一特定空间往往以"村落"表现出来。村落是乡村的具象和存在形式，是乡村社会关系、制度和文化的载体，是历史与现实交融在一起的有机体。英国人类学者王斯福在考察中国乡村时认为，村落是"一个传统的地方，这包括一个所谓的'自然村'，简言之就是一个仪式上的和有历史的单位，它的居民可分为由一个起源聚落而来的后代子嗣以及后来的移民者。作为大家共占的环境以及作为大家共占的命运这种公共财产，其可以通过宇宙起源仪式的调整或通过风水处理来加以补救"[1]。村落的物理空间特征及其熟人化的社会性，决定着乡村的社会关系，从而也影响着人的观念化生存。因此乡村"乡土的"物理生态空间先在制约性条件构成了人的现实生存前提，成为人们生产生活实践，尤其是生产方式的基本遵循，因此"乡土性"成为乡村不同于城市的生存理念与法则的最根本的特征。费孝通先生在20世纪40年代提出"中国社会的基层是乡土性的"[2]，就是因为乡村社会有着诸多与都市社会所不同的结构特征，同时费孝通先生还由此揭示了农业在中国传统社会的重要地位，使得"乡土"成为传统基层社会的基础和特征，从而形成了其文化的区别。

乡土文化是乡土"长"出的文化。一方面，乡村社会是以农业为主的一种生产方式，是一种完全不同于现代西方或现代城市以工业或商业为主的生产方式。中国传统农民依靠土地进行生产经营，围绕土地来安排生活，土地成为了农民思维观念之基。农民的村落化就是乡村"土地中心"的具体体现。中国传统乡村以村落为生产生活的基本单位，大多数农民都是聚村而居的。由于小农生产对分工的要求较低，分工协作所涉及的范围非常有限，聚集成村更多的是基于"抱团"式或家族式生存需要，这与西方基于分工协作而有了城市不同。这一聚集基础或出发点的不同，注定了由此基础上所形成的交往理念和交往方式的不同。土地成为乡村人交往的基点，家族的宽度成为交往的半径，农民就是在此范围内建构起交往空

---

[1] ［英］王斯福：《什么是村落？》，《中国农业大学学报》2007年第1期。
[2] 费孝通：《乡土中国》，北京大学出版社1998年版，第6页。

间。因此交往的直接性、血缘性及地缘业缘性，最终成就每一个人成为熟人，自然就有了熟人法则。而城市却不受土地所制约，互通有无意义的货物是其基点，利益是其交往的半径，抓住货物（无论是制造出来还是贩运过来）就能实现利益；为着利益就必须不断结交更多的对象。因此城市自然有了更多的流动成分，城市交往有了更多的陌生人规则。这并不是说乡村人交往就没有了流动性，只是这种流动极其有限罢了。村落及由此形成的法则便成了乡土气息的文化特征。

土地"长"的文化，也体现在土地及其所依赖的自然条件上。农民依靠土地生产，然而土地资源是有限的，土地经营及生产依靠自然条件，如风调雨顺、无病虫害，同时也依靠农民的经验技术，因此从土地中谋生的不可预期性使得农民赋予乡土生活更多的神秘性、无助感，从而有了许多对土地和农业的神化和传说，有了对自然物如土地、树木与森林、动物的祭祀，当然也有了农民对自然禁忌的文化内涵。土地及其自然条件的自在性构成了土地利用的前提，再加上传统农业生产技术水平的有限性，形成传统农业自给自足这一近似封闭循环的自然经济模式，农民就是在此基础上有了其生存理念和价值取向，如求稳务实、重经验守旧制的文化形态，自我满足、小富即安、盲目排外的农民心理，因循守旧、缺乏分享和包容、求安稳怕出事的价值观念。韦伯认为，处于"传统主义"下的农民，只追求代价的最小化，其行为是一种非理性的。尽管这一"非理性"有争议，但就其小农生产基础而言，不可预期性使得农民的行为无法以"理性"方式来对待。由此也可以说"农民其实也像其他人一样具有理性"[1]，农民行动是"为达到一定目的而通过人际交往或社会交换所表现出来的社会性行动，这种行动需要理性地考虑（或计算）对其目的有影响的各种因素"[2]。因此，农民以"生存理性"而非"经济理性"去理解人与自然及其人与人的关系，就是说农民基于土地意义的理性思维首先考虑的是"生存第一"，而不是"经济利益最大化"；首先考虑的是家及其家族的生存，而非个人的利益。这一现代经济文化无法理解的现象，恰恰是中国传统乡土文化的核心要义。也就是说，对于广大农民来说，家庭家

---

[1] ［美］西奥多·W. 舒尔茨：《改造传统农业》，梁小民译，商务印书馆1987年版，第122页。

[2] ［美］詹姆斯·科尔曼：《社会理论的基础》，邓方译，社会科学文献出版社1999年版，第20页。

族生存始终是第一位的,道义始终高于经济之利。在中国历史上,虽然长期存在着人多地少的压力,但生存理性不断强化安土重迁的乡土文化传统,导致农民一般是不愿意背井离乡的,只要整个家庭的生计还能维持下去,他们"就宁愿守着这收益明显降低、边际收益不断递减的土地,被迫忍受着一种过密化的农业经营","几个世纪以来中国农民在人口—土地压力下不是遵循追求利益最大化的'经济理性'原则,而是为了维持整个家庭的生存而投入到哪怕是边际报酬递减的过密化农业生产活动中去"[1]。这种生存理念无疑强化着人们的乡土价值。在传统乡村社会中,农民基于生存理性而"在人多地少的压力下学会了一分一厘地计算,一得一失地权衡,从而发现了寻求并维持生存甚至糊口而非追求利润的最大化,是在现实面前做出种种选择的首要策略"[2]。因此乡土文化根源于乡土,演变于乡土。只要土地依然是农民生产的主要对象,土地对于乡土文化的影响将持续延续下去。

另一方面,乡土文化代表了一种社会结构的属性特征,一种人与人之间的生存关系,即乡土基础上伦理本位的社会关系。任何文化都是基于生存实践而产生的,是对生存实践及其关系合理性或意义的阐释与辩护。梁漱溟提出,中国人"实存在于各种关系之上。各种关系,即是种种伦理。伦者,伦偶;正指人们彼此之间相与。相与之间,关系随生。家人父子,是其天然基本关系;故伦理首重家庭。……随着一个人年龄和生活之展开,而渐有四面八方若近若远数不尽的关系。是关系,皆是伦理;伦理始于家庭,而不止于家庭"[3]。这些关系即社会结构的伦理化就成为生存文化。这种伦理本位社会的根源就在于农业本位及由此形成的小农经济,这一根源形成了等级秩序及经验优先的社会取向,因此乡土文化其实质是社会的人伦秩序。费孝通也指出:"我们的家即是个绵续性的事业社群,它的主轴是在父子之间,在婆媳之间,是纵的,不是横的。夫妇成了配轴。配轴虽则和主轴一样并不是临时性的,但是这两轴却都被事业的需要而排斥了普通的情感。"[4] 这一主配轴之下的家庭自然建构起了中国乡村家庭关系,即长幼有序、男女有别,更具体地说,就是长辈的慈善、子女的孝

---

[1] 黄宗智:《长江三角洲小农家庭与农村发展》,中华书局2000年版,第58页。

[2] 黄平:《寻求生存——当代中国农村外出人口的社会学研究》,云南人民出版社1997年版,第48页。

[3] 梁漱溟:《中国文化要义》,学林出版社1987年版,第80页。

[4] 费孝通:《乡土中国》,北京大学出版社1998年版,第76页。

顺、女子的三从四德等。这些关系的伦理确立从而就有了乡土文化，一种意义的阐释，伦理的辩护，或一种价值观念的教化。

二 乡土秩序的文化本质

乡土秩序是人们基于某种乡土理念、价值而建立起来的有序状态，是人们为避免乡村社会混乱或失序而建构起来的某种顺序性状态。乡村秩序总是基于人的生存实践需要（被滕尼斯称为"天然的共同体"的自然空间范围内所形成的）这一基本事实，并在这一基础上得以建构和塑造。贺雪峰针对这一"天然共同体"构成及其维持意义，提出乡村社会秩序是"农村社会结构要素之间平稳有序地互动，乡村社会处在相对稳定和均衡状态"的观点，这更多的是从结构形式与关系而言。费孝通从这一天然共同体之间的关系与特色出发，在《乡土中国》中曾经概括乡土社会的"差序格局""乡土本色"，主要"包含三方面的内涵：差序性的伦理关系、可伸缩的社会圈子、社会继替中的长老权力"[①]；而差序性的伦理关系是宗族社会秩序的稳定器，可伸缩的社会圈子是宗族社会变迁的基石，社会继替中的长老权力是宗族社会教化的掌舵者。这一切显然就与文化即一种应然性有关了。因此任何乡村秩序总是与人们基于乡村生存需要所产生的认知及其价值理念有关，它往往通过生产生活中的规则规范、禁忌惩罚及其各种教化活动来实现。无论是儒家的等级观念、家国一体的"礼"治及"差序格局"，还是国家"嵌入"下的国家意志、社会意志的"文野之别"和"国家之治"，它们都以"应该"的方式来规范人们的行为，从而形成乡村社会的秩序。因此乡土秩序本质是价值之序、理念之序，乡土秩序体现的是文化力量和内涵。

首先，乡土秩序是基于乡土生存现实的观念化秩序。传统乡村社会的小农经济形态决定了整个乡村社会人们之间的交往形态、治理形态。这就是说，传统乡村社会以"土地"为基础，人们以土地为生，通过土地把人们之间联结起来，也通过土地来实行乡村的治理。因此乡土秩序是"土地"上"长出来"的秩序；"土地"对于乡村人生存的根本性，使人们的理念及其行为都依附于土地，根源于土地，土地成为乡村人生存世界的基础，人与土地的关系构成乡村社会的核心关系。

[①] 卜长莉：《"差序格局"的理论诠释及现代内涵》，《社会学研究》2003 年第 1 期。

正因为土地对人生存的重要,土地作为不可再生之自然物而具有有限性,因此人为着生存有了对物质之土地的社会化及文化性内涵建构。这包括:一方面就是善待土地,甚至将土地神化的情感;另一方面将物质性的土地转化为资源后,人与土地关系被人与人的关系所掩盖,土地成为人与人关系的联结点,当然土地也成为人们之间争夺的对象,土地体现着一种社会关系。上至九鼎之尊的天子,下至底层生活的普通农民,拥有土地、掌握土地成为行为的出发点与行动核心。历史上的农民起义都提出"耕者有其田""土地均分"等之类的诉求,这充分说明传统社会里,世代农民拥有浓郁的土地情节,土地问题也成为牵动乡村社会关系及乡村治理问题的核心。

基于"土地"之上的乡村社会关系,自然有了更多的"土"味。这种"泥土"味意味着乡村社会及人的精神世界被"土地"所建构。以乡村交往关系为例,乡土的人际关系是在土地基础上形成的社会交往关系和熟人关系法则,表现为以"血缘""亲缘""地缘"关系为基础的,并以此构造他们交往与互动的"差序格局"。这种熟人基础上的血缘、亲缘与地缘关系所形成的情感性认知,衍生并上升为感性朴素的道义和情感义务,也由此成为人们的交往法则、规范的情感内容和社会心理基础,反过来进一步巩固着人与人的伦理秩序。正如罗伯特·埃杰顿所说:"乡间社会的特点就是道义和情感义务、人与人之间亲密无间、社会凝聚和持久的连续性。这都是乡间社会的特点,而人们转向城市生活以后就不复存在了。"[1] 因此乡土秩序的实质是土地基础上的观念化的秩序,是基于人与土地关系基础上人的现实生存需要的观念化表现。这一秩序以熟人社会的伦理责任、道德义务以及舆论压力等方式,塑造出乡村道德氛围并由此建构起乡土秩序。熟人社会的道德秩序是有效的。这一有效性不仅来自于乡村熟人之间的情感共识,也源自于乡村生活习俗习惯这一乡土文化之塑造的环境氛围。事实上,在乡土社会这一熟人环境中,道德所形成的规矩、规范是乡村人的行为范式,任何违背常规的或越轨的行为,如不按习俗行动、不守规矩、违背法则等,都被视为没有遵守伦理规则而应受到众人排斥和谴责,以致被孤立甚至驱除。同时熟人社会所塑造出的"面子"也

---

[1] [美]罗伯特·埃杰顿:《传统信念与习俗:是否一些比另一些好?》,载[美]塞缪尔·亨廷顿、[美]劳伦斯·哈里森《文化的重要作用——价值观如何影响人类进步》,程克雄译,新华出版社 2002 年版,第 194 页。

成为维持这一秩序的重要力量。人们彼此熟悉，"面子"是做人的基础。如果违反常礼，无视礼数，就会大失颜面而深感做人之"危机"。因此人们基于"面子"就必须顾面子，从而就必须按"规矩"行事、彼此配合，达成默契和信任。

其次，乡土秩序是一种乡村社会的"应然"秩序。乡土秩序是从"土"中长出来的，但这并不意味着乡土秩序是自然而然的存在；相反，乡土秩序是人们为着生存需要自觉建立起来的，是人们基于乡村生存实践而意识到了的生存意识的现实化存在，是人们对乡村应有生存秩序的体现。

乡村生存是"土"的，"土"也就成为人的生产生活的核心要素。农民生存需要依靠种地来维持生计，需要从土地中获取生活资料，因此农民与土地有着密切的关系。在乡村传统的小农生产的社会中，生产工具简陋，主要依靠人力与畜力进行劳作，生产规模有限；生产几乎是依据实践经验而进行的；生活也是在熟人环境中通过合作、互助及经验传递中实现的；社会低流动性使得血缘基础上的社会关系充斥着更多的情感纠葛。这一系列问题与现象产生了两个方面的问题：一是人地之间的矛盾，二是人与人之间的矛盾。人地矛盾就是土地的有限性，导致土地养育人口的有限性，因此人们为着从有限土地中获得更多的生活资料，需要巧妙地顺应自然规律，通过人的勤劳从而对土地进行精耕细作，期望从土地中获得更多收获。于是，各种善待土地、敬畏土地的礼俗，祈求风调雨顺和五谷丰登的祭祀，以及守节令气候的耕种经验，就成为乡村生产的传统，也成为农耕生活的秩序。

传统乡村的人与人之间的矛盾是个复杂的社会问题，这当中有情感因素、血缘宗族因素，也有利益因素。它们都与乡村的低流动性和地方性有关。中国乡村社会的一个重要特性就是"聚村而居"。为此，费孝通先生在分析这一现象时指出："中国农民聚村而居的原因大致说来有下列几点：一、每家所耕的面积小，所谓小农经营，所以聚在一起住，住宅和农场不会距离得过分远。二、需要水利的地方，他们有合作的需要，在一起住，合起来比较方便。三、为了安全，人多了容易保护。四、土地平等继承的原则下，兄弟分别继承祖上的遗业，使人口在一个地方一代一代地积起来，成为相当大的村落。"[①] 村落的生存方式成就了成员之间的熟人关

---

① 费孝通：《乡土中国》，北京大学出版社1998年版，第9页。

系，村落自然成为人们生产生活的场所。土地上的生产及其生产方式本身就意味着低流动性的必然，而低流动性又反过来强化了村落内部的关系和活动，使生活于其中的人通过社会互动形成了共同的知识、习俗、规范、组织和制度等，也使乡土社会的村落内部具有高度同质性。在乡土生存现实当中，村落内部成员之间的矛盾往往都是日常性、生活性的"小事""琐碎之事"，如婆媳妯娌关系、兄弟财产分割等；这些"小事"几乎都是情感的、利益的、礼俗的、宗族的之类等纠葛，一旦出现往往就容易走向极端，形成群体性事件。因此需要确立起一整套规范规则来实现乡村秩序化，如"长幼秩序""礼俗秩序""乡绅秩序"等。

乡土秩序是基于乡土的秩序，而这一秩序是在实践所形成的经验上建立起来的。而经验的时间性、实践性决定着年长者由于有着丰富经历而具有权威性。因此乡土秩序必定更多地体现着年长者对乡村生存实践的认知和经验取向。在历史变革或社会变革之中，当年长者的经验无法应对乡村社会生活时，长老权力也会逐渐缩小权势，"长老秩序"确立起来的乡土秩序就会发生变化。正如费孝通所言："社会变动得慢，长老权力也就更有势力；变得快，'父不父，子不子'的现象就会发生，长老权力也会随着缩小。"[①] 因此维持传统、守住习俗、为传统辩护，这些在"长老秩序"中似乎有着更多的必然性。这或许是中国传统乡村变化缓慢的重要原因。

因此任何乡土秩序的"应然"性，意味着乡土秩序是人们基于需要而建立起来的人化秩序，人化究其根本就是文化教化、影响的作用结果。乡土秩序是文化秩序的实体化存在，就是说任何一种乡土秩序实质上代表着一种文化的存在、一种价值取向的存在。

最后，乡土秩序是教化了的秩序。人们在乡村生存实践中逐渐意识到人与人及人与自然作用的有序性，并以教育教化与规矩禁忌惩罚相结合的方式，从而使生存于其中的每一个人认同并自觉践行之，这样才能确保乡土秩序的存在。因此离开教化即对人的价值及其道德观念的灌输、熏陶和传播等教育，缺乏对乡村生存向善的引领、邪恶的惩罚，一种符合乡村生存的秩序是无法建立起来的。

教化本身就是文化的一部分，通过教达到以文化育之功效。教就是将

[①] 费孝通：《乡土中国》，北京大学出版社1998年版，第41页。

道德价值等观念转化为人们的内心信念，臣服于心，外化于行，成为人们内心之自觉。"教化"就是让人们认同信守这一道德价值从而形成一种自觉的行为规范。赵旭东认为，"从乡村社会的传统治理而言，乡村秩序建构的核心理念从来都是强化礼教对人的教化作用，并不存在那种特意要改造农民成为新人的现代观念下的意识形态；更多的在于感化和树立礼教的榜样"[1]。教化强调说教、熏陶和榜样等正面性引导和规劝，并非无视或完全排斥适当的惩罚、惩戒。

在乡村社会中，"礼"就是教化了的秩序最好的注释。费孝通所说的"礼治社会"，是依靠"礼"来实现秩序的。在他看来"礼"主要包含："1. 礼是社会公认合式的，但不需要权力机构推行的行为规范。2. 礼是社会积累的经验。3. 礼是在变迁较小的社会中形成的传统。4. 礼是通过教化过程而主动服从的习惯。"[2]"礼"的生存实践经验性及应然性是显然的。乡村人把生存实践经验与儒家伦理要求结合起来，不断强化以致得到乡村共同体认同并内化成共同体各个成员普遍接受认同的价值观念，并通过代代传承从而内化为家族规范的行为准则。"礼"不但给乡村共同体提供了行为的准则和家族应对各种风险挑战的价值，还提供了家族精神的养料、实践行为的伦理辩护。"礼"代表的是道德价值理念，又是行为的规范、戒律等惩戒手段，体现着教化并实现着教化。有学者认为，传统社会，礼在人们的生活中，"人无礼则不生，事无礼则不成，国家无礼则不宁"。"礼"成为个体行为规范和社会秩序标准，成为整个社会意识形态的核心。费孝通在对"礼"的分析中认为，"礼治表面看去好像是人们不受规律约束而自动形成的秩序，其实自动的说法不正确，只是主动地服于陈规罢了。孔子一再地用'克'字，用'约'字形容礼的养成，可见，礼治并不是离开社会，由于本能或天意所构成的秩序"[3]。因此传统乡土秩序又称为"礼治秩序"。

传统乡土社会，"礼"就像是一只看不见的手规范着人的行为，为人提出了合乎道德的社会秩序以及人们的行为边界。礼以道德或直接惩罚方式发挥作用，礼治秩序则通过乡规民约规范约束人们的社会行为。传统乡

---

[1] 赵旭东：《乡村成为问题与成为问题的中国乡村研究——围绕"晏阳初模式"的知识社会学反思》，《中国社会科学》2008年第3期。

[2] 费孝通：《乡土中国》，北京大学出版社1998年版，第50—52页。

[3] 费孝通：《乡土中国》，北京大学出版社1998年版，第41页。

土社会的熟人环境中,道德化的"礼"的作用是巨大的,它从内心信仰树立起"礼"的至上性、高尚性,从而使人们向善祛恶、行为合规。这种积极引导人们自我规范约束的方式,正如费孝通所说的"让人主动服膺的"而非让人被动遵从的德治的社会控制方式。同时礼治社会秩序在处理矛盾与调解纠纷当中也着眼于教化、规劝,惩恶是为了扬善,使"惩"之"恶"得到好的转化,类似今天人们讲惩是手段的说法。因此教化下惩罚的实现形式表现在乡土社会,便是乡土社会的"无讼"特征即俗称的"不打官司"。村民犯错则通过家族内部进行"调解""劝服",而不会诉诸衙门公堂。家中人触犯"礼"俗,更多的是强调教育不够。"养不教,父之过"说的就是这个道理。因此,传统的乡村秩序是"礼治"秩序,表现在教化无处不在、无时不在,从而塑造出"礼"治环境,最终使人们主动服膺。乡规民约是这样,家规家矩也是如此,它们一起对人的行为及社会行为进行规范约束、对各种矛盾纠纷进行调解、化解。

乡村社会里,政府教化是重要途径。人们通常认为,传统乡村是官府不下乡,由此认为官府对乡村是不管不理的,即真正的无政府状态。事实上,费孝通在《乡土中国》一书中就指出,乡土社会并非"无法无天"或者"无政府状态"。官府是通过教化手段,即通过一种"无法"方式而实现了官府治理意图。官府似乎未直接参与到乡村社会事务的管理中,但官府的影响又处处都在。官府教化是通过官府所掌握的科举、法律诉讼等,确立起官府意识的至上性,把官府意识塑造成为公众意识从而成为社会普遍意识,并由此实现对社会成员行为的规范、约束,这便是常说的政府管理下的乡村"自治"。黄宗智在1750—1900年间的农村纠纷事件处理的考察中发现,"民事案件占到县法庭所有案件的三分之一左右,到民国时期则大约占到了一半,民事纠纷和诉讼主要围绕土地、债务、婚姻和继承等'小事'引起的争执"[1]。因此,国家(政府)的权威性,及司法审判的公共性、秩序性特征决定着司法的作用,并随着现代国家建立与"嵌入"程度加深而获得加强,从而国家和司法所确立起的意识及价值更具有权威性,国家(政府)教化而形成的乡村统摄和影响力更加强大。官府教化作用表现在对乡村意识形态的主导、乡村价值观的国家化和乡土秩序的建立等方面。而在乡村纠纷、秩序维护和处理方式上,官府教化提

---

[1] 黄宗智:《清代的法律、社会与文化:民法的表达与实践》,上海书店出版社2007年版,第42页。

供价值意义标准，而乡村社会力量自治及村民行为成为这一意义价值的具体执行者。由此可见，在乡村这一礼治社会中，政府这一外在的、法律的和政治的权威及威慑性始终是存在的，而且作为最根本的力量影响乡村秩序。因此在乡村礼治文化社会中，"乡土社会秩序的维持，有很多方面和现代社会秩序的维持是不相同的。可是所不同的并不是说乡土社会是'无法无天'，或者说'无需规律'。……因为乡土社会是'礼治'的社会"[1]。

第三节 乡土社会的农民分化

乡村社会发展在很大程度上受制于整个社会的发展，包括社会制度、体制机制、教育文化水平，尤其是科学技术水平。随着人类开启现代化进程，现代化不断重塑着乡村社会以及农业生产方式，也不断重塑农民这一乡村主体。农民群体的变化在其现实上表现为农民群体的分化，而农民群体分化从一个侧面反映了乡土基础的动摇与乡土社会的发展趋势，也反映了现代社会取代乡土社会的必然性。

一 农民分化及根源

现代意义的农民更多的是一个职业概念，是经营农业、从事农业活动的群体。它与其他职业如工人、教师、医生等一样，是社会分工的结果。人们常说的各行各业，农民从事农业活动就是其中一大类。在传统社会意识中，农民不仅作为农业生产活动的直接经营者与生产者，是一种职业概念，一种乡村空间领域，而且更是一种身份，一种社会等级。而现代意识中，农民代表的是一种生存生活样态，一种社区组织和管理方式，一种文化模式或心理结构；政治意义上，农民代表的是一个阶级，处于社会的最底层，受剥削、受奴役，是乡村宗法共同体体系的重要组成部分。

因此，农民是个复杂的概念，在不同语境及其话语中，其内涵是不同的。大致说来，学界对此概念的理解主要集中于三层含义：一是职业意义的农民，即农民是以土地为主要生产资料，直接与土地及其相关行业打交道，长期专门从事与农业相关的生产经营的劳动者。二是社区意义的农

---

[1] 费孝通：《乡土中国》，北京大学出版社1998年版，第49页。

民，即从居住地方而言的农民。相对于市民居住于城市，农民居住在乡村社区。由于中国社会长期的小农经济主导，历史上的城乡更多的是居住空间的不同，其地位都是一样的。新中国成立后建立起的"二元结构"社会中，城市由于享有政府各项优惠政策从而生活相对富庶富裕，从而出现了城乡差别，因而空间意义的农民有了更多的社会内涵，体现出更多的差别，代表着不同的社会地位。三是政府管理即户籍身份管理意义的农民。新中国成立后曾经出现市民与农民的不同户籍管理政策，农民就是拥有农村户口的人。随着中国经济发展及其社会文明进步，尤其是人口流动、产业调整，政府取消了由居住不同而出现的差别性政策，对市民与农民统一以居民取代，平等享有国民待遇。

农民分化，更多的是从农民这一群体的裂变、分离等变化来考虑，涉及其群体的组成、结构及功能等方面；而导致分化的直接动因是工业化，其主要表现为农民就业非农化、居住城市化。通俗地说，就是农民群体中有更多的人从事非农生产或者在城市生活，已经脱离了传统的乡村生产生活，从而使农民这一群体呈现出结构性变化的现象。事实上，任何社会中，人们随着社会发展都有权选择自己的生产生活方式，也可以选择自己的居住空间地域。因此一个社会的人口流动、职业变迁应该是社会常态，是社会生产力发展的必然结果，更是人们在生产生活中的现实选择。而这里所说的分化，是农民群体在职业、居住、生活形态及其心理结构等领域已经出现不同于传统的选择，导致整个群体结构性改变；当然也是指这种改变无论从规模、群体结构特征以及引发社会影响等方面，是指分化导致农民群体功能结构发生了显著变化事实而言。

农民分化，即农民这一群体的分化，是社会发展的结果。农业为人类生存提供生活资料的功能，决定了农业在人类生存和发展中的地位，也决定农业在人类生存实践中的先在性。工业革命以后，整个人类生产有了制造、加工的生产方式，由制造、加工所带来的城市建设及其城市居住空间也出现了，部分农民从以土地为对象的生产形式中脱离出来，开始从事制造、加工及相应的服务工作。从这一意义说，社会发展需要农民的不断分化或者说农民的大量加入，就是说很多其他行业发展必须建立在农民分化的基础上才能实现。正如社会学家约瑟·帕斯特尔在《不平等与社会流动》中指出，社会流动主要是"通过经济部门的转换，尤其是通过农业劳动市场的衰退和工业、商业以及服务部门就业机会的增加而发生的"①。

改革开放以后，随着整个国家经济结构的调整，沿海地区大量出口加工贸易构成了对劳动力的强烈需求。与此同时，家庭联产承包责任制这一新型农村经济体制的实施，农村经济产业结构调整带来了乡村劳动力的释放，获得释放的乡村劳动力开始流动并涌向沿海经济发达地区。农民这个人数最多、最庞大的社会群体在这一开放进程中迅速分化，"农民工"正是这一分化的最感性的反映。农民职业非农化、居住空间城市化、乡村经济产业化等一系列变化，使乡村传统意义的乡土性生产生活发生变化。伴随这些变化，不少农民以市民化方式，从社会心理结构到思维方式，从职业习惯到行为举止，都已经摆脱了传统农民所具有的特征。尽管许多人在户籍管理意义上还是农民，但他们的职业、居住空间和生存习惯等，都表明他们已经实现了从农民到市民转变。中国现代化进程不断推进的事实表明，中国社会农民分化及其市民化这一过程仍在持续进行中。

二 农民分化的善治影响

农民群体分化是目前乡村社会正在发生的现象。随着20世纪80年代出生人口成为乡村社会的主要劳动力，出生于改革开放以后的这些人，普遍呈现出一些共同特征，如接受了较父母更高的教育，对乡村外面世界的认知普遍较父母开阔，对农事缺乏兴趣，不愿意生活于乡村，追求城市生活方式，对乡村礼俗、礼节等乡土文化不感兴趣，等等。在这一大背景下，普遍性地"水土不服"与乡村经济发展的现实状况，使得"外出打工"成为乡村社会具有劳动能力的人的现实选择，也就是说现代社会具有了更多分化的基础。因此"空心村""老弱妇幼村""原子化个体"等人口结构，及由此导致的"乡村凋敝""乡村教育缺失"等问题，成为未来很长时间内乡村社会的常态。

农民群体分化对乡村治理及其善治带来了很大影响。首先，农民群体分化直接导致乡村社会人口构成基础的变化。乡村人口的大量流出，尤其是青壮年劳动力人口的流出，直接导致乡村劳动力资源贫乏，公共事业难以有效开展。这些流出人口，除了劳动能力较强外，还表现在知识水平较高，容易接受现代社会的理念，对国家方针政策及社会发展的理解和把握

---

① ［巴西］约瑟·帕斯特尔:《不平等与社会流动》，《国外社会学》1990年第4期。

更为准确,等等。由于乡村发展机会欠缺而处于"离乡离土"或"离土不离乡"等状态,导致这些分化了的农民对乡村事务关注关心处于"有心无力"或"无暇顾及"状态,从而严重影响乡村治理措施、方案的民意基础及其公信力。

其次,农民群体分化带来治理主体的变化。乡村治理是村庄所有人参与其中,为着公共利益最大化而进行的活动。因此治理及善治必然要求所有人包括乡村各种组织参与其中。但事实上,乡村人口净流出尤其是更具活力人口的流失,使得乡村善治必须面对着"少人"状况;但与此同时,随着经济发展,各种乡村经济主体、市场主体、慈善主体等出现,尤其是市场主体,这些主体在市场经济竞争拼杀中逐渐建立起声誉,营造起资源网络,为推动乡村公共事务奠定起基础。然而这些经济主体为乡村善治注入了新活力的同时,也使乡村社会出现更多的经济利益转向,从而加速乡土性社会内容(如生存理性、重感情、熟人关系等)的消亡。同时随着国家加大对乡村的投入,如派遣大学生和乡村第一书记,加大各种惠农人才帮扶,一大批懂政策、懂技术的人才充实到乡村中,极大提升了乡村主体整体水平,但外在力量如何真正转变为乡村自身力量,即留守农民能否实现自身强大,成为乡村进一步发展的难题。

最后,农民群体分化带来治理文化的变化。传统乡村是一个熟人社会,熟人社会的交往规则是依据血缘、地缘、业缘等基础上的"差序格局",体现着生存理性,因而凡事讲究和气、互助、人缘,强调人际关系的协调、和善。面对经济发展的商品化、市场化与全球化的趋势,乡村经济有了更多的市场化、商品化的内涵,冲击着原有的小农经济模式,或计划经济模式。这种由市场主导的经济发展模式,迫使农民必须面对市场、围绕市场进行生产经营,农民被动进入到"资本流动"的循环体系和"市场力量"作用的体系中。乡村经济模式的转变带来的是乡村社会发展的变化。一方面,农民仍在自己的土地上进行劳作耕耘,但与以往不同的是,劳作之前必须充分考虑市场因素,必须从规模效益加以考虑。另一方面,农民进入到一个陌生、不确定及有风险的经济社会里,市场及资本作用的风险使乡村生产变得不确定,即市场、政策及技术等带来的影响日益巨大。实质上,农业的商品化、市场化对于习惯于传统农业经济的乡村老百姓而言,更多的是挫折感、被剥夺感和不安全感,甚至有些不知所措。种啥亏啥,搞啥啥赔钱,成为不少农民在市场化经济中的状况。农民在生产活动中遭受到前所未有的挫败感，生活方式和习俗偏好遭遇到市场化、城镇化大潮的不断瓦解。因此农民对于治理需要满足更多地表现在经济上、安全上的需要，而恰恰是这些问题，又极易使农民原有的"实在""近利"更加凸显。也就是说，农民的一切行为都可以从经济利益追求方面找到根据。为了获得更好的经济效益，农民不得不在城乡之间游走，一年之中要在城乡不同环境中穿梭生活，过着一种亲人分离的"两栖生活"；为着村庄更好发展起来，农民经济"达人"被选举为村民委员会主任，希望带动村庄每一个人致富，以致有些非经济强人的村委负责人说自己威信不够；当然手中选票拿来换钱也是可以的。这些现象最终导致乡村公益事业无人关注，公共事业难以推进，以致召开一次村民代表大会都难以组织起来。

　　农民分化是乡村社会现代化发展的必然趋势。农民分化所引发的社会影响是巨大的。乡村善治就是如何顺应这种趋势，从而使这一分化进程变得更加有序，更好地促进乡村社会的发展。正如贺雪峰等对农民工外出的"两种逻辑"分析中指出的那样："一种外出务工的目的是为了提升村庄生活的质量，这种务工使得资源流入村庄，村庄显得繁荣；另一种目的是积攒进城安居的费用使劳动力流出村庄，而且各种资源流出农村，农村变得萧条。"[①] 无论农民外出的结果如何，外出务工作为农民群体的一种集体性行动，已经成为农民群体分化的表现与标志。因此在这种分化中如何将之变成乡村振兴的契机，成就乡村善治乃至乡村现代化，就成为善治实践的现实而迫切的问题。

[①] 贺雪峰、董磊明：《农民外出务工的逻辑与中国的城市化道路》《中国农村观察》2009年第2期。

第三章

乡村善治逻辑的现代建构

乡村现代化是乡村社会发展的必然趋势，是国家现代化的基本内涵。随着国家治理体系和治理能力现代化的提出及有效推进，乡村善治被赋予更多的国家与现代化的内涵，成为乡村善治逻辑的现代内容，即现代化成为乡村治理逻辑的影响与重构力量。乡村善治由此成为推进乡村治理现代化建设及乡村振兴的重要途径。

第一节 乡村及善治的国家建构

国家本质及国家权力运行，决定了国家必然把乡村纳入其中。乡村的国家性，意味着国家必然对乡村进行国家内涵的改造与构建，也就是说国家必定以其合法性将权力延伸到乡村，使乡村从其自在性变成国家意义或国家需要的乡村内涵与乡村形式。因而乡村治理及善治必然受到国家建构，乡村社会也必然以国家需要的秩序进行运行和治理。注意到这一点，是理解乡村、善治与国家关系的前提，只有这样才能真正把握其实质。

一 乡村的国家建构的必然性

在乡村治理中，国家与乡村、政府与农民的关系始终是核心问题。自秦汉以来，以官僚制为特征、实现流官制的社会管理体制开始确立，确立了一整套与农业社会特征及中国乡村地域空间相适应的组织机构和治理制度。概括地说，就是"皇权不下乡"，县官府是基层政府，乡村实行自治，并通过开明君主的皇恩行为、税赋减少措施及官僚系统的清官行为等来实现其善治。

乡村"自治"是传统官僚治理制度的必然结果。中国乡村幅员辽阔、交通不便，地理条件差异巨大，经济的总体水平不高。分散的乡村与国家、分散小农与有限官员之间，无论是减少管理（降低税费收取、治安管理及公共事务管理的）成本，还是基于有效统治需要，更需要从简约化来构建其政府管理体系，"官府止于县"无疑是理性选择。然而"无为而治"并非真正的"无为"即无所作为，并非说传统乡村处于"无政府"状态，即国家"失控"下的"自治"，而是"无为"政府通过构建了一套"无为"系统来实行其"作为"，即"为"的"双规"体系：一条是中央集权的专制体制，形成自上而下专制管理路径，成为体现着皇帝（君主）为中心的权威体系；另一条是民间"自治"路径，"它由乡绅等乡村精英进行治理，绅士阶层是乡村社会的实际'统治阶级'，而宗族是士绅进行乡村治理的组织基础"[1]。因此在传统社会中，国家与农民是通过乡村士绅之类的乡村精英的治理行为及国家意识形态教化来完成对乡村的控制和治理。"士绅的产生是用来填补早期的官僚政府与中国社会（它正在不断扩大，非官僚政府力量所能控制）之间的真空。"[2] 政府通过允许士绅在上缴朝廷的税费中扣除一些，作为士绅对乡村民事、税收及其治安等事务进行管理的费用。就这一点而言，乡绅及其行为实质上是得到官府认可的，受到了官府的节制。这既是中国广大乡村的存在事实，又是中央高度集权的专制统治结构的必然。国家通过乡村内生权力与国家这一外置权力所形成的双层社会政治结构，借助地方士绅（依托宗族组织）成功地维了乡村社会秩序。因此"国家直接的权力限于这个双层的社会政治结构的上层。在下层，它一般只能透过士绅间接行使权力，并靠吸引下层结构中的上移分子进入上层来控制自然村"[3]。也就是说，传统治理体系中，国家仍然在掌控、节制和影响乡村社会秩序。

地方士绅等乡村精英阶层，是介于官民之间且有广泛乡村社会性资源的群体。作为能与官府打交道的人，在村庄内部有较高的权威和地位，进而成为国家意志的具体实施者。同时作为国家在地方社会的"代理人"，主要职能是上意下达、下意上通，联络官民，整合村庄力量，推进乡村公益，维持乡村秩序等。士绅等所构成的精英阶层，已经搭建了国家与乡村之间的沟通桥梁。乡绅等所形成的乡村治理体系，是一种亦官亦民，既是

---

[1] 费孝通：《乡土中国》，上海人民出版社 2007 年版，第 275—293 页。
[2] 费正清：《美国与中国》，世界知识出版社 1999 年版，第 37 页。
[3] 黄宗智：《华北的小农经济与社会变迁》，中华书局 1986 年版，第 229 页。

政府又是老百姓的乡绅等社会化治理方式，被学界认为"乡村自治"。这一自治也仅就乡村民事而已，也由此说明国家与农民的关系是松散的，并没有形成现代国家意义的统治力和执行力，其号召力、影响力不足以把国家意志彻底地推进下去，也不足以把农民阶层发展到政治主体上。因而，农民与国家的联系更多的是纳税，分散、各自独立，尚未组织化；农民群体或如马克思所说的一袋"马铃薯"状况，或如人们所说的"一盘散沙"，外在于政治因而无法形成政治主张的社会群体。而无法组织化并形成共同政治纲领、共同理想下的农民运动，当然也无法形成真正的社会政治运动。

随着人类社会的不断发展，发端于近代西欧、并随后向世界各国扩展的"近代国家"开始出现，从而有了所谓的"国家建构"。"国家建构就是国家通过增强其能力而强化其功能的过程。"[1] 中国自晚清开始踏入"民族—国家"的发展轨道，南京国民政府时期这一进程获得加快，并通过摧毁乡绅等精英阶层势力，建立起了乡村基层政府，推行保甲制度，旨在强化对乡村社会的国家渗透与控制。"这个时期的乡村治理中的行政化倾向完全压倒了基层的自治，乡土利益、乡绅利益等均被国家利益笼罩。"[2]尽管南京民国政府主要依靠政权组织体系建立起国家与农民的联系，但并未能取得真正成功，"农民的国家塑造反而加重了农民负担"[3]，造成所谓的"政权内卷化"[4] 现象。但现代社会中对乡村的国家整合进程，作为现代社会内涵，在推翻国民政府后，仍被新政府所继承和推动。

显然"国家建构"以其新的理念及组织形态进行着国家机构重整、权力和功能扩张，权力形成与运作的建立，原有乡村权力秩序被摧毁，从而实现了国家对整个乡村社会的渗透与控制；同时它也展现为一个国家统治及国家整合的历史发展过程。随着国家权力对乡村的有效渗透（如建立起政府权力组织），传统的士绅阶层不复存在，如何把分散且外在于政

---

[1] Whaites A. States in development: understanding state-building [M]. London: UK Department for International Development, 2008: 4.

[2] 沈延生：《中国乡治的回顾与展望》，《战略与管理》2003年第1期。

[3] 国民政府连年内战的开支，最终都转嫁到农民身上，因而农民的国家塑造并没有享受到其好处。

[4] [美] 杜赞奇：《文化、权力与国家——1900—1942年的华北农村》，王福明译，江苏人民出版社2008年版。"政权内卷化"是该书的一个重要结论。它主要指随着政权下乡，伴随的是国家在地方经济社会的存在及建构而更多地掠夺农民，农民不仅没有在国家基层政权建设中获得"好处"，反而失去更多。

治的农民团结起来,重构国家与农民社会之间的联系,就成为国家与乡村关系紧迫而现实的问题。

之所以如此,是因为中国是一个农业大国,绝大多数为农村人口;如果农民不能有效地组织到国家体系中,国家及国家政权就缺乏社会合理性基础。因此国家建构的一个重要任务是将这些占人口绝大多数的农民组织起来,并以此整合到国家政治体系中,并成为政权的支持力量,从而构筑其国家合理性基础。同时,作为现代意义的国家,承担着教化国民、提升国民的使命。如果农民外在于国家这一政治之外,就难以获得发展,从而也难以在国家这一体系的发展中获得利益,国家与农民之间就会陷入更加分离的状态。亨廷顿在研究发展中国家的政治动员时指出:"没有组织的参与就会堕落为群众运动;而缺乏群众参与的组织就堕落为个人宗派。强大的政党要求有高水平的政治制度化和高水平的群众支持。"① "一个政党如果想首先成为群众性的组织,进而成为政府的稳固基础,那它就必须把自己的组织扩展到农村地区";"政党是一个现代化组织。为成功计,它又必须把传统的农村组织起来"②。

中国乡村的国家建构得益于政党向乡村的延伸。中国乡村长期的"自治"而出现的农民处于"一盘散沙"状态,作为现代社会的国家必须对这一状态做出改变。如何将乡村与农民整合于国家体系之中?亨廷顿认为:"怎样把这些原生的社会势力糅合为单一的民族政治共同体,就成为一个棘手的问题。此外,现代化已造就出或者在政治上唤醒了某些社会和经济集团。这些集团过去或者根本就不存在,或者被排除在传统社会的政治范围之外。现在它们也开始参与政治活动了。它们要么被现存政治体制所同化,要么成为对抗或推翻现代政治体制的祸根。因此,一个处于现代化的社会,其政治共同体的建立,应当在'横向'上能将社会群体加以融合,在'纵向'上能把社会和经济阶级加以同化。"③ 中国乡村国家化的成功实践表明,通过中国共产党对占人口绝大多数的农民进行组织与动员,从乡村社会矛盾核心的土地革命入手,使之成为具有政治觉悟并为实

---

① [美]塞缪尔·P.亨廷顿:《变化社会中的政治秩序》,生活·读书·新知三联书店1989年版,第366—401页。

② [美]塞缪尔·P.亨廷顿:《变化社会中的政治秩序》,生活·读书·新知三联书店1989年版,第401—402页。

③ [美]塞缪尔·P.亨廷顿:《变化社会中的政治秩序》,生活·读书·新知三联书店1989年版,第366—401页。

现其政治使命的农民。这一通过现代政党方式的过程被称为"政党下乡"。中国共产党在乡村对农民的组织、引导和动员等实践活动，党组织及领导下的群众性政治组织在农村政治、经济、文化和社会等一切活动中进行有效实践，引导教育着广大农民，并将广大的、分散的农民团结在党和国家的周围并置于其领导之下，从而改变传统农民的分散性和狭隘性，实现着农民的国家改造。列宁在1905年就指出："无产阶级在夺取政权的斗争中，除了组织而外，没有别的武器……无产阶级所以能够成为而且必然成为不可战胜的力量，就是因为它根据马克思主义原则形成的思想统一是用组织的物质保证来巩固的，这个组织把千百万劳动者团结成工人阶级的大军。"① 为此中国共产党把农民组织起来，让农民在革命中觉悟起来；建立新政权后，又通过乡村的土地改革、人民公社运动和改革开放中的村民自治等运动，不断推进农民组织化、现代化工作，从而将一个传统的乡绅社会改造为一个党领导和组织下的政治社会，使散沙似的农民成为国家意义的国民，最终实现了乡村的国家改造，使乡村和农民成为国家的有机组成部分。

二 现代国家对乡村社会的影响

随着国家对乡村社会的整合与塑造，外在于政治的乡村已经现实地成为国家的有机组成部分，国家意志成为超越血缘、地缘和业缘价值取向的乡村价值取向；分散的农民被组织起来后，成为国家建设者从而成为国家主人；而国家也由此成为农民生存的精神支柱及提供保护的坚强后盾。具体而言，这一影响是通过一系列制度、机构建立及其治理实践后形成的。

1. 乡村治理被纳入国家治理体系中

国家治理体系是基于国家需要进行的秩序建立、维持的管理体系，它表现为推进国家发展、确保国土及国家主权安全、保护国民生命财产安全等诸多内容。乡村的国家塑造，就意味着乡村开始按照国家意志进行其社会改造和社会建设，从国家需要来组织生产和农民生活改善；而这些是通过乡村基层组织建设、经济建设和文化建设等方式来展开的。

首先，建立国家权力乡村延伸的基层组织体系。南京国民政府建立后，加快了推进国家一体化的建设，比如在乡村建立起政府基层组织即乡

---

① 《列宁全集》第8卷，人民出版社1985年版，第415页。

镇基层政府、推行保甲制度等，从而实现了国家对乡村的管控。乡镇政权组织的权力，源自于国家这一外在于乡村社会的给予，因此乡镇政府权力必然对国家负责，执行国家意志，形成对乡村的某种强制或输入。新中国成立后，我国进入了一个权力高度集中的"全能型国家"时期。新政府沿袭建立基层政权组织的做法，将村治也纳入政权之中，建立起乡、村基层组织机构，并由此开展对乡村的国家一体化运动，如农业改造运动、土地革命运动等。它不同于国民政府的做法是，政权执行者即政府官员不是外在于乡土的人担任，而是通过积极对乡村中"无产者""贫苦人"的政治教育和培养，使之成为彻底的"革命者""觉悟者"，并让他们担任乡村治理的领导工作，即乡村执政的官员是乡村的"自己人"，乡村权力是乡村人自己的权力，乡村政府是自己的"政府"。这一深耕于乡土的政府就有了更广的民众基础，自然就有了更高威信和效率。通过这些"乡村精英"即被培养和教育、有着政治热情的劳动者，新政府成功地在乡村展开乡村的改造运动，实现了国家政治需要与乡土社会在组织上的有机融合，形成了"政社合一"的人民公社体制。而"人民公社"运动实行"三级所有，队为基础"的建制；改革开放后建立起"乡政村治"模式，这二者实质都是建立起了一套国家控制下以基层政权为中心的行政管理制度，把乡村的人、物及其关系完全整合于一个高度集中的组织体制内。

其次，建立起乡村利益的国家重塑机制。传统社会主要是通过税收制度深入到乡村利益体系中。国民政府建立后，随着国家对乡村控制的实现，乡村行政化代替了"自治"，"乡土利益、乡绅利益等均被国家利益笼罩"[①]。原来国家政府（官府）与乡村社会（地方绅士）的双轨管控变成了国家权力的单一扩张与管控，村庄治理主体的地方绅士等精英变成了国家下派的"赢利型经纪人"（这些地方官员在执行国家职能的征收赋税从而实现对乡村社会控制的同时，在税费征收中巧取豪夺、中饱私囊），造成了农民对政府的不满，阻碍了国家对乡村的整合。正如诺伯特·埃利亚斯（Norbert Elias, 1897—1990）在《文明的进程》中所阐述的那样，国家借助人们对身体的控制而建立起来一套完整的社会控制机制，从而对身体加以理性化控制的同时，却使国家成为一些谋私利的工具。新中国成立后，新政府通过把离散的村庄社会整合到新的国家治理体系中，为着

---

① 沈延生：《中国乡治的回顾与展望》，《战略与管理》2003年第1期。

国家工业化建设，采取了确保工业和城市优先发展战略，实施从农村抽取现代化建设需要资源的政策。乡村及农民所创造的一部分新价值被输送到工业和城市发展中，乡村也由于失去更多的原始积累而缺乏更多的发展后劲。改革开放尤其是后来的农业税取消，国家从战略上调整了对乡村的政策，从原来的乡村输出改为对乡村输入，加大了对农业及乡村的投入，特别是在乡村基础设施建设上，通过财政收入的乡村转移，有效地促进了乡村社会的国家建构和发展。这些都充分说明在现代社会中乡村的国家建构的必然性。

最后，构建起乡村社会的国家秩序控制体系。随着国家"重建基层"而进行基层政权组织建设，国家权力有效地延伸到乡村社会，从而使国家对乡村社会的控制力大大加强。尤其是经过"人民公社"等集体化运动，乡村社会已经被高度国家化、政府化、制度化。在公社体制内部，通过户籍等制度使农民生活、流动、婚姻及居住权等受到约束，乡村生产生活被国家意志完全塑造和建构；经济活动如农民种什么、种多少都受到国家计划的约束。国家力图以政府力量来形塑现代社会体制，建构起乡村社会的国家秩序。然而当国家化功能代替了社会功能后，农民意志被抽象化的国家意志所重塑，从而使乡村的差异性在国家意义中被抽象化，农民便失去了更多的主动性、自觉性，乡村也由于缺乏了应有的社会功能而使政府陷入万能、全责政府的境地。这一方面使全国千差万别的乡村成为一个整体有效地参与到国家体系中，另一方面中国乡村所处的地域、地理气候等自然条件、各自独特的人文社会环境及其经济社会发展条件，期望以统一的治理模式进行乡村治理注定是难以奏效的。正因为如此，改革开放后国家采取了更为务实的"村民自治"制度，充分发挥乡村社会自治功能进行乡村秩序的建立和维护，国家更多地通过法律、经济等间接手段来影响乡村社会秩序。国家力量的"退出"与乡村社会力量的"进入"，成就了改革开放后乡村社会的新发展。

2. 国家实施了对乡村文化教育的重建

文化教育是塑造国民的有效工具，历代统治者都非常重视文化教育，并且历史上开明的统治者都会在文化工程上有所建树。中国长期的"皇权不下乡"的治理方式在很大程度上得益于统治者对儒家文化教化的重视，且通过科举制度牢牢掌握着儒家思想这一意识形态话语权（统治者通过科举制度控制知识分子，从而控制文化主导权，最终控制农民）。儒家思想对乡村的渗透、教化在很大程度上确保了等级制度的合理性，从而确保了皇权的乡村影响及行使。

随着国民政府建立后，确立了政教分离的国家教育制度，有计划地在乡村开展新式教育。通过平民化或民众教育，试图达到对乡村传统的改造，最终推动乡村社会的建设。这就意味着由私塾教育、儒家思想、乡土文化、农民意识等组成的乡村教育传统方式，开始向新式学校所代表的新式文化教育转向。新式教育确认了科学技术知识和理念的地位，而且把体现国家意志的"五育并举""三民主义教育"等内容也纳入教育宗旨之中，还借鉴西方的学校制度、课程设置、学科标准等，由此来改造原来的乡土教育，实现国家意志下的民族振兴教育。尽管新式教育由于乡土传统及新式教育自身问题等原因，导致自新政以后乡村教育陷入"旧教育的毁去，新教育的不来"的状况，从而导致"农村社会礼俗、社会规则和行为方式的紊乱。农村丧失了原有的调节机制，无法完成固有的循环和运转。民国以来虽然乡村的风俗还在延续，但灵魂却已丧失，日见纷乱和无序，乡村的组织，从宗族到乡社，无不处于风雨飘摇之中，中国农村至少在文化层次上，已经陷入了现代化变革的深渊"[①]。但乡村新式教育所代表的方向及其发展趋势是必然的，因为它体现着国家意志及现代化要求，是国民教育的应有方式和趋势。

国民政府时期的农民几乎是文盲，由此极大地妨碍了国民素质的提升。国民政府行政院农村复兴委员会从农业发展角度分析农村文化的必要性，指出："吾国农民素无教育，不识字者占百分之九十以上，以至孤陋寡闻，目光短浅，对于农业之新技术、新方法，不知应用，农业推广，倍觉困难，数千年来，农民之泥守古法，而未有改进者，非无因也。"[②]乡村文化环境的匮乏、愚昧、落后也是造成乡村长期落后的根源。以乡村的小茶馆为例，"乡间的小茶馆很多，每天上午，农民常在茶馆喝茶闲谈，把可以工作的时间轻轻浪费。在喝茶的时候，同时又烧着卷烟，这又是一种极大的浪费。等到下午，茶馆中座位较为清闲，便有小部分人在那里斗牌赌钱。正业既渐荒废，恶习即渐传染，不久，便形成了流氓化与匪化"[③]。

[①] 张鸣：《教育改革视野下的乡村世界——由"新政"谈起》，《浙江社会科学》2003年第3期。

[②] 行政院农村复兴委员会：《中国农业之改进》，商务印书馆1934年版，第13页。

[③] 陈醉云：《复兴农村对策》，《东方杂志》1933年第13期。

这在一定程度上反映了乡村文化教育氛围。而文化教育的落后，导致乡村社会不良风气蔓延，农民的国民素质落后。因而，政府应对乡村旧有习俗、陋习等文化传统进行扬弃与改造。

这一时期的文化教育，总的说来就是国家对乡村教育的重构。在西方工业文明影响下，国家意识到文化教育在国民塑造中的重要性开始被人们所认识，从而开始系统地、全面地参与到这一进程中。在这当中，提升国民素质的大众文化和唤醒民众觉悟的革命文化，成为这一时期塑造国民性的重要内容。

新中国成立后，伴随着国家工业化进程，乡村文化教育得到推进。各种农民识字班、扫盲班相继出现，新式学校教育步入正轨。同时，乡土性文化活动逐渐纳入国家管控范围，并接受意识形态的塑造。文化教育服务于社会和大众成为其显著特征，从社会建设需要确立起文化教育的内容和形式，很好地发挥着文化教育的作用，如利用文化教育有组织地宣传党和政府的主张，改造农民的思想，提升农民科学知识等。"党和国家的意志渗透到乡村社会并内化于农民心理，从而建构起他们的政治意识，特别是对党和国家的认同。"[1] 后来建立起的"政社合一"的"人民公社"体制，文化教育更是在这个方面发挥着重要作用。因此正是文化教育，使农民成为国民而有了政治性，农民感受到国家的"在场"，国家意志统摄着农民意识并提升农民对国家的认识，最终实现着农民与国家之间的有机结合。

总之，国家的出现及发展，国家权力的本质促使国家将其权力扩展到每一个地方，并以国家名义对其进行重构。只有这样，国家才能真正成为一个整体，从而有效地实现其功能。因此乡村的国家改造，使乡村成为国家有机整体的一部分，具有历史的必然性。正因如此，乡村善治活动实质上是国家意志的乡村实现，是国家善治下的乡村化实现。

第二节 乡村善治的民主化

乡村治理及善治不仅有国家力量的作用，同样也有乡村社会力量的作用。国家与社会力量共同作用，才能实现乡村的治理有效。社会力量参与

---

[1] 徐勇：《"政党下乡"：现代国家对乡土的整合》，《学术月刊》2007年第8期。

治理不仅是中国乡村社会的多样性所致，也是国家治理性质所决定的。乡村善治的民主化就是从治理有效意义上，提出治理主体之间的平等、包容、公平；在其现实治理实践中，就是重视乡村社会力量的治理作用，充分调动乡村社会力量，实现国家的治理政治目标。

一 现代民主理念及乡村善治民主化的必要性

民主一词，最早见于希腊社会时期，其本义是"人民的权力"。列宁指出："民主是一种国家形式，一种国家形态。因此，它同任何国家一样，也是有组织有系统地对人们使用暴力，这是一方面。但另一方面，民主意味着在形式上承认公民一律平等，承认大家都有决定国家制度和管理国家的平等权利。"[1] 民主首先是一种国家政治制度，这是第一位的，是政治范畴。这实质上回答了在国家生活中是谁的民主、谁享有民主的问题。在列宁看来，"资本主义社会里的民主是一种残缺不全的、贫乏的和虚伪的民主，是只供富人、只供少数人享受的民主"[2]。因而资产阶级民主"实质上始终是少数人的即只是有产阶级的、只是富人的民主制度"[3]，因而是虚伪的民主。而社会主义民主实现了人类历史上第一次"多数人的民主"，因而是真正的民主。乡村善治的民主化，其核心就是乡村公共权力的全体村民所有，共同行使、相互监督；并通过国家制度确认这一权力从而有效规范乡村管理活动。

尽管中国传统乡村实行"自治"，"皇权不下乡"，但乡村权力实际掌握在保甲长、绅士等精英手里。真正的乡村民主化是中国共产党领导农民建立起农民自己的政权，农民以主人身份参与到乡村决策中去，协作治理乡村社会，此时的农民才具有了真正的治理参与，才真正有了民主化治理。

随着新中国的成立，国家工业化发展作为战略重心得到实施。由于中国国情及西方封锁，中国工业化建设只能在"向内积累"基础上进行。这也为国家权力集中提供了更多的合理性。此时国家对乡村的控制更为迫切，因为需要乡村提供更多的资源来发展工业化。于是国家通过"基层建设"把自己的权力延伸到乡村的每一处，以绝对的国家控制实现着乡村对国家权力的服从，从而实现其提取乡村更多资源用于国家整体利益的

---

[1] 《列宁选集》第3卷，人民出版社1995年版，第257页。
[2] 《列宁选集》第3卷，人民出版社1995年版，第248页。
[3] 《列宁选集》第3卷，人民出版社1995年版，第245页。

需要。因此从这一意义说，国家工业化无形中强化了国家对乡村的控制。人民公社体制就是这种国家建构模式下产生的，"党的一元化领导"使国家对乡村社会的一体化整合与控制达到新的高度，从而进入了权力高度集中的"全能型国家"时期。与此相应的，乡村社会组织或归顺或依附或直接派生于权力，如民间调解组织、妇女协会、农协及艺术团体得到充分发展，由农民组成的生产队、合作社、民兵团体等权力机构行使权力，就是说党领导下的农民及其社会组织都参与到乡村社会治理中来，从而实现着"人民民主"。至于改革开放后所确立起来的"村民自治"制度，就更加体现乡村治理"民主化"，探索出一条中国式的"大多数人的民主"之路。而乡村善治作为好的治理当然是"民主化"治理，就是人人享有平等参与、监督乡村治理的权利。"民主化"治理是乡村社会现代化的必然趋势，是治理有效的前提。具体而言，体现在以下方面：

1. 乡村经济关系变化的治理需要

随着乡村实行家庭承包经营责任制改革，乡村原有的政治关系、社会经济结构发生了根本性变化，直接表现在：农民以家庭为单位组织生产活动，生产过程的一切事务都由家庭决定；生产成果除了法定要求外都由家庭处理等。因此乡村原来由生产队组织生产及分配的管理制度安排已经废弃，由此引发乡村原有利益格局及分配的改变，导致了乡村经济资源、权力资源及其他资源配置的变化。国家一体化的乡村权力组织的经济基础逐渐动摇，村干部作为国家代理人身份难以有效发挥作用，于是出现制度化权力无法行使乡村管治现象。

面对农村经济体制变化而引发的乡村基层管理危机，"更多放权"成为国家乡村治理的现实选择。从乡村内部建立起新的治理机制和权威，让农民自我管理、自我教育，是适应乡村经济体制的治理需要。发源于农村"草根"的村民自治很快成就了这一方式。村民自治，其实质是国家下放权力，让乡村社会力量发挥作用，实现乡村治理的民主化。正如邓小平所说："把权力下放给基层和人民，在农村就是下放给农民，这就是最大的民主。"① 也就是说，民主的实质就是权力在更大范围内让更多人掌握，民主是在权力间互动、博弈、妥协基础上获得的。"放权本身就意味着权力内核将一部分权力分给其他人或组织。"② 就乡村善治民主化而言，主

---

① 《邓小平文选》第二卷，人民出版社 1994 年版，第 252 页。
② 徐勇：《内核—边层：可控的放权式改革》，《开放时代》2003 年第 1 期。

要体现在乡村社会的不同治理主体享有权力，成为治理权力组成的一部分；使乡村公共权力主体多样化，权力资源配置合理化、程序化，权力来源合法性、正义化。随着村民自治的有效实施，国家实体性权力逐渐撤出村庄社会，党领导下的村民自治已经成为乡村治理的主要方式及现实力量，乡村治理民主化进入一个新阶段。

2. 适应乡村社会关系变化的治理需要

改革开放肇始于乡村，随着家庭承包责任制的实施，以及城镇化、工业化的不断推进所形成的对乡村巨大"虹吸效应"，乡村社会从人口结构到生产方式，从社会形态到乡土文化形态，都发生了巨大变化，深刻改变了传统乡村社会形态、结构和人们之间的社会关系，从而也影响了乡村治理方式。

首先，乡村人口大量外流已经成为乡村社会的常态。土地的有限性及农业比较效益相对低下，使得外出务工成为具有劳动能力的农民之首选。正如诺贝尔经济学获得者舒尔茨所说："当现代化的闸门打开的时候，各种各样的变化都会涌现出来，农业更是如此。一个巨大的变化是农民试图利用现代化过程中出现的新科技和新机会。令人注意是农民，即使是文盲，当机会出现的时候，他们也学得最快，而且很快地采取适应行动。"[①] 而城市生活的便利、更多的就业机会，以及丰富多彩的生活，进一步提升了城市对年轻农民的吸引力。农民群体的分化，乡村人口的流出，已经成为整个现代化的必然趋势。农民纷纷脱离或者基本脱离土地，从事二、三产业的工作，有些农民通过努力已经进入城市生活。同时在市场化经济下，农民间的经济地位逐渐拉大。社会学家约瑟·帕斯特尔在《不平等与社会流动》中指出，社会流动主要是"通过经济部门的转换，尤其是通过农业劳动市场的衰退和工业、商业以及服务部门就业机会的增加而发生的"[②]。也就是说，乡村人口已经分化了、流失了，带来了乡村人口结构、成分的变化，留守于乡村的是劳动能力相对缺乏的老人、小孩、妇女等。正因为这些人劳动能力不够，因而对利益的关注更为强烈，任何治理所带来的利益改变，都有可能引发激烈的社会问题。

其次，利益关系越来越成为乡村社会关系的核心。涂尔干在《社会分工论》中提出了在一个从传统社会向现代社会的过渡阶段，会成为社

---

① 转引自李同文《中国民生报告》，金城出版社1998年版。
② [巴西] 约瑟·帕斯特尔：《不平等与社会流动》，《国外社会学》1990年第4期。

会利益冲突最多、最容易失范的时候的观点。中国乡村社会在向现代社会转型正是如此,由乡村利益而引发的农村突发性事件、群体性事件增多就是例子。传统乡村社会,尽管人们也表现在对经济利益的追求上,但在家族规范、儒家文化等共同作用下,"仁义"及由此形成的生存理性仍然具有很大的约束力。改革开放后农村经济的市场化、商品化,人们对于金钱的追求变得更加直接,金钱成了人们行为的主要考量目标。"笑贫不笑娼""重利忘义"等行为普遍存在,征地中的"钉子户",医疗中的"医闹"等,只要能弄到钱就是好的,成为人们行动的理由。因此乡村出现的各种群体性事件,其背后就是利益的争夺。这当中很大程度是对公共利益或者他人利益的侵犯所致。当人们之间的社会关系变成赤裸裸的经济利益关系、金钱关系,社会治理工作就必然更加困难,因此乡村治理更需要公开透明、公平公正。

最后,乡村治理结构自身不断完善的需要。改革开放以后,随着村民自治的基层治理体制确立,国家实体性权力即制度性权力组织撤离出村级组织,村域范围内形成了村党支部领导下的村民自治的乡村治理权力结构。在这当中,党支部享有"领导权",依然是农村建设的领导核心,村委会则拥有"自治权",主持村庄事务。但对于具体的、事务性且相当具有突发性的村级治理而言,党的领导必然体现在具体的乡村治理实践活动之中,如处理村民纠纷、执行政府政策等。也就是说,二者的区分尽管有了理论上的划分,但现实治理实践往往是一体的、无法分开的。村委会的"自治权",实质上是国家让渡给乡村社会的一部分"治权",它通过自下而上的推选方式成为村庄权力,属于一种社会权力。而党的领导是依据宪法所赋予执政党的地位而确立的,是基层党员选举产生并得到上级党组织认同的权力。在现实的治理实践活动中,领导权与自治权往往难以形成合理有效的权力资源配置。吉登斯从社会结构的角度,将权力资源划分为配置性资源(allocative resources)和权威性资源(authoritative resources),并认为"配置性资源指对物质工具的支配,这包括物质产品以及在其生产过程中可予以利用的自然力;而权威性资源则指对人类自身的活动行使支配的手段"[①],而这二者的共同基础是全体村民及其利益,因此民主化就是乡村治理结构优化的必然。通过民主化,将党的领导与村民自治有机

---

① [英]吉登斯:《民族—国家与暴力》,王铭铭译,生活·读书·新知三联书店1998年版,第8—9页。

结合起来，充分发挥不同治理主体的作用，实现村庄治理有效化。

二 乡村民主实现方式与乡村秩序

《中华人民共和国村民自治法》总则第一条指出其立法目的就是："为了保障农村村民实行自治，由村民群众依法办理自己的事情，发展农村基层民主，促进农村社会主义物质文明和精神文明建设。"村民自治，就是由村民在乡村事务中依法自我管理、自我教育、自我约束，从而推进乡村经济社会的发展。这是法律赋予村民的民主权利，也是现阶段乡村民主实现的制度安排。

"村民自治"最早见于1982年我国修订颁布的《宪法》第111条，规定"村民委员会是基层群众自治性组织"。所谓自治就是自主管理，自主规范。就村民自治而言，就是农民群众依法行使民主权利，依法办理自己的事情；在建立乡村社会秩序中，实行自我管理、自我教育、自我服务的一项基本社会政治制度。1994年民政部下发的关于开展村民自治示范活动的通知之中，首次提到"民主选举、民主决策、民主管理、民主监督"，这由此成为村民自治的核心内容。因此，全面推进村民自治，也就是全面推进村级的民主选举、民主决策、民主管理和民主监督工作，从而真正落实乡村民主。"四个民主"进一步明确了村民自治的内涵和实质，使"村民自治"更加具体，也由此极大地推进了村民自治制度的落实。

村民自治制度的确立和推进，极大地推进了乡村民主化建设进程。首先，村民委员会由全体村民选举产生。村民委员会作为村民自治的行政机构，由全体村民直接选举产生。也就是说村级的"执政权"的执行者由村民直接选举产生，受到村民的监督。对于一些不称职的干部，村民有权罢免他们。其次，乡村中一些重大决策或者直接涉及众多村民利益的事，必须通过村民大会或代表大会通过，按照大多数人的意见进行，必须充分使村民获悉（如村务公开制度）。再次，实行村务的村民参与、监督。如制订村规民约、处理村民纠纷等。通过各种村级组织如慈善组织、红白理事会、法律义工等方式，使村民参与其中，在参与中提升自我。最后，把村民监督贯穿于村务活动的全过程。村务公开村民评议、村干部定期或不定期报告村务工作等，已经成为村民监督的重要方式。其中村务公开是民主监督的重点内容。

随着中国城镇化、工业化的深入推进，城市及工业对乡村的"虹吸效应",以及乡村经济社会发展中自身矛盾,导致了乡村人口的单向流出,乡村社会及结构出现了一系列变化,如留守人口的老弱病残、土地荒废、村民民主素质不高、宗族纠纷等问题;当然也有了乡村经济组织、社会公益组织等新兴组织的出现并参与乡村事务,从而提升着乡村民主化水平等现象;国家近年来针对乡村人口流出所导致的治理问题,采取了诸如"大学生下乡""第一书记""扶贫工作队"等措施,有效地推进了乡村经济社会建设,提升了乡村治理的民主化水平。

近年乡村民主化成功实践中的共同之处,就是充分发挥乡村党组织的战斗堡垒作用。1998 年修订的《中华人民共和国村民委员会组织法》及新时代关于农村党组织建设意见中,都明确指出,中国共产党在农村的基层组织,发挥领导核心作用。乡村基层党组织是"将广阔的乡村社会和数以亿计的农村人口整合到国家政治体系中来"[①]的具体执行者,它们根植于乡土,与村民朝夕相处,熟悉乡土环境,了解农民的诉求、意愿,因而党员干部及党组织优势的有效运用,能够很好地顺应民心,推动村务工作的开展。它不仅在组织农民而且也在教育农民,从而使农民愿意整合到国家意志之中。正如 Manion 对乡村选举的分析那样,"中国的村民选举,无论是在概念上还是在实践中,都不是对政策的选择"[②],而更多的是为村民有机会表达对村庄公共权力的认同,有机会参与到乡村事务当中,而提供一种制度化渠道。党领导下的村民自治,恰恰就是这一有效渠道,党的先进性与村民的社会性有机结合在一起,从而有效推进治理进程。因此重视乡村党组织建设,发挥好党员模范作用和党的组织优势,是确保村民自治和民主化的根本。

第三节 乡村善治的法治化

乡村善治体现在代表国家的乡镇权力与代表社会的村民自治力量之间的有机统一,从而实现了治理有效和乡村社会的有序。国家权力与社会力量的共同治理基础是法律,依法行政及依法自治表明国家权力与社会力量都必须在法律框架内实施,因此法治化是善治得以实现的必要基础。"依

---

① 徐勇:《"政党下乡":现代国家对乡土的整合》,《学术月刊》2007 年第 8 期。

② Manion M. The electoral connection in Chinese Country‐side, American Political Science REview, 1996, 90 (12):736-748.

据法律法规和传统习俗等为社会提供公共服务、进行公共管理的活动，是乡村多元主体协同参与治理乡村的过程。"① 多元主体参与被视为乡村民主建设重要的体现，只有在法治基础上才能得以有效实现。法治作为现代社会的基本治理方式，是人类进步和政治文明的标志；法治是乡村社会实现自由平等、公平正义的有力保障。法治作为现代社会制度中最具保障功能和最具强制力方式，法治化就是将此内在于人们治理意识和行为并自觉地践行的进程。依法行使公权力和监督公权力贯穿于法治化治理活动全过程。

一 现代法治理念及乡村善治的法治取向

法治是现代社会的重要特征。法治较之于其他治理方式更能体现和代表现代社会的基本价值。它能通过法律规定明确并确认权力与权利的主体、边界和范围，并以国家权力所体现的强制力为保障，从而促进社会治理秩序的建构，维护社会秩序。现代法治遵循着"法治即为法律主治"这一主旨，"'法律主治'一词首先出现于19世纪末20世纪初的英国人戴雪，后被演绎成'法律至上'的理念"②。"法律至上"主要包含反对任何专制权力、主张人人平等、维护个体的实质正义等内涵。法治理念是一定时期人类社会存在发展之必然性的体现，是人类社会关系尤其是政治经济关系的反映，它是法治的灵魂，是一切法治行为和活动的内在根源，是法治进程的精神动力。社会民主政治及人与人之间的平等自由成为现代法治理念建立的基础，因为"真正实现人的权利是建立在人不具有附属性的基础之上，政治资格是政治权利实现的前提，而政治资格是人在政治上具有独立意见能够独立选择政治归属的表现，人应当要有能够独立选择的政治资格，只靠简单的自然人个体是不会产生任何权利的"③。法治理念是法治进程中首先必须确立的前提，是整个法治体系的灵魂与核心。无论是具体的法律机构、法律设施，还是法律制度、法律规范，说到底都是基于法治理论基础上形成的，是法治理念的具体化。现代法治理念主要包含法律的权威性、平等的法治精神、限制公权力的法治导向、法治的价值追求等内容；这当中，法律的权威性是法治赖以实现的根本保障，限制公

---

① 李正华：《新中国乡村治理的经验与启示》，《当代中国史研究》2011年第1期。
② 徐爱国：《法治理念：从古典到现代》，《民主与科学》2018年第1期。
③ Hannah Arendt, The origin of Totalitarianism, New York, 1973: 298-297.

权力是法治的基本导向,平等是法治的核心精神,尊重和保障人权是法治的价值追求。

现代乡村社会是经济市场化、政治民主化、国家现代化的社会。村民自治、经济自主经营、多元参与等一系列措施构成了现代乡村法治的社会基础。法治理念所倡导的价值主张及规范力契合于乡村经济市场化、主体多元化的社会现实,助推乡村社会的现代转向与进步,从而使乡村治理法治化成为现代乡村治理的必然选择,体现着乡村社会尤其是乡村政治文明的进步。因此乡村治理法治化成为农村基层治理领域彰显和实现现代社会基本价值的治理机制,体现着农村基层治理水平和村民民主政治素质的进步,是乡村社会治理体系和治理能力现代化的基本标志。

传统乡土社会是通过两个方面共同实施治理的:一方面通过朝廷官员构成的官僚体系,另一方面是由乡绅(也称长老、绅士)等乡村精英构成的乡土体系,而士绅治理的组织基础是宗族,这是费孝通先生对乡土社会作出的深刻分析。基于这一分析的结论是"中国传统乡村社会形成了县官—上层士绅—底层精英—村民四层权力结构"[1]。朝廷对乡村"放权"的同时,加大对符合统治利益需要的观念文化(如乡土道德传播、意识形态灌输)的教化,实施了对乡村人精神文化上的控制,最终确立起了乡村社会差序格局,呈现为家族与宗族社会、礼俗社会、长老社会等社会形态。"社会秩序主要靠礼来维持,而维持礼治的手段是教化、传统文化,负有调解责任的是长老,人情往来成为人际关系维持的主要媒介。"[2] 从而"士绅文化、村庄仪式、血缘宗族组织、族长权威、宗族势力、礼仪等构成了清末时期中国乡村经济、政治、社会和生活秩序的重要元素"[3]。而乡土社会作为礼制和礼俗社会,"礼"源自于乡土,但更多的是统治者意志长期教化的产物,并获得了统治者认可的行为规范;因而"礼"对于村庄尤其是宗族内部无疑成为具有强制力的规范工具,实施着乡村社会秩序的维护。传统中国乡村社会治理实质上是国家政权与宗族权力、官府与乡土绅士等乡村精英的结合,从而共同维持着传统乡村社会结构、秩序稳定的治理。

---

[1] 郑卫东:《"双轨政治"转型与村治结构创新》,《复旦学报》(社会科学版)2013年第1期。

[2] 费孝通:《乡土中国》,华东师范大学出版社2018年版,第22—74页。

[3] [美]杜赞奇:《文化、权力与国家:1900—1942年的华北农村》,王福明译,江苏人民出版社2008年版,第24—92页。

第三章 乡村善治逻辑的现代建构

然而现代乡村社会使传统治理方式难以有效，究其原因在于传统治理的经济社会基础的变化。陌生人社会所构成的现代乡村社会，注定了熟人社会治理法则失去了存在的社会基础。随着工业化、城镇化快速发展，特别是经济的市场化取向，传统乡村社会结构及治理格局发生了巨大改变，市场化、商品化和城市化等一系列现代社会运行方式，导致乡村人口大量流失，人口结构发生改变，治理资源的城市转移等；随之而来的是农民的自主性不断增强，经济利益的影响进一步凸显，利益关系更加敏感，公共利益难以得到有效维护等，也由此引发乡村经济体制、社会结构、治理制度等一系列深层次问题。这些显然有别于传统乡村社会的现实，决定了传统治理方式难以有效。同时"多元化"的乡村社会现实，如利益多元、主体多元、乡土与现代并存的社会形态所体现的多元等，原来由政府提供公共资源的管理体制难以适应市场化、多元化的乡村治理需要。这就意味着传统乡村治理秩序发生了改变，"乡政村治"模式遭遇挑战，熟人社会或权力集中时期所通用的治理法则难以奏效。

这一系列新情况、新问题的现实基础就是陌生人社会，而陌生人社会无疑为法治奠定了客观基础。现代乡村治理体系中，法治更具有根本性。正如哈耶克所说："通过构建一套理性的具体的行为禁止和行为自由的法律体系，在它的控制之下，人人都可以自由地去追求自己的事业、实现自己的爱好，这是形成秩序和实现自由必不可少的基础。"[①] 相对于传统乡村熟人社会而言，市场化了的乡村社会的显著特征是人口流动频繁、人的自主意识增强、利益凸显，从而出现了社会多元化。对于市场化、多元化的社会，法律的刚性及其强制力更有权威性、威慑力，法治的规范、保障、整合、价值导向、权利保护等诸多功能，对于维持乡村社会秩序的影响更为根本；法治所依据的体系规则和责任机制能够有效规范乡村治理行为、明确乡村不同治理主体的责任，从而为乡村治理体系及其行为奠定合法性和权威性。也就是说，乡村法治化就是通过构建完善的法治框架，发挥法治的行为规范等功能，实现乡村治理的法治化、制度化和规范化。因此法治就是一种制度化力量，一种对于事情本身进行是非曲折评判的方式，因而它更加客观公正。"制度是以具有权威性、强制性的文件及其形

---

① ［英］弗里德利希·冯·哈耶克：《自由秩序原理》，邓正来译，生活·读书·新知三联出版社1997年版，第96页。

成的体系来体现自身的价值选择和利益目标而对主体具有约束性的行为规范。"[1] 制度最大的作用在于通过形成权威制度体系来约束主体行为,以实现社会的规范与秩序。因此,法治提供了现代乡村社会中人们生存和生活所需的最基本、最重要、最基础的制度保障,并且任何主体行为都必须服从于其规范,并以强制力保证其得以实现。这是其他治理方法所不具有的特征与优势。

乡村治理法治化是经济市场化发展中乡村治理的发展趋势,也是乡村治理现代化的应有之义。乡村治理及善治的前提,就是村民的广泛参与,主体性作用得到充分体现。"在处于现代化之中的社会里,政治参与扩大的一个重要转折点是农村民众开始介入国家政治。"[2] 为确保村民参与的有序,就必须提供制度化秩序。"如果制度准备不足,扩大政治参与可能导致政治不稳定。"[3] 这一制度化秩序就是法治化秩序。通过法治这一制度化秩序,体现和保障不同主体在乡村治理中的自主性和独立性,有效约束规范各种公权力的滥用,是其重要意义所在。而乡村法治化就是要建立起乡村的法治秩序,而村民的依法自治、政府的依法行政就是要义所在。乡村治理法治化通过在乡村治理领域充分发挥法治的各项功能,如规范、保障、整合、权利保护和秩序调控等,为实现乡村的规范治理、自主治理、行政治理及其社会多元治理提供最关键的制度保障及强有力的执行手段,从而有效实现依法行使乡村公共权利,维护乡村公共利益。乡村治理法治化的确立,能有效调整、约束和规范乡村社会不同治理主体间的关系,实现对治理的规范和秩序,从而促进乡村公共利益提升的同时,整个乡村不同主体利益也得到优化和提高,多元主体的参与热情将进一步激发,乡村治理能力将得到提升。

二 乡村法治实施

乡村治理与善治法治化,必须通过法治的有效实施来具体化为现实力量。当法治力量在现实的乡村治理中发生规范、引导、惩戒等作用时,法治才真正融进治理主体的治理行为之中,并最终成为人们的一种法治自

---

[1] David Easton, A Framework for Political Analysis, NJ: Prentice-Hall, 1965: 110.
[2] [美] 塞缪尔·亨廷顿:《变革社会中的政治秩序》,李盛平等译,华夏出版社1988年版,第74页。
[3] [日] 蒲岛郁夫:《政治参与》,解莉莉译,经济日报出版社1989年版,第55页。

觉。因此法治实施成为法治化进程的重要环节。

乡村法治的有效实施,是一个巨大体系性工程,这当中既有普法性工作,又有法治执行方面的事务。法治所面对的乡土文化氛围,预示法治实施更有着其艰巨性、复杂性;推进法治,需要建立起一套有效的方法措施。就整个法治进程而言,主要是围绕以下方面展开:

首先,要解决有法可依的问题,建立起完善的乡村法律规范体系。目前国家出台了《村民自治法》等有关法律,对村委会选举、民主监督、行政管理、个人权益保障等重点领域做出了法律规范。但随着乡村社会发展出现了许多新情况,需要努力完善这些领域的法律规范。如针对乡村土地流转问题、农村人口流动管理问题等的法律规范。同时,许多法律规范只是做出原则性规定,需要更多的实施细则,如对于村"两委"与基层政府之间、村"两委"之间的关系,虽然法律上有规定,如村党支部起领导核心作用,需要进一步明确其职权范围、运行程序等,厘清其关系。

在完善制度性的法律规范的同时,需要重视乡村各种非制度性规范的作用。非制度性规范包括村规民约、风俗习惯、乡土道德规范等,它是乡村社会长期治理实践所形成的治理文化传统,已经现实地成为乡村治理实践的一部分。事实上,乡村这些非制度性规范往往能有效化解乡村许多矛盾。这些规范大致可归为地方风俗习俗、地方文化之类。它们以村民熟悉的话语、熟悉的内容、熟悉的形式来实施对村民行为的约束、善行的引导,它体现着村庄的公共利益,维护着乡村的公共秩序,化解乡村各种矛盾冲突。它们在很大程度上构成了正式制度性规定在乡村落实的重要社会基础。因此乡村法治化需要构建和夯实这一社会基础,使法治的影响渗透于乡村整个社会生活之中。

然而随着乡村社会发展,尤其是经济市场化、发展的现代化取向等,这当中不少内容及形式已不适合社会需要,如乡村熟人的交往法则及社会治理模式等,因此应重视这些非制度规范作用的同时,加强对这些非制度性规范的法治审查和引领。为此,需要对乡村非制度性规范给以合法性审核(乡镇人民政府为审核主体),如各种乡规民约应获得全体村民大会或代表大会通过,符合国家法律法规精神;同时应赋予村民委员会应有维持力量,让违背村规民约的行为受到惩罚,从而使这些村规民约成为现实力量,规劝、约束个人行为的失序。

其次,以规范乡村公权力为重点,推进法治化建设。公权力的性质表明了，它是公共的，是为着维护人们的共同利益而形成的，公权力的运行必须严格按照法律规范来进行，必须受到人们的监督。因此权力的运行情况直接反映法治推进的程度，依法执政、行使权力，依法自治，从而有效规范权力运行，将权力使用和运行纳入法律规范中。

村"两委"是连接政府与村民间的桥梁。既要协助政府推进村庄发展及社会治理的任务，又要处理好村庄内部社会管理的事务。虽然层次级别低，但对于农民而言，村委及村干部的实权大；尤其是乡村资源市场化之后，村"两委"干部可谓是实权人物。从乡村腐败案件也可以看出，村委干部贪污几百乃至上千万元的案例不是个别现象也反映了这一点。因此，依法自治成为现阶段很迫切的问题。这不仅关乎村委会选举，更多的是关于村庄资源及经济活动中，村委会如何行使权力，村民如何监督权力等。就村民而言，国家大事可能涉及或关注不多，但他们往往通过身边掌握公权力的人来理解政策、政府及国家形象，因而严格规范村委会干部的权力使用，既要有法律的明确规定，更要彰显法治力量。通过这些公权力的法治规范，树立起法治的权威性、严肃性，从而树立起法治的影响力。

就目前而言，规范公权力使用，就是做好政务和村务公开，尤其是涉及群众利益的问题。如土地征收、村庄公共资源市场化利用等，必须按照有关规定依法依规公开，接受群众的监督。依据村民自治法律，乡村一些重大事件必须依法召开村民大会或代表大会，获得绝大多数人的同意。要严格规范乡镇基层政府的行政行为，乡镇政府依法指导村民自治，但不是代替村民自治，或者把村委会当作自己的下属机构。乡镇政府是代表国家去执行国家方针政策，而对于乡村社会具体事务性问题，更多是村民自治的事情。因此在具体乡村治理上，必须依法厘清乡镇政府与村民自治二者之间的关系。而乡镇政府与村民自治关系的依法依规，是乡村治理法治化实现的重要前提。

规范公权力的同时，要提升村民的权利和参与意识。村民自治基于村民共同体，村庄公共利益是所有人的共同利益，而共同利益是实现乡村公平正义的基础和有效手段。善治就是以实现乡村公共利益最大化为诉求，因而全体村民的共同参与是诉求实现的有力保障。平等参与是共同参与的基本要求，包括同等对待、地位平等、同样效力等。村民参与无非表现在：一是表达诉求，二是添力，三是监督，这是作为村庄成员的基本权利，是法律所赋予的。有效监督公权力的依法公平公正，自治权力的依法依规，就是建立在村民权利意识、参与意识及其实践基础上的。

村民权利与参与，必须以自己意识到权利即意识到自己作为独立个体利益为前提。"任何时期政治共识的形成都是建立在以个体独立为基础的追求利益和实现价值的复杂过程之中，矛盾和危机的存在是人类社会必然出现的现象，有效解决这些问题就必须要形成在独立发表意见基础之上的共识。"① 个体自我意识的确立，是基于群体利益下的个体利益，因而个体利益首先应该注重群体利益或共同利益。乡村治理法治化的基本要求，并非强调个人或者某部分人的特殊权利，而是通过个人权利而更加意识到公共利益的重要，从而自觉地维护公共利益。因此不让农民群体远离基层治理中心，让村民成为乡村治理的真正主体，让所有村民享有并行使村民自治这一法定权利，这是乡村治理法治化的基本内涵。因此村民权利意识及其权利觉悟是法治化的重要内容。

事实上，我国法治体系赋予和确认了村民享有平等的政治权利，明确村民在村民自治中自主地表达参与意见、参与主张的权利，并通过法律保障这一权利。这一权利意味着在具体的自治活动中，村民之间是基于公共利益上的自由自主的行使，是在尊重和包容他人同等权利的基础之上的行使，由此形成了现代乡村的法治秩序：村民自主参与乡村治理，行使同等的、无差别的权利，共同维护乡村公共利益，这是基层治理法治化发展的基本立场。而村民自主地参与乡村治理，参与权利受法律保护，成为乡村基层治理制度现代化发展的价值追求。"自由的缺失，也许没有让人们失去一般意义上权利的享有，但却让人们失去了在社会上生活的意义和在世界上生存的价值，正是这种意义和价值，才能让人的主张得到大家尊重、让人的行动得到认可。"② 也就是说，乡村治理法治化强调个人是自由平等的一员，是由于只有意识到这种作为个体所具有的权利，个人才能真实地表达自己的诉求，从而承担起作为治理主体应有的使命。

村民自治权是宪法和法律所赋予的。村民自治作为国家政治共同体的重要组成部分，村民权利在村民自治中的实现很大程度依赖于国家法律的建构及权利秩序。"一个社会复杂且文明的政治共同体的形成，很大程度

---

① 吕元礼：《政治文化：传统与现代的会通》，人民出版社2004年版，第333页。

② [日]川崎修：《阿伦特——公共性的复权》，斯日译，河北教育出版社2002年版，第112—113页。

上取决于该社会内政治组织和程序的力量,而这种政治力量的形成又决定于该政治组织和程序得到国内民众支持的范围大小,以及该政治组织和程序能够获得的国家制度化的规范程度。"① 当国家以法律确立村民自治权利后,村民权利的实现就需要现实的权利秩序,包括这一秩序实现的机制。就这一意义来说,村民自主权利具有必然性,因为"除了要在政治体系内部建立政治平衡和政治文化的凝聚机制之外,还要在社会上建立分解社会冲突、吸附社会动荡的机制和能力,以实现政治的稳定"②。村民自主权力成为秩序形成的重要力量。乡村治理法治化,就是将政治冲突化解于社会治理之内的重要手段。只不过这一方式是将乡村治理秩序(村民自主权力博弈的结果)引向国家意义的秩序,"乡村治理秩序建构的重点在于国家主导型下的制度化"③,最终使乡村成为现代国家意义及其现代化意义的乡村。

最后,要广泛而有效地推进法治宣传与普及工作。对于乡村普法工作,必须充分考虑乡村与村民的实际情况,采取相应措施,比如以案说法、普法,注重问题导向等。随着依法治国作为治国方略的提出和推进,各地进行了诸如送法下乡、法律专职设置等措施的探索。这些措施要实现其实效,应更多地把农民受教育程度、国家意识、对社会变化的感受等结合起来,针对乡村治理中突出的社会矛盾及法治问题,不断创新普法方式。如村民自治中村民的权利与义务,婚姻家庭财产问题,子女与老人赡养关系问题,等等。当然,形式需要创新,如以人民群众喜闻乐见的方式,如故事、戏剧、电影等,把复杂枯燥的法律规定呈现出来,并以适合农民兴趣的话语方式,使人民群众愿意听、听得懂。

法治宣传与普及,要从重点人群入手。这些重点人群分两类,一是处于受教育阶段的学生,二是法律宣传者。学生是乡村发展的希望,也是能较好接受法治教育的对象。他们是受教育者,又是法治的宣传员、示范者,他们如种子一样播撒到乡村的每一个家庭之中。为此乡村法治要从乡村学生入手,除了在学校各种法治教育以外,乡村社区可以对此开展一些法治类宣传,增加一些法治类社会活动,添加一些课外法律读本,提出一

---

① [美]塞缪尔·亨廷顿:《变革社会中的政治秩序》,华夏出版社1988年版,第12页。
② 邓伟志:《变革社会中的政治稳定》,上海人民出版社1997年版,第103—105页。
③ 吴新叶:《转型农村的政治空间研究:1992年以来中国农村的政治发展》,中央编译出版社2008年版,第142页。

些法治方面的要求。如大学与中学学生假期普法活动，小学生家庭普法要求，如类似向家长讲述法律知识小故事的假期课外作业等。

乡村法治进程中，应该与日俱进利用好现代网络技术。互联网科技的发展，已经深刻改变了现代社会形态及其人们的生存方式。各种新兴的传媒方式的出现，一下子使人们面对一个更加广泛开阔的话语空间，微信公众号、抖音短视频、QQ空间等。乡村法治宣传与传播，需要充分借助这些新兴传媒渠道，普及法律新信息，介绍与分析法治案例，宣传法治成效，增强法治内容的实时性和趣味性，让农民感受到法治、感受到法治带来的影响与作用，尤其是一些乡村常见矛盾纠纷的法律判决案件的介绍，让农民感受到法律的公平正义。要把农民关心的法治中的一些关键问题讲清楚，树立村民对法治的尊重，消除其顾忌和担心，如旧时的"衙门八字开，有理无钱莫进来"的观念，没钱打官司等，把我国已有的法律援助和公益律师制度告诉农民，使农民有了诉讼时不用担心钱而恐惧、担心诉讼，确立起对法律的信心，实现农民被动法治转向主动法治，从"送法下乡"转向"迎法下乡"，最终形成依靠法律、依靠规则来维护权利，运用法律解决纠纷乡村治理氛围。

总之，国家建构、治理民主化和法治化，极大地促进了乡村治理能力的现代转变。乡村治理现代化建设将把乡村治理从乡土秩序治理及乡村公共资源的国家给予的治理方式，转向乡村自主给予、自主管理、自我提升的新境地。这其中的核心就是国家治理权力的村庄"退出"或"社会回归"，以及乡村治理主体治理能力现代化水平的提升。这是乡村现代化发展的必然趋势，也是社会政治文明进步的重要标志。

第四章

乡村善治逻辑实践及演进

善治的内在必然性构成了善治逻辑。尽管不同时期善治的具体内容、实践方式等有所不同，但任何善治实践成功的共同之处，除了基于善治内容之必然性即现实基础与人文传统、社会期待与治理现状等因素作用外，遵循善治实践自身运行规律是其重要因素。而这种运行规律，是善治实践自身特点所决定的，反映了善治的实践特性。中国的重农传统及小农经济基础上的乡村社会，成就了不同时期中国乡村善治实践，也由此形成了乡村善治实践的演进。

第一节 乡村善治逻辑实践

乡村善治实践是基于乡土社会期待而进行的"好"的治理活动，而这一"好"显然是基于治理关系所体现的必然性的现实化。任何乡村善治实践都是具体的、现实的，都是善治的合规律性和合目的性的展开与实现。乡村社会特定的治理环境决定着善治实践特征。无论实践方式、途径还是依靠手段，都应与乡村这一特定实际结合起来，而这种治理要求、治理对象以及治理诉求必然是多样的、具体的，由此构成了乡村善治逻辑的实践问题，这主要包括实践动力机制、实践模式及实践方式等方面。

一 善治逻辑实践的动力机制

乡村善治逻辑实践动力问题，解决的是善治实践是如何发展的，或者说推动乡村善治必然性现实的力量问题。善治作为善于治及治于善，都是源自于乡村大多数人的利益得到提升，乡村公共利益如公共秩序、公共建设、公共服务等方面获得人们的认同与肯定，这些便构成善治实践动力。

这当中体现着"村民有所愿"与"治理者有所给"二者的统一，或者说村民的治理期望通过治理者实践成为了现实。人民主体论及村民自治等民主建设表明了，村民既是治理者，又是治理受益者，乡村公共利益、公共服务等都是村庄所有人共同努力治理的实践结果。

然而乡村治理的复杂性及治理有效的内在需要表明，任何治理实践活动中，治理主体间的平等参与、多数原则的民主法则与治理的国家化的政治要求，以及治理内部的秩序性，这些因素应保持适宜的张力及应有的一致性；也就是说不能因少数人的意见而无视大多数人的需求，当然也不能由此就对少数人意见的无视、忽视，多数与少数、全体与局部等因素共同推动善治的实践。因此，乡村善治逻辑实践的动力机制，大致有以下方面。

1. 内生与外生

乡村善治逻辑实践的力量源自内部还是外部，是乡村善治实践的前提。内生就是指这一力量来自于村庄力量，是村民基于共同生存的秩序期望所形成的治理力量。内生性力量是村民在长期生存实践中自发形成的，以乡村的地方性知识及乡土文化传统为基础，依据血缘、地缘和业缘关系通过社会交往与实践而形成，并在熟人社会环境中上升为具有约束力的行为规范。因此内生力量源自于交往及其关系，继而制度化为行为规则、伦理规范。中国人"实存在于各种关系之上。各种关系，即是种种伦理。伦者，伦偶；正指人们彼此之间相与。相与之间，关系随生。家人父子，是其天然基本关系；故伦理首重家庭。……随着一个人年龄和生活之展开，而渐有四面八方若近若远数不尽的关系。是关系，皆是伦理；伦理始于家庭，而不止于家庭"[1]。有了伦理就有了伦理情感、道义基础上的乡土秩序。正如罗伯特·埃杰顿所说："乡间社会的特点就是道义和情感义务、人与人之间亲密无间、社会凝聚和持久的连续性。这都是乡间社会的特点，而人们转向城市生活以后就不复存在了。"[2] 这种约束力是基于道义和情感义务基础而呈现出来的，而由这一约束力所形成的共同体及秩序也有着更多的伦理性、道义性。这种内生约束力成为善治实践的动力之

---

[1] 梁漱溟：《中国文化要义》，学林出版社1987年版，第80页。
[2] [美]罗伯特·埃杰顿：《传统信念与习俗：是否一些比另一些好？》，载[美]塞缪尔·亨廷顿、劳伦斯·哈里森《文化的重要作用——价值观如何影响人类进步》，程克雄译，新华出版社2002年版，第194页。

一，如宗族内的义工、互助和慈善等。"在中国社会里，人们总是要'攀关系，讲交情'"①。这是人的伦理生存之必需，"关系""交情"下构成了个人现实的"生存网络"。费孝通认为，"在差序的社会网络中，人们的社会认同的弹性或伸缩性取决于网络的中心势力的变化，中心势力强盛的时候，他的网络伸展和覆盖的范围就更加广阔，就有更多的人认同；相反，中心势力弱小，网络覆盖的范围就会狭小，认同的人自然也就少"②。"生存网络"的不断扩大成为人生存之必然，这就成为乡村社会"团结""组织化"及乡土秩序需要的内生力。这种力量在一个流动性差、自给自足的自然经济的乡村环境中，"结伴而生""抱团自卫"等成为传统农民的生存法则，而由此所形成的力量能使农民抵御更多风险和灾难而成就着善治。因此这一交往所形成的"关系"及由此形成的交往处事原则、规范，经教化而成为传统习惯甚至"农民心理"，都是以"善"或"善治"方式表现出来，也由此成为善治的内生动力。"我们认为乡土社会中农民的理性实际上是一种'生存理性'，这种理性思维所考虑的首要因素是'生存第一'，而不是'利益最大化'。也就是说，对于广大农民来说，为了维持整个家庭的生存而选择'并非最次的行为方式'而非选择'并非最优的行为方式'，这才是传统农民更为真实的内驱力。"③ 因此"生存理性"成为"善"或"善治"的观念基础，并在"聚合""抱团"文化价值基础上形成了宗族这一组织形式，由此村落成员依托乡绅、乡约和宗族凝结成为一个整体，实现了乡村内生治理的善治实践形式和力量。

外生是指外在村庄因素所构成的力量，这包括政府、市场、资本等力量。现代化背景下这一力量主要表现为国家现代化、经济市场化对乡村治理的影响和作用。外生力量通过和平、武力等方式介入乡村社会秩序建构中，使乡村原有的乡土秩序发生外生力量的变化。尽管这种乡村变化或正向或反向地发生作用，但乡村遭遇外生性力量所导致的乡村解构与建构是必然趋势。乡村始终是社会化的乡村，它必然受到社会的规范而发生社会性的变化；同时乡村社会化已经为政治国家从而政府出现提供了现实基础，反过来政治国家与政府必然对社会化乡村进行重构和改造，从而使乡村纳入国家一体化体系之中。同时，市场化力量使乡村纳入市场化体系

---

① 费孝通：《乡土中国》，北京大学出版社 1998 年版，第 27 页。
② 费孝通：《乡土中国》，北京大学出版社 1998 年版，第 27 页。
③ 刘晓峰：《我国乡土文化的特征及其转型》，《理论与现代化》2014 年第 1 期。

之中,通过市场化手段实现着乡村社会资源的效益分配。乡村无论是人口资源还是生产需求等方面所蕴含的巨大市场潜力,必然成为巨大的市场吸引力,从而引发资本与市场对乡村的市场化、资本化渗透和控制。

外生力量对乡村社会及治理秩序的解构与建构,是通过包括行政力、军事力、文化力等一系列方式在内的作用和影响来实现的。按照马克思主义的观点,从人类社会出现阶级,进而出现国家政权开始,这一过程就开始了。随着国家从社会中独立出来,乡村的国家建构进程就成了历史的必然。因为权力的本性使国家权力必然向乡村延伸,实现国家一体化是国家存在的标志之一。传统社会中国家政权力量更多表现为军事力。事实上,税收、赈灾、诉讼和兵役等,以及不断扩大利于统治的文化渗透,都是国家这一外生力量的存在方式。而现代社会则主要通过政治力、科技化、工业化和市场化等为主要内容的现代化,实现对乡村治理的影响与作用。

外生力量极大地推进乡村社会及治理实践的变迁。从传统乡村进入现代乡村,从封闭乡村到开放乡村,这当中都有外生力量的作用。随着社会转型,转型所产生的外生力量对乡村治理的影响更为重大而深刻。比如乡村现代化、市场化农业经济,都对乡村及其治理产生了巨大影响。社会转型意味着社会原有结构及秩序的改变,从而引发整个社会规则、观念的变化,由此出现乡村生产生活方式、观念价值等随之变化,基于新秩序的治理也必定发生变化。当社会转型打破了传统的、旧的生活方式时,"传统形式的共同体和文化的'原生'属性不得不大大削弱"[1]。这也意味着乡村变迁作为整个社会转型的一部分,既是社会转型的表现,又是由社会转型这一外力推动的结果。

2. 政府与非政府组织

在乡村善治逻辑及实践中,由谁主导、谁倡导,将形成不同的动力机制和效果。政府主导,就是指政府基于执政需要及其意图,通过政府所拥有的执政资源及行政手段,推动乡村善治的现实化。非政府组织主导,是政府以外的社会力量所推动的善治实践活动,它主要通过价值信仰、宗族力量、市场力量及其共同体利益等方式来推进善治实践。

在乡村传统善治实践中,非政府组织主导的善治实践有着很大作用,对基层社会稳定、秩序维护等意义重大。宗族内部的捐资助学、赈灾、济

---

[1] [美]罗伯森·罗兰:《全球化——社会理论和全球文化》,梁光严译,上海人民出版社2000年版,第90—92页。

困等；乡村共同体内部的公益事务如修桥修路、修缮公共场所等，都是表现。民国以前，传统乡村社会的长老权威成为善治实践的具体承载者，即扮演了组织者、协调者等角色。长老们以其威望召集村民议事、行事，尤其是对于宗族和村庄秩序维护等事项上，以其熟悉族情、乡情而显现其存在的重要性。地方精英们也纷纷进入治理之中，与长老权威共同成为善治实践的领导者角色。在这当中，乡村经济精英始终是乡村善治实践的重要力量。他们以其在经济上的优势，捐资为村庄修桥修路、建立乡村公共设施、捐资助学、修建宗祠、撰修家谱等，因而在村中具有较高的声望，具有很大的影响力和号召力。即使是现代社会的乡村，经济精英的重要作用也是一样的，民营经济、商业精英、民营乡村企业家等，在社会经济大潮及经济市场化进程中，其权威关系及威望往往不亚于当地的村长、干部等人群，从而在善治逻辑形成及实践中发挥重要作用。

民国政府建立后，国家及国家意识进一步确立，原来村庄依靠族长、长老、士绅、精英进行号召的乡村权威人物，在国家权力不断延伸至乡村的背景下，不断退出乡村治理主导的权力关系格局。政府逐渐成为乡村善治实践的主导者，政府提供乡村公共产品及公共服务，从而使乡村逐渐融入国家体系之中。在这个意义上，国家权力下行带来了乡村的国家秩序建构和村庄内生秩序在乡村社会及善治方面的调适和博弈。

民国政府在乡村建立起保甲制度的治理体系，并以此来缓解政府权力延伸乡村后所带来的国家秩序与村庄内生秩序间的紧张关系。"保甲长"既是国家权威的体现者、代表国家权力的管理者和施政者，又是地方权威的表现，它依靠乡绅、宗族等构筑起了乡村治理网络，集村庄公共利益及权威于一身，"保甲长"成为上通官府、下达村民的桥梁。尽管士绅、长老等不再站在治理的前台，但"保甲长"及"保甲制度"在一定程度上保留了这些地方权威的影响，形成了国家秩序与地方秩序并存的乡村社会秩序格局。但保甲制度的"保甲长"已经不同于原有的长老之类的地方权威。长老们的合法性及合理性完全根源于乡土，或者说立足于乡村公意，因而凡事都要顾全影响、声誉，兼顾各方面利益。而保甲长们的政府身份（合法性来自官府）使得部分"保甲长"（乡绅）能利用职务之便，在"上传下达"的过程中谋取私利、盘剥百姓，他们不需要如长老们那样顾及声誉等之类的东西；也不需要由此顾忌官位的稳固；南京国民政府连年战事导致不断增加乡村和农民的税收负担，也是通过这一保甲制度来实现，因此保甲制度其负面性扩大从而引发地方权威反弹，最终导致南京政府执政基础丧失。

地方权威的真正退出，或者说国家秩序的真正建立，还是在新中国成立后实现的。1958年，人民公社化制度实行人民公社的"政社合一""政经合一"体制，国家权威成为乡村秩序的唯一主导者。政治社会的高度集中，经济活动的组织化与统一化，使得地方权威已经没有了生存空间。村庄成为整个集中体制中的一部分，村民及其个体只是整个集中体制的受动者、被动服从者。政府充当起全能角色，承担起乡村社会的全部责任，从乡村政治经济文化到村民日常生活、社会纠纷等。这种国家秩序对乡村社会的全面介入，一方面使整个乡村完全融入国家体制中，另一方面不仅使乡村及农民失去了活力，而且极大地增加了政府执政风险，执政的民意和社会基础不断受到影响。

改革开放后，随着家庭承包责任制实施，村民自治制度成为适应乡村社会变化的新的政治治理制度。村民自治这一源于"草根"发明的治理方式上升到国家的正式制度，就在于村民自治保障了村民个体的权利和利益，把国家权威和社会权威结合起来。"村民自治"更多与乡村基层村民联系在一起，强调了一种"群众性的行为"，以及村庄内部事务的"自治性""自主性"；也就是说把治权真正落在村民自身上，真正体现人民当家作主，从而使乡村共同体意识增强，调动农民治理的责任性，塑造了一种更加稳定的社会秩序。随着市场化、城镇化、全球化的推进，乡村的国家秩序建构与社会权威秩序利用得到更加全面的结合，从而使乡村治理效益日益显现。

乡村善治逻辑实践的动力机制还有制度化与非制度化力量、物质与精神力量、国家主导、乡村主导等，它们都以其独有方式融进善治逻辑并由此推进了乡村善治实践，在乡村发展及其进步中发挥了作用，使乡村善治呈现出更多样的特点，实现了乡村善治实践更为多样的实现方式。

二 乡村善治实践模式

模式（Pattern）是为着某一类问题解决而形成的方法、途径等之抽象。模式是方法论，是理论抽象，是对问题解决对策中的一种具有普遍性、规律性的形式。乡村善治逻辑实践模式，是善治实践所体现出来的规律性、普遍意义的方法论，或思维方式，是善治实践诸因素相互作用而呈现出来的稳定性、规律性的实施方案。乡村善治实践模式，是人们在推进乡村善治实践中对经验的抽象而形成的规律性样式，或具有方法论意义的实施方案，是推进善治实践诸多措施的理论抽象。一般而言，它主要有基层创新与国家形塑、能人效应与民主示范、国家主导下的多元共治等模式。

1. 基层创新与国家形塑

善治实践是治理主体基于乡村公共利益而进行的实践活动。善治之善，既有着主体对善的理解，又有着主体善治能力，当然也有治理所产生的效益等，从而构成善治逻辑及其实践。在推进乡村善治中，善治逻辑实践有基层创新与国家形塑之分。

基层创新，是指乡村基层社会推动乡村善治逻辑实践与创新，包括拓展善治实践内容、采取更加务实的方法、建构更能满足乡村社会的善治方案等。基层社会是乡、村、村民小组所构成的共同体，是乡镇政府的国家力量与村民自治的社会力量共同作用的区域。乡村善治，最终落实到基层、村庄及村民。一切好的治理都需要通过村庄具体的公共利益、公共服务、公共秩序等内容表现出来。或者说，乡村基层社会是善治的具体承载者、体现者，治理的好坏直接反映在乡村社会，直接关乎乡村人的生产生活。因此乡村基层社会注定具有善治创新的原始动力。

民国政府之前的乡村善治实践，由于"官府止于县"的管理体制，尤其是小农经济及由此带来的乡村社会低流动性、社会保障能力不足等问题，与此相应的基层创新，更多地体现在村庄治理方面，包括赈灾、慈善、修桥修路及各种公共设施建设等；后来基于宗族长远利益需要，有了捐资助学、宗族之间的外联等。在手段上，有族规家法、伦理教化等。民国以后，随着人们的权利意识增强，宗族议事的参与性得到拓展，除了长老、乡贤等传统势力外，经济的、武力的等非主流因素也融入其中，并且声望与影响增大，其形式也更加多样。

基层创新影响最大的，应该是村民自治。村民自治制度的确立是改革开放后中国乡村建设尤其是中国民主建设的重大进步。这一起源于"草根"的创举，是源自人民公社制度解体所造成的村庄治理"真空"而提出来的。随着村民自治的国家制度化，村民自治作为乡村社会的基本制度得到确立，并在实践中不断完善。村民自治即实现农民的自主教育、自主管理，使农民真正成为乡村治理的主人，使大多数农民能够表达自己的诉求、主张自己的权利，由此成了最根本、最直接的善，是农民意志直接反映和实现之善。

国家形塑，是国家推动的善治实践，包括国家权力的让渡即"还政于民"、国家对乡村的少取即"还利于民"、国家治权向上提升的"还治于民"等内容。国家（政府）对乡村的权力延伸具有必然性，国家一体化从而对乡村治理进行国家塑造是由国家本质所决定的。国家源自社会又引领社会，并以其公共利益面目而成为现实最强大的政治力量。因此国家形塑是以国家利益、国家意志的方式去影响和作用于乡村治理，从而使其体现国家性质、意志，实现国家的治理目的。尽管国家具有政治性的一面，但是国家的民众基础决定国家意志必须获得充足的民众基础；因此国家意志、目的也体现着社会性、民众性，并引导着社会性。这一部分在后面有更详细的阐述。

2. 能人效应与民主示范

能人，是指某一方面具有独特性作用的人，如经济上、政治上、社交上、处事上，等等。不同时代都有其能人，而能人的内涵随着社会期待、追求不同有所区别。对于乡村而言，能人往往是超常的、有能耐的从而有声望的人。因此能人在乡村社会中就有民意基础，有更大的影响力。在乡村治理中往往起到登高一呼，响应者众的效应。因此在许多公共事务实践中，能人往往有十分重要的作用。

能人之所以是能人，就在于把握了机会，从而使其获得了成功。能人往往比一般人站得高，对事情把握更准确，他们在公共事务上能够慷慨解囊，等等。但能人也是人，也存在这样那样的问题。能人往往因其成功掩盖了他的一些缺陷或不足，而一旦这些缺陷和不足置于某些治理活动中而被放大时，那就有可能导致治理中的巨大后果。

民主示范。对于乡村治理而言，民主就是充分尊重、依赖农民，充分让农民表达诉求，让农民当家作主，让农民监督政府。民主示范，即以民主方式推进乡村治理实践，使乡村治理成为乡村所有人共同的事情，共治共建共享，由此成为善治实践的范式、样板。

民主示范在乡村善治中具有特别意义。乡村民主与乡村治理是一致的。民主是为了更好的乡村秩序，每一个农民充分表达意见，其最终目的不是仅仅呈现个体农民之间的"异"，而是在"异"中求得更大的"同"；治理也是如此，治理也是如何做大"同"，使所有农民在大"同"

中都获得好处、益处。民主能更好克服农民的"小农意识""利己主义"等缺陷,在一个公开的、彼此监督的场景中,人们都力图把人性的善的一面展现出来,而把恶的一面掩蔽起来或克服。民主示范也有利于基层政府建设,使之真正成为人民政府。

3. 国家主导下的多元共治等模式

多元共治是善治的基本特征,是指乡村社会不同治理主体参与到治理体系中,成为治理体系平等的一分子,阐述自己的治理主张,发表自己的看法,形成利于乡村共同体利益的实践方案。多元共治体现的是不同治理主体的智慧,及彼此间的平等、包容与共同监督。国家主导,是使国家意志、国家需要成为乡村善治的核心追求,是国家一体化下的乡村善治。国家主导反映了国家与乡村的紧密关系,体现着国家整体利益及国家将权力延伸到乡村的必然性;因此乡村善治必须融入国家善治体系中,受国家善治的建构和规范,成为国家善治体系的一部分。

无论是传统乡村还是现代乡村,国家对乡村的规范和建构,或国家力图将乡村纳入其权力所及范围的做法是相同的,都是通过国家所控制的权力,力图延伸到乡村之中,不同的是程度和影响,或说其边界与范围不同,手段方式不同。传统社会依靠地方绅士(接受过官府教化的如获科举功名者,或者出自于官府培养的如官员告老还乡)把朝廷意图贯彻到乡村治理之中;民国的保甲制度,新中国成立后的人民公社等,体现的都是国家意志的乡村实现。但国家的政治属性表明,国家统治是基于谁进行统治,从而从根本上决定了这种延伸到乡村的权力的性质,当然由此所形成的国家主导下的治理及善治的性质也是不同的。

三 乡村善治逻辑实践方式

乡村善治逻辑实践是通过具体措施,包括形式、方法与手段等来推进的,由此构成了其方式问题。综观乡村善治演进历程,国家、社会及个体作为治理主体,其采取的方式显然是不同的,如国家以其合法性力量,可以强制地推行其主张,如法律的、政策的、经济的、文化的等;社会以其共同体及公信力的合理性力量,可以强势地提出实践主张并加以推进,如宗族式的、群体性的等,而个体以其灵活性及影响力,可以通过制造舆论、声望及个体参与等方式。这些乡村善治实践,最终都要落实到乡村公共利益最大化,让村民享受由此带来的实惠上面来。对于乡村善治,它主要有以下方式。

1. 外在力量嵌入方式

通过乡村以外的力量介入治理实践从而引发乡村治理的善治转变。这些力量包括国家在经济、社会、政治及教育等的政策主张和法律法规，社会风气与潮流塑造，社会转型等，共同构成了这一外力因素。外力因素嵌入，可以是强制的介入，如国家政权对乡村治理的介入，乡村政策的作用等；也可以是非强制的介入，如经济体制转变、现代化建设等带来的乡村治理转变。外力因素可以是经济、政治、法律等，也可以是文化教育、文明建设等；可以是派遣官员或管理人员下乡等人的因素，也可以是项目、资金等物的因素，当然在皇权社会也可以是武装力量、外来侵略。因此，在一定程度上说，外力是导致乡村变化的重要因素。

乡村善治的外力作用，一方面来自于国家。国家权力就其本质而言都有扩大的本能，因此国家权力延伸到乡村从而对乡村进行国家意义上的重构是必然的。尤其是现代化建设下，国家必然把乡村纳入整个社会国民经济战略体系中，从而提升整个国家整体生产能力和社会分工合作能力。另一方面来自于社会。乡村固然是社会的组成部分，但乡村这一社会具有自身独特性，如在土地上谋生，生产受自身因素影响很大，小农生产，熟人生存法则，等等。但无论如何，乡村必须与其他社区及行业沟通交换，尤其是市场化、商品化时代，乡村产业发展需要更多的外来资本、技术等资源。因此接受外力因素是必然的。这当中，如城市生活方式、社会潮流、社会文化、社会资本作用现象及观念等。无论是传统乡村还是现代乡村，乡村自身经济规模、社会资源等，都难以支撑乡村现代化需要。因此乡村现代化必须融入整个国家现代化进程中，从整个国家现代化的分工合作中获得发展。

当然，外力对乡村治理并非完全正向作用，其中最为突出的就是对乡土文化传统的摧毁和否定。同时在市场化、城市化等外力影响下，由于乡村资源净流出所导致的土地荒废、人口流失等问题，出现不少"空心村""荒废村"。这都是乡村现代化当中应关注和解决的问题。

2. 内生力量聚变方式

乡村善治实践的内生力量就是村庄内部力量，包括村民之间的自助组织、慈善机构、宗族势力、精英集团；物质形态上的公田、公房与救助；社会治理方面的共议协商、家族会议等，比如宗族的"守望相助、疾病相扶""抱团生存"等功能,当然由此也就有宗族内部秩序问题。

内生力量是村庄秩序的根本力量。乡村社会是"血缘、地缘和业缘"结合的社会,是社会原初的、原始的状态。由于官府力量难以全面有效地延伸到乡村,乡村成为政府行政权力控制相对较薄弱的区域。一方面乡村传统地方自治,为家族长老、地方精英、宗族势力等内生力量统治留下相当大的活动空间;同时,人们基本是按照父系家族即"根据单系亲属原则组成的父系社群"来决定自己和他人关系的远近和亲疏的,从而形成乡村的"差序格局"。传统村落生活方式基本上是聚群而居的,同姓同亲的农民往往住在同一个自然村。他们可能同祖同宗、血脉相通,有着共同事业和利益,有着天然的亲密关系与情感,具有互信互守的心理基础。而利益往往被血缘关系所涵盖,情感主义和血缘伦理成为农民交往关系的基础和根本。"家庭"作为乡村社会的基本单位及其功能载体,成为村庄内生力量"作为"空间。"中国的家是一个事业组织",是"绵续性的事业社群,它的主轴是在父子之间、婆媳之间,夫妇成了配轴"[1]。"家"通过父子与婆媳两个方向,在不断实现着亲情的绵延和情感的延续。由此乡土社会最终成为"安土重迁的,生于斯、长于斯、死于斯"的社会,从而有了乡村社会"熟人性"的一面。正如费孝通先生所言:"乡土社会的信用并不是对契约的重视,而是发生于对一种行为的规矩熟悉到不假思索的可靠性。"[2] 这在很大程度上源自于中国乡土社会资源总量不足、贫弱,使得社会大部分人只能依靠家族来获取生存物资所致。这一状况无疑加强了家族社会的凝聚力和亲和力,强化了乡村社会的秩序性,从而为内生力量的作为提供了更多的合理性基础。家族和宗族管理就是实现内生力量作为的重要方式、手段。

改革开放以来,随着村民自治制度的有效落实,乡村内生力量被激发出来并开始发挥作用,其中最突出的是乡村社会组织的治理作用得到释放。乡村社会组织,是指以村民为参与主体,基于乡村发展及村民需要、由农民发起成立的非政府组织。社会组织包括各种经济合作组织、农民维权组织、慈善组织等。乡村社会组织承载着经济功能、政治功能和社会保障功能等。乡村社会组织是村民再组织化的一种方式,是村民表达利益诉求的有效平台,是联系村民和政府的纽带。社会组织在乡村公共事务管理

---

[1] 费孝通:《乡土中国》,北京大学出版社1998年版,第47页。
[2] 费孝通:《乡土中国》,北京大学出版社1998年版,第10页。

中能直接提供高质量、全方位的公共服务和公共物品。乡村社会组织能将个体化的村民凝聚起来，形成互助共享机制，实现乡村治理目标。由于其组织化力量克服了个体力量的不足，从而更加有效地维系乡村社会秩序。乡村社会组织是改革开放后出现的新的治理力量，它标志着与乡村市场化、规模化相适应的乡土力量开始承担起乡村善治功能，并以组织化力量及方式显现其在乡村治理体系中的存在。

3. 内外力量结合方法

无论是传统还是现代乡村，都有村庄内部与村庄外部力量的共同作用。但传统乡村由于外生力量缺乏更有效的组织基础和结构，如官府止于县的传统官僚体制，因而乡村社会秩序维持主要是通过村庄内生力量来实现。但不能由此认为外部性力量不起作用。以传统乡村治理为例，官府力量的重要体现就是"鸣官诉讼"。一般而言，村庄纠纷都是采取共议协商方法来解决，如中人协商，以议约的方式和解；或通过族长调解或地方绅士、有声望人士进行仲裁等，但如遇到重大事件，或较为复杂，关联方反映强烈等，只能借助官府进行处理，如在传统乡村社会中的祖坟、土地、山水等。乡土社会关系正如康熙《徽州府志》所云："脱有稍紊主仆之分，始则一人争之，一家争之，一族争之，并通国之人争之，不直不已。"[①] 民国政府建立后，国家政权开始深入到乡村内部，意图整合乡村从而纳入国家一体化当中，并由此开启了中国乡村国家化的进程。按照杜赞奇的划分，"国家政权渗透到乡村可以分三个阶段：1929年以前，国家政权力图改变村庄宗族权力结构并削弱宗族权威对乡村的治理；1929年至1941年，国民政府力图改变以宗族划分为基础的乡村政治体制，通过政府派遣地方要员来建设乡村政治体制；1941年后，日伪政府强力推选下，大乡制基本取代自然村落制"[②]。新中国成立后，对乡村治理秩序进行了新的"国家一体化"改造，即通过农业的社会主义改造，把土地私有转变为集体所有，实现了乡村生产资料上的重大变化，建立起了生产资料集体所有基础上的乡村治理体制。

政府实行对乡村治理的国家建构，或政府权力的乡村设置，都是政府

---

① 康熙《徽州府志》卷二《舆地志下·风俗》，《中国方志丛书》华中地方·第237号，成文出版社1975年版，第444页。

② [美]杜赞奇：《文化、权力与国家——1900—1942年的华北农村》，王福明译，江苏人民出版社2008年版，第99—104页。

权力这一外生力量与村庄内部力量博弈、利益妥协的结果。王安石变法，"在全国推行保甲法后，在保、大保、都保中分别设保长、大保长、都保长和副保长，凡差县差役，政府科敷，县官杂使，监司迎送，皆责办于都保之中"①。保甲尽管是地方乡村力量，但受到了官府力量的规范、约束；而政府也通过保甲这些具有地方社会基础的力量介入，更好地实现政府意图。推翻清朝封建统治之后，正如亨廷顿所说，"政党是一个现代化组织，为成功计，它又必须把传统的农村组织起来"；"一个政党如果想首先成为群众性的组织，进而成为政府的稳固基础，那它就必须把自己的组织扩展到农村地区"②，因此国共两党都走了"政党下乡"来改造乡村、实现国家一体化的道路。但由于国民党走的是一条力图通过重建乡村政权组织来实现对乡村控制的改造之路，如民国政府的保甲制，其结果是不仅未能真正改造乡村社会，反而让村民加深对国家的不满，其原因在于国家对乡村的整合加大了对农民的剥削、压迫。中国共产党组织向农村延伸有着明确的政治要求，"一是属于党的阶级基础的农民，最主要的是没有土地的农民，二是属于能够充分实现党的意志的'积极分子'"③。前者因缺乏土地，人数多，从而革命性最坚决；后者已经接受了党的主张，具有一定的觉悟，是党可以信任的力量。因此中国共产党在乡村的社会基础就牢固了，基于政党和国家的外在政治力量与乡村内部"草根"力量结合在一起，政治的外在主张在党的教育下成为乡村社会变革的内在需要，最终一场农民基于自身利益的乡村革命获得了成功。成功的关键就在于政党政治力量深入到乡村社会内部，并对乡村社会"草根"实行改造，使外生力量转化为内生力量。杜赞奇因此认为："共产党政权的建立标志着国家政权'内卷化'扩张的终结。"④ 这便是内外力量结合成功的方式。

当然，乡村善治实践还有许多方式，如传统乡村善治中采取宗族等级制下共议协商制，公田、公房与救助制度，私权惩罚与私权救助制，村庄共同体，民俗民风与乡土道德，乡规民约制，等等。这些方式在特定条件

---

① 唐鸣、赵鲲鹏、刘志鹏：《中国古代乡村治理的基本模式及其历史变迁》，《江汉论坛》2011年第3期。

② [美] 塞缪尔·P. 亨廷顿：《变化社会中的政治秩序》，王冠华译，生活·读书·新知三联书店1989年版，第401—402页。

③ 徐勇：《"政党下乡"：现代国家对乡土的整合》，《学术月刊》2007年第8期。

④ [美] 杜赞奇：《文化、权力与国家——1900—1942年的华北农村》，王福明译，江苏人民出版社2008年版，第240页。

及其特定环境中对于乡村秩序的建立和维持，都起到了很好的作用，有效化解了当时乡村社会的困境，使乡村共同体的利益得到最大化维护。善治作为一种主体所乐意接受的治理，体现着公共利益最大化，这类的善治更多地具有特殊性、特定性。因此乡村善治逻辑实践与研究，需要更多全面、多领域地展开研究，从而探索真正适合中国实践、具有普遍意义的善治逻辑实践模式。

第二节　乡村善治逻辑的实践演进与特征[①]

乡村善治逻辑是乡村治理的善治取向及关系所体现的内在必然性，是乡村治理价值与乡村治理环境的有机统一，是治理主体基于治理完满、完善而充分发挥主体能动性，从而使治理主体与治理对象更加和谐的必然性。乡村善治及治理逻辑是通过不断探索、完善的实践活动的把握，并在治理实践中丰富其内涵，从而显示出不同时期善治特征。善治及善治逻辑实践成为推进乡村善治的直接动力，人们基于乡村生存需要而不断推动善治实践的历程，成就了乡村善治逻辑实践的演进，也呈现出不同时期的实践特征。

一　乡村善治逻辑的实践演进

追求乡村善治并不仅是一种现代社会现象。一种良好的治理应该是千百年来农民所期望的。善治在传统社会里的表现或许是安居乐业、邻里和睦，或许是休养生息、夜不闭户、道不拾遗、鸡犬不惊，也或许是互助互帮、诚信友善，等等。因而善治在其内涵上更多的是感性的、朴素的甚至是有点失偏的，有着直接的现实性特征。随着手工业发展及商业繁荣而出现城市之后，城市作为异于乡村的生存空间，就使得乡村治理有了比较的对象，从而善治也有了更为具体的、感性的"镜像"。在此之后，随着城市与乡村相互间的发展，其治理及其善治内涵也在发展。因此善治之善，作为价值或意义的判断，它必然随着社会的变迁而发生变化，其内涵被不断赋予时代内涵。贺雪峰认为："乡村治理是指如何对中国的乡村进行管理，或中国乡村如何可以自主管理从而实现乡村社会的发展。"[②] 这一定

[①] 这一部分主要来自拙作：《乡村善治：内涵、演进及特征——对乡村善治逻辑的中国特色刍议》，《安徽农业大学学报》（社会科学版）2021年第3期。

[②] 贺雪峰：《乡村治理研究的三大主题》，《社会科学战线》2005年第1期。

义，实质上就是包含着善治以及善治的变迁的界定。因为任何管理，其内涵及形式总是随着人的生存需要的变化而呈现为具体的、时代的样态，因而任何"治于善"或者"善于治"的"善"和"治"也必定表现为与时代相一致的特征。

随着清朝封建统治的结束，国家意义上的乡村改造即国家对乡村的整合成为乡村变迁的直接推动力量。这主要与人们逐渐接受了现代国家意识以及乡村在现代社会的重要性等观念有关。中华民国时期曾经推行过"乡村自治运动"，无论是早期的直隶省定县的翟城村自治、山西村治，还是南京政府成立后把乡村（地方）自治作为训政时期的政治建设中心，包括抗日战争爆发后对县乡社会的控制，其实质都可以从现代国家建构的内在逻辑中得到解释，即国家权力不断加强对乡村社会的控制，并使之纳入国家权力管理范围。"所有的中央和地方政权，都企图将国家权力深入到社会基层，不论其目的如何，他们都相信这些新延伸的政府机构是控制乡村社会的最有效的手段。"[1] 民国政府通过国家权力下沉试图强化乡村基层组织来达到对乡村社会的控制和管理，实现乡村社会秩序的稳定，推进乡村社会的发展，完成国家意义上的力量整合。但由于国家经济实力不足及官僚体系庞大，加上国民党政府连年战争导致开支浩大，财政收入入不敷出，使得乡镇政府对乡村社会的管理功能异化为盘剥乡村农民的工具。因此这一时期谈不上乡村善政。

新中国成立后，随着人民当家作主地位确立，人民政府从人民利益出发，有计划、有组织地进行乡村的改造和建设。全面的土地改革、乡村基层组织和基层政权的建立等一系列乡村社会治理的革命性变化出现了。每一个村民都能参与到乡村治理当中，表达自己的意见，投身于乡村社会改造，享有改造建设所带来的利益，这是治理之"善"的新篇章。随后基于国家建设发展需要及乡村生产力发展要求，乡村社会开始了以集体化来重构国家、乡村（社会）与农民之间的关系，即将原来分散的、原子化的农民个体有效地组织起来，个体农民的"小"力量整合为组织化的"大"力量。从互助组、农业合作社到后来的人民公社，从原来的自治性质最终转变为政社合一体制，国家治权及政府管控意识自上而下渗透到乡村社会的每个毛孔之中。在整合提升了乡村生产力的同时，也出现了乡村

---

[1] [美] 杜赞奇：《文化、权力与国家——1900—1942年的华北农村》，王福明译，江苏人民出版社2008年版，第3页。

社会的高度行政化、组织化和政治化，使得乡村社会成为一个高度集中、统一领导管理下的社会单元。随着国家治权的逐步强化，乡镇政府通过组织化手段力图使乡村所有事务纳入其管理范围，并通过计划经济对乡村进行严格的计划性管理；结果农民的生产经营行为及其权利主张"被统一"而获得一致的同时，却使农民生产自由的空间从而其积极性受到限制，失去了以往那种自然经济下的经济自由、村庄自治自由以及由此带来的经济社会活力。"政治权力的高度渗透和严格的计划经济使农民失去了传统的自由"① 的同时，这一力图通过对乡村组织化来提高生产能力，在个体劳动力联合中达到提高劳动效益，从而改变乡村落后的经济基础，满足国家工业化建设需要等愿望得以实现。但由此导致了政府权力对乡村经济活动的过度干扰，尤其是工业化和城市化建设对乡村经济积累的过多汲取，最终这一善之治理愿景未能如愿实现。

改革开放后，随着农村家庭承包责任制、乡村自治等一系列政策的确立与落实，"乡政村治"治理体系最终成型。过去高度组织化、集体化、行政化的乡村社会治理结构开始发生根本变化，乡村社会获得了更多的发展空间，乡村经济及其生产生活活力得到了释放。同时，城市化、工业化水平快速提升并由此形成对乡村人力、物力的巨大吸引力，农民"生产自由"带来了观念的解放，乡村治理下的"活力"获得了转化的载体和平台，农民从务农转移为务工，从乡村转移到城市。然而随着乡村大量人力、财力和物力不断流出村庄，出现了诸如农民工、民工潮等导致的"空心村"，务工经商导致的土地荒芜等，对乡村社会及其构成造成了极大的影响。与此同时，压力型管理机制下乡政事权不断扩大所带来的财政压力，使得基层政府以各种税费名目向乡村不同主体收缴，导致乡村基层政府与农民及其不同经济主体之间、干群之间关系紧张，甚至出现群体性、大规模性的冲突，原来放活乡村从而使乡村不同经济主体获得了更多的自由权的善意，及其减轻农民负担、增加村民收入的愿望，最终无法真正得到实现，乡村社会善治及其良好秩序愿望再次陷入难以实现困境。

乡村治理结构异化所导致的乡村社会不稳定（越级上访、干群冲突甚至大规模群体性冲击地方政府机构等），以及农民负担过重等问题，引起了高层关注。传统管理所导致的"农村、农业和农民"即"三农"问

---

① 张乐天：《告别理想：人民公社制度研究》，上海人民出版社2012年版，第203页。

题已经影响了整个国民经济以及国家现代化发展。随着国家工业化、城市化水平已经具备自我发展能力，尤其是具有了后期资金自我积累的基础，工业化、城市化建设资金已经不需要通过农业积累来实现，因此基于国家现代化整体推进需要，国家不仅取消了存在几千年的农业税，而且通过"以工促农，以城带农"的反哺方式对农业农村进行支持扶植。国家这一乡村政策的调整，标志着乡镇政府以国家名义征收各种税费的职能已经结束。从2004年中央"1号文件"首次确立"三农"问题的"多予少取放活"六字方针，2006年提出社会主义新农村建设，到党的十九大的"实施乡村振兴战略"，国家农村政策的重大调整促进了农村治理结构的职能变化与改革。国家农村政策的愿望、农村治理现状与农民意愿的有机统一，使得乡村治理朝着善治迈进了一大步，乡村善治有了更多实质上的突破。随着国家不断加大对乡村建设的扶植力度，乡镇政府及其公务人员有了从"管理"到"服务"的职能转变，从而有了为乡村社会以及农业经济发展的服务职能新要求。基层政府代表国家具体落实好每一笔扶贫资金的使用，参与并积极发挥政府在村民自治中的作用，引导乡村社会发展，协商协调好乡村各种社会关系以及不同利益诉求。同时，国家进一步完善政府行政及村民自治的法律法规，厘清政府行政与村民自治的界限，大力推进依法治村、依法行政，强化村民对政府及公务员行为的监督。从2004年中共中央、国务院出台《关于健全和完善村务公开和民主管理制度的意见》，强调并规范村务公开，推进乡村民主建设，到2010年十一届全国人大常委会第十七次会议通过《中华人民共和国村民委员会组织法》修订案，再到2014年十八届四中全会通过《中共中央关于全面推进依法治国若干重大问题的决定》，这一系列重大政策的出台和实施，村民自治、民主建设尤其是乡村治理的多主体参与等，都实现了有法可依。

党的十八大以来，随着国家治理体系和治理能力现代化目标的确立，乡村治理进入了一个全新阶段。乡村治理现代化作为乡村现代化的重要内容得到进一步重视，由此提出了一系列重要的新思想、新理念并进行着创新实践。党的十八届三中全会提出"推进治理体系和治理能力现代化"被确定为"全面深化改革的总目标"，党的十八届五中全会指出"要构建全民共建共享的社会治理格局"，党的十九大提出"实施乡村振兴战略""推进城乡融合"，等等。这些理念及政策的提出和落实，大大加快了农村基层政府治理结构、治理机制的创新和完善。乡村长期被忽视或缺乏的公共产品、公共服务得到了充实，各种自治性群众组织的作用在乡村治理实践中得到体现。党的十九大创造性地提出实施"乡村振兴战略"，进一步把乡村治理作为国家治理体系的有机部分，提出构建"自治、法治、德治"的"三治结合"的治理体系，推进乡村治理走善治之路。这一系列举措更加体现国家现代化意志与农民意愿，遵从着中国乡村实际，进一步提升了乡村治理的善治水平，提升乡村适应现代化发展需要的治理能力。

二 近代以来善治逻辑的实践特征

综观中国乡村社会的善治实践，"国家现代化"无疑是理解国家意义上乡村治理及其善治发展的主线。乡村治理的善治之路，都是在这一大的叙事背景下推进乡村社会治理创新之路。这一变化都能从国家现代化建设需要而进行乡村的国家政权建构、国家对乡村社会关系重构等视角中得到解释。作为国家治理下的社会管理的最高目标，乡村善治代表着生存于乡土人的愿望、期待和努力方向。无论是夜不闭户、道不拾遗，还是民富国强、睦邻亲善，它们都是那个时代的体现，是具体的、感性的。因为任何社会治理都根源于社会制度要求，并被现实化了的社会制度及体制所规定、所建构，并最终通过老百姓实实在在的生活感受及实践表现出来。乡村善治作为乡村社会基于一种良好稳定秩序而做出相应的制度安排、理念引领以及创新实践，体现的正是国家和社会、政府与村庄力量间的相互作用，正是在国家现代化这一宏大叙事下不断得到现实化。因此近代以来中国乡村善治及其探求实践，呈现出了一些共同的特征。

1. "善治"的国家因素逐渐成为决定性因素

现代化意义的国家地位的确立，意味着国家力量以异于乡土社会的方式介入乡村有了必然性和正当性，并逐渐发挥决定性作用。晚清以来，在资本—帝国主义的侵略下，中国变成西方资本逐利的地方，大量外国产品进入，民族工业、乡村经济乃至整个国家体系遭受巨大冲击。这一历史巨变构成为中国走向现代化的现实前提和背景，也由此开始了长达近一个多世纪的中国由传统农业国向现代意义的工业国的艰难转型探索和实践。这一艰难转型始于工业，进而引发经济政治的连锁反应，成为国家现代化探索实践的主线。如果说洋务运动、20世纪二三十年代工业救国仅仅是个别的、局部的，那么新中国成立后国家的工业化建设成为国策事实表明，这是有组织的、全面的现代化建设的治国方略。以工业化、城镇化为标志的现代化进程深刻影响着乡村社会，最终也重构着国家与社会的关系。也就是说，国家工业化建设在不断吸收乡村人力、物力资源的同时，国家也由此进行着对国家—社会关系的重构，国家权力不断强化着对乡村社会的整合，实行着国家意志的乡村社会改造。"所有的中央和地区政权，都企图将国家权力深入到社会基层。"[①] 也就是说，乡村治理结构与体系的变迁，是在国家现代化这一大背景下国家权力体系建构、国家权力建设的结果。"现代化因素自上而下、由内及外地对乡村治理产生影响的三大维度，构成了乡村治理得以展开的三个宏观历史条件"，"乡村治理制度只能在这一结构性条件的制约下发挥作用"[②]。国家意义的工业化、城镇化要求以国家名义对整个社会进行整合，而国家作为一种外在于乡村的力量，以其强大、合法而"入场"于乡村社会，必然影响和改变乡村社会的治理结构和社会秩序。正因为"国家—乡村—农民"之间关系的重构，导致了乡村善治的内涵、表现及实现方式等的"改变"，并使其呈现出鲜明的现代化色彩。无论是晚清时期、国民政府期间，还是新中国成立后建立起的人民政府，乡村治理都是在"政府主导"下发生的。清末"新政"中，清政府颁布了《城镇乡地方自治章程》，辛亥革命后建立的民国政府，如国民党1934年通过了《改进地方自治原则》，1941年颁布了《乡（镇）组织条例》，新中国成立后的农业社会主义改造、合作社运动及后来的"队为基础、三级所有"的人民公社运动，乃至后来的家庭承包责任制、乡政村治以及村民自治，等等，都是政府主导或国家力量直接对乡村社会进行的整合和塑造。当然国家整合、政府主导具有历史必然性，因为任何现代国家意义的管理，都必然通过经济的、政治的、文化的诸多手段来实现国家意义上的统一。因此在这一过程中，形塑乡村社会及其治理结构最为直接有效的就是建立乡村基层组织，加强乡村基层官员队伍建设，强化政府在村庄事务中的主导性等。

2. "善治"的公共利益最大化取向逐渐得到认同

国家对乡村社会的整合，使乡村社会融进国家整体战略中而获得更为稳定的秩序保障，同时国家现代化推进也必然促使乡村社会的现代化转向，这是国家与乡村关系在现代化建设中的基本进程。然而这一现代化进

---

① ［美］杜赞奇：《文化、权力与国家——1900—1942年的华北农村》，王福明译，江苏人民出版社2008年版，第3页。

② 贺雪峰、董磊明等：《乡村治理研究的现状与前瞻》，《学习与实践》2007年第8期。

程所包含的"善政""善意"却在很长时间不仅未能得到实现，而且象征国家存在的地方政府不断被异化为对乡村资源的汲取、占用者，甚至政府职能片面化为对乡村社会的管控。国民党政府由于受战争和经济落后等影响，把国家权力渗透到乡村并利用其乡（镇）政府机关及其所构建的乡村管控体制，以各种名义征收苛捐杂税、强征兵丁。新中国成立后，为着尽快摆脱贫穷落后面貌进行工业化运动而面临资金积累困难时，国家采取了一系列超常规方法，这当中就包括了大量提取农业剩余即以农业支持工业、乡村支持城市的"义务本位""集体利益至上"发展思路。改革开放后的一段时间里，国家基于理顺与地方间的关系及调动地方政府积极性而采取了分税制。乡村基层政府事权增加下，乡村基层政府受财源有限所制从而地方政府财政收入也陷入紧张困境，于是基层政府为弥补经费不足而对农民征收花样众多的费用，巧立名目有之，层层加码也有之，结果一度造成干群关系、政府与社会关系之间紧张。也就是说，当国家利益取代乡村公共利益，以国家、集体名义代替农民个体去进行治理好坏、善恶评价，忽视农民个体及乡村在其中的作用，忽视农村、村庄社会自身需求，在一定时期及某些阶段或许是合理的，具有正当性。然而，随着社会发展水平提升，农民个体权利意识崛起，民主意识增强，尤其是改革开放后大力推进乡村民主建设，乡村管控方式的治理转向更加适应现代乡村社会需要而具有更多的合理性、必要性。重视乡村公共利益的维护，理顺政府、村庄与农民之间的管理关系，着力解决乡村社会各种矛盾尤其是乡村发展中共同性的、结构性的困境等，成为乡村治理的着力点和主要内容。也正是在这种情况下，国家层面对乡村"反哺"成为国家农村政策的主旨。通过"反哺"的一系列具体政策措施，着力系统性、全面性地解决乡村基础设施、人才培养、农村义务教育投入等制约因素，并结合脱贫攻坚、精准扶贫、乡村振兴等方面展开。这些致力于乡村公共利益提升的治理及其形成的成果，直接惠及村庄与农民、惠及民生，并最终转化为农民的现实利益，获得了农民的普遍认同，也由此很好地诠释了乡村善治的本旨。

3. 善治内涵从经济为主逐渐向多元多样转变

经济上的强盛、物质上的富足，这是乡村善治在经济基础地位的必然要求。因此，无论是民国乡村自治运动中的改良农业，发展农村经济，如江苏江宁汤山农民教育馆自1929年起向农民无偿散发由中央大学农科院供给的棉种，并收购散出棉籽所收的棉花，还是新中国成立后农业的社会主义改造所进行的乡村基础设施建设、科技兴农、兴办各种乡镇企业村办工厂等集体经济,以及改革开放以来通过各种措施推进乡村经济发展,这当中更多的是关注乡村经济的发展,并以此作为善治的主要方式和内容。

然而,经济固然是乡村社会治理的目标,但经济发展离不开稳定的社会秩序,而稳定秩序是村庄不同治理主体共同参与、有效互动的结果。这就是为何共商共议共建共赢始终是实行乡村善治的手段、途径和目标。民国时期和新中国成立后,尽管政权都延伸到乡,通过建立起相应的组织机构并较为有效地实施了对乡村的管理和控制,但共商共议始终是村庄内部事务及其各种社会矛盾的有效化解方法。改革开放后,随着政社合一体制的结束,尤其是村民自治制度的确立和实施,农民民主意识得到更为广泛的激发,主体的权利意识得到更多的释放,一系列体现这一民主进程的如村民委员会的民主选举、各种议事会、村务公开、村民行使对村务尤其是村干部的监督等措施在乡村治理当中得到有效实施。也就是说,乡村是否善治,其程度如何,已经从单纯的经济因素延伸到政治、社会生活等诸多领域拓展,诸如村委会在执行上级扶植政策特别是惠农补贴中是否公平,是否符合程序,大多数人是否得益等非经济方面;当然也表现在农民可直接向上级反映情况,主张自己的权益,监督乡村干部行为等,如乡村的野蛮拆迁、"取消农业税"前群众越级上访,乃至群体性事件等。这些现象在一定程度上说明乡村社会治理主体意识的觉醒,尽管农民在维权中其方式甚至主张存在缺陷,但这些现象间接说明了乡村善治的内涵和方式的转向。

总之,当国家及其现代化逐渐成为乡村善治的决定性因素后,国家意志取代农民意识、国家逻辑取代乡土逻辑就成为乡村善治演进的根本动因。"国家主导"在其现实上表现为"政府主导"的事实表明,乡村善治必然内在地包含着政府对权力的理解,以及对国家—社会关系的把握、建构的期待,当然也包括对乡村尤其是农民主体地位的尊重和乡村与农民利益的捍卫,因而对于仍处于现代化转型中的中国乡村善治建设而言,善治之善体现更多的是善政之善和治理之善。但在现代化及其社会民主发展这一大背景中,政府也必然裹挟于其中,并且只能顺应这一趋势。这就意味着,政府在推进乡村治理、诠释乡村善治的同时,应该充分尊重乡村社会以及农民自身的利益诉求和权利主张。因此就现代化发展而言,乡村善治必定处于国家—社会、政府—农民间的适度张力之中,任何过于强调国家政府利益或者过于强调乡村和农民个体利益的做法,都无法实现其治理之善。

第五章

社会主义乡村善治逻辑与实践探索

社会主义作为人类社会真正代表大多数人利益的社会制度，它彻底改变了人们对于社会的认识。解放发展生产力、消灭剥削等是社会主义制度的本质内容，公有制、人民当家作主等是其基本要素。因此社会主义社会的建立，从根本上重构了乡村以及治理，当然也重构了善治内涵以及善治逻辑。不同于以往社会的乡村建设，社会主义乡村是人民（绝大多数人）当家作主、人人平等的乡村，社会主义社会使乡村劳动者真实地成为乡村社会的主人，乡村利益真正成为乡村人的自身利益。然而社会主义乡村建设的善治实践并不是一帆风顺，它是在摸索、挫折中得到不断发展，最终形成了社会主义乡村善治实践之路，从而呈现出社会主义乡村善治逻辑实践的演进和发展。

第一节 善治与社会主义制度

善治是基于"好"的社会治理。就一个社会而言，好坏的根源性因素或者说根本性原因在于社会制度。社会制度是对社会性质、社会结构、社会运行等作出的规定，当然也是对人的行为、人与人的关系尤其是利益关系作出规范，因而社会制度对人的生存发展具有根本性，并有着直接的影响。对于社会制度的评价，关键在于站在谁的立场、角度。而社会主义制度是基于绝大多数人及其利益的立场，主张人人平等，反对压迫剥削，因而社会主义制度及其实践充分体现善治，是人类文明史上真正的善治制度。

一 社会制度与善治

"制度"一词最早出现于《易经·节卦》："天地节，而四时成。节以制度，不伤财，不害民。"［孔颖达］疏："王者以制度为节，使用之有道，役之有时，则不伤财，不害民也。"在这里，"制"意为节制、制约、约束之义，"度"所代表的是"有时""有道"，指适度、量度、量化标准。随后，"制度"这一被人们制定出来用以节制规范个体行为和社会运行秩序的内涵被延续下来，并逐渐明确为社会意义的范畴，成为人们社会生活规范的内容。进入文明社会后，基于社会关系及构建社会秩序的需要，人们通过制定制度来对社会关系进行约束、规范，从而形成适合某种利益需要的社会秩序，因此制度的本质是利益关系构建，并进而进行规范、制约。随着阶级形成从而出现了国家，制度就从个人、社会层面的关系协调，过渡到阶级之间利益关系的规定，从而有了包括国家性质、社会运行、权力产生及运用、权利主张及维护等的规定。阶级或政治意义上的制度，已经突破了个人、社会意义的关系协调而成为统治者为着统治需要的规定，是一种对被统治者而言只能服从之规定，这一意义的制度就成了社会制度。因此，就一般意义而言，制度是指在一定历史条件下基于人们生存需要而形成的规则、法令、礼俗等规范，并以之约束个体人的行为，使之更好符合公共秩序需要；而社会制度以法律法规、规定等成文形式表现出来，不同于一般意义的制度，它"是以一定社会的物质生产条件为基础，建立在一定的经济、政治、思想、文化状况以及现实的人的状况之上的相对稳定的行为规范，它能够约束行为主体的行为符合某种要求，以达到维护特定社会秩序的目的"[1]。前者被称为"非正式制度"，后者称为"正式制度"。

制度，是人们基于一定历史背景下的社会关系认识，及实现某种价值追求而制定的。制度旨在引导和规范人们的价值取向和行为方式，由此构建和维持某种秩序。制度具有规范性、约束性、引领性等。阶级社会中，制度往往成为统治者的工具，其目的在于维护统治阶级利益。因此社会制度，是基于统治阶级利益需要而制定的社会运行模式与社会利益分配模式。正是制度背后的利益性、价值性，因此制度就有（相对不同主体的）好坏之分。邓小平指出："制度好可以使坏人无法任意横行，制度不好可以使好人无法充分做好事，甚至会走向反面。"[2] 而这种好坏评价归根到底源于人们在一定历史条件下的认识水平和立场，因此制度也有完善

---

[1] 马绍孟：《制度权威研究简评》，《光明日报》2006年12月18日。
[2] 《邓小平文选》第二卷，人民出版社1983年版，第333页。

和不完善之分。而任何制度都需要不断完善发展，这便是制度的修订。依据制度在社会生活中的作用，可以将社会制度划分为基本社会制度和具体社会制度。所谓基本社会制度，就是对社会的基本方面进行规定、约束，包括公民权利与保障，国家的经济、政治与文化的性质，国家权力形成及运行等；具体社会制度就是基本规定的进一步具体化，如公民权利具体化为诸如选举权与被选举权、肖像权、名誉权、继承权等之规定，经济生活中的反不正当竞争问题、价格形成、税收征收与使用等之规定。

　　社会制度的好坏对治理好坏有根本性影响。治理就其本质而言，是社会制度的现实化、具体化的过程。社会制度尤其是基本社会制度，是对社会性质、社会关系的根本规定，包括经济、政治、教育、法律与文化等各个方面，因此成为社会生产生活的规则，从而也成为治理的根本依据及其出发点。善治作为良好治理，从根本上说应该源于优越的社会制度。也就是说，社会制度的好坏，即社会制度立足的价值取向决定着善治性质及其是否可能。好的社会制度本质上就是善治，而善治是好的社会制度之必然要求，是好制度的外在表现。尽管也存在好制度实现不了善治效果的现象，但那更多的是方法方式问题；而制度不好，是根源问题，无论方法方式如何改变，从其根本上说都不能真正实现善治。

　　制度的好坏，关键在于：一是制度的出发点，二是制度的执行。前者反映了制度的认识基础、利益基础，制度好坏是站在谁的立场上、维护谁的利益的问题；后者是方法论的问题。好的愿望能否有好的结果，关键在于制度实施的方法、条件把握等诸多问题。因此制度好坏直接影响着治理的内容、方式及其成效。社会主义制度是从"一切权力属于人民"出发，这本身就意味着人民是治理的主体，人民利益的维护与人民的参与是治理的基本要义，一切治理都是基于人民利益的自我管理；反之，资本主义制度是从"资本利益"出发，那整个社会必然服从"资本"对利益的需要，出卖劳动力的老百姓只能是满足"资本"利益需要的工具，老百姓只能服从"资本"秩序以及资本家阶级利益的需要，成为资本家剥削和统治的对象；这就从根本上决定了"资本"秩序、立场的"制度之恶"。

　　制度好坏也是保证善治实施的重要条件。好的制度能够形成一个好的治理环境、好的社会风气，从而能够有效减少治理成本，提高治理效率。好的社会制度环境，尽管制度建设总是滞后于复杂多变的社会实践，但已有制度所形成的威慑力、社会正气及其道德力氛围，使得任何钻制度漏洞的想法及行为都会有所忌惮。反之，当制度无法彰显公正、善良、正义即扬善抑恶，那社会风气就可能滑向邪恶、伪善，治理者自身或许会成为制度的蛀虫，成为社会风气的败坏者。也就是说，善制能够彰显人性光辉、社会的友善与包容，从而形成宽松、和善的社会治理环境；善治能够保证"贤者在位，能者在职"的同时，能使贤者和能者真正践行其贤、其能，使不贤者无法窃取公权力而行不贤之事。

同时，社会制度的完善程度也是制度好坏的一个方面，同样影响治理水平。人类社会始终处在发展变化之中，对社会性质、社会关系及其规范规定等也必须不断适应这些发展变化。这就是社会制度发展根源及其完善必然性问题。对于社会主义制度而言，一些具体制度是否需要修订完善，就在于制度在多大程度上满足广大人民需要以及符合广大人民的根本利益，在多大程度上满足了社会生产力发展需要。也就是说，制度作用从根本上来自于人们对制度的认同和践行，而不仅仅是制度外在的强制力，当然也包括国家强制力。人们认同并践行着制度及规范，制度的外在约束就成为一种内在的、物化的社会力量，从而就转化为一种社会秩序。否则，制度就形同虚设，或者只能借助外在强制力量来维持。因此，要确保制度对社会治理的有效性，需要不断健全完善制度，即基于实践变化的制度可依和制度有效问题、消除制度之间冲突等入手。古人认为，社会难以得到有效治理的一个重要原因就是"禁令不明"，即禁令不明确、制度不健全。这就是说，社会秩序需要一个稳定的制度体系来为有效治理提供基本的框架支撑，即治理上有制度可依。一旦失去了制度之根据，任何治理行为就可能失去其合法性和合理性。这一现象在社会转型期更加突出。社会转型就意味着旧的制度已经失去规范作用，新的制度又未形成。因此，制度必然与日俱进，根据生产生活中变化的社会关系进行制度的完善，才能真正实现制度的治理秩序的目的。这当中既要反对朝令夕改所导致的政令、政策等制度频繁变化，从而导致社会秩序的混乱，又要反对制度的凝固化，导致与现实产生冲突，或者无法解释现实现象，或无法化解现实冲突，造成治理困惑。正如《群书治要·盐铁论》所言："道径众，民不知所由也；法令众，人不知所避也。"这就是制度间冲突而导致失范、政出多门、禁令繁多，导致治理困惑的现象，这些在治理现实中也是常见的。

二 社会主义制度与善治的一致性

社会主义制度的确立翻开了人类社会的新篇章。社会主义制度是通过对资本主义制度的否定建立起来的，是代表无产者的阶级利益的制度。不同于资本主义社会少数人对多数人实行剥削压迫，社会主义是多数人对少数剥削者的专政，因此社会主义制度代表的是社会绝大多数人的利益。它在经济上实行公有制、按劳分配；政治上实现人民当家做主，一切权力属于劳动人民；文化上主张正义和劳动光荣，反对各种形式的人类不平等和剥削。社会主义制度体现着人类社会所需要的公平正义，代表着人类社会发展方向，表明社会主义制度与善治本质上的一致性。

1. 社会主义的政党领导制度，实现着国家政治稳定、社会和谐，而这恰恰是一切良好治理的前提。

中国共产党是中国社会主义的领导核心，是代表人民利益且为人民而执政的党。坚持党的领导，是国家政治稳定、社会和谐的根本保证。从党成立以来，中国共产党始终站在时代前列，带领人民为民族解放、人民幸福而努力奋斗。无论任何困难和挑战，党始终秉承对人民负责、对历史负责，不辜负人民信任的信念，矢志不渝地坚守"为人民服务"的初心和使命。正是有了党这一坚强的领导核心，无论是民族独立、人民解放，还是国家富强、人民幸福的历史使命践行中，确保了国家的政令统一、步调一致，改变了长期以来国家四分五裂的局面，保持了社会稳定、人心安定。同时，党始终与人民同心同德、共同奋斗，从而在历史选择和时代大潮中被人民所选择，并被人民所爱戴，成为全体人民利益的忠实代表。在当代中国，党的集中统一领导，始终发挥总揽全局、协调各方的领导核心作用。这样的制度优势，可以防止出现各自为政、各行其是的分散局面，减少社会内耗。

2. 坚持公有制为主，确保了社会整体利益始终置于首位；而公共利益最大化是实现善治之根本和体现。

善治所体现的社会公平公正，从根本上来源于社会的经济基础。社会主义公有制从根源上消除了通过剥削来获取社会财富的路径，确立社会的所有人都必须通过劳动来获得所需要的生活资料，这从根本上奠定了社会公平公正的基础。公有制的确立，从国家制度上明确了国家社会利益高于个人利益的取向。这同资本主义制度以个人主义为核心原则，强调个人利益高于国家利益和集体利益不同，因而社会主义的整体利益决定了集体主义的核心原则。集体主义是基于每个人的共同利益需要取向，从而每个人都有义务责任来维护和发展这一整体利益基础上形成的。

公有制究其根本是从社会整体利益出发来建构社会经济关系，确保社会财富及增长的社会取向，从而使社会的每一个人都能享有社会财富所带来的生活水平提高。社会主义公有制始终把整体利益置于社会首位，妥善处理社会的长远利益与眼前利益、社会利益与个人利益的关系，确保了整体利益的有效落实，避免了个人利益至上导致的社会利益的分立、分离，以及由此衍生的社会冲突。社会主义制度强调整体利益至上，体现为国家、人民、集体利益放在首位。整体利益就是公共利益，善治就是通过公共利益的最大化，来保证整个社会治理中不同个体、不同阶层、不同群体的利益最大化，减少个人利益至上导致的各种利益对立及冲突，从而达到社会的和谐、稳定。因此这二者是一致的。

当然，公有制在社会主义初级阶段只能是占主体地位，其他非公有制经济发展仍具有必要性。这主要是由初级阶段的不发达性、不充分性的现实，以及非公有制经济在生产力发展中的特殊作用所决定的。非公有制的存在，尽管有其唯利是图、自私自利特性，但社会主义可以通过制度的建构和完善，使之不断克服利己性，通过依法纳税、守法生产等方式纳入整体利益之中。

同时，公有制作为国家基本经济制度，决定着治理内涵及其方式。公有制的主体地位，决定了关系国计民生的自然资源、经济资源、技术资源等掌握在代表大多数人利益的国家或集体中，从而为国家及集体进行整体利益的维护、社会协调与社会动员及其集中力量解决社会发展当中的制约性因素，提供了制度上的保障。在社会主义建设以及公有制执行实践中逐渐形成了党委领导、政府负责、民主协商、社会协同、公众参与、法治保障、科技支撑的社会治理体系。它内含民主协商、共建共治精神，体现了社会协同、合作的人性要求，以及具体化为党、政府、社会和公众等多个层面的合作与协同参与的政策措施，确保着国家或集体在支配资源中真正运用于公共利益上。

3. 坚持人民主体地位，使人民成为国家和社会的主人；而更广泛民众的参与、共治共享的主体地位实现方式是善治的具体表现。

社会主义社会是人民当家作主的社会，社会主义制度使人民成为国家和社会的主人，参与到社会治理之中并发挥主人翁的主体作用。社会主义国家是通过人民选举自己的代表来管理国家，组建政府机构，监督政府工作人员，并对一切掌握公权力却不称职的人员进行惩戒。在基层治理中，每一个人都能直接参与到治理决策之中，而且任何一项涉及民生的决策，都必须通过各种形式，如公示、通告，让民众充分了解、提出意见，并通过各种形式进行监督。

人民主体地位，其核心是国家发展始终从人民利益出发；国家发展动力来源于人民，国家的基础扎根于人民群众之中；始终保持与人民群众的血肉联系。因此社会主义事业是人民的事业，人民以社会主义事业为奋斗目标。正因为社会主义事业是人民自己的事业，因而社会主义制度具有了巨大的号召力和动员力。而动员力、号召力，恰恰是人人参与并有效进行社会治理的前提。社会成员把社会命运与自己的命运结合在一起，把社会整体利益视为个体利益得到保障的基础，社会性的资源整合和动员就有了广泛的社会基础和民众基础，集中力量办大事、办难事的社会合力从而使共治共建共享的局面就成为必然。

"始终坚持以人民为中心"是中国社会主义制度及国家治理体系的根本，"代表最广大人民的根本利益"是立党立国之基。这些制度安排决定了社会主义集中力量办大事与人民群众根本利益是一致的，"办的大事"从根本上说就是要实现好、发展好、维护好人民利益，代表人民长远利益的大事，因而"办的大事"必定体现人民整体意志、符合人民根本要求。因此任何"大事"必定会以各种方式、各种途径征求群众意见，并始终从改善人民群众生产生活条件、保障人民群众权利、更多更公平惠及全体人民取向来推进这些"大事"。

4. 坚持法治思维，彰显依法治国的制度优势，成为社会主义重要的善治手段。

依法治国，是社会主义制度的重要内容。从党的十五大提出依法治国以来，法治成为治国理政的重要手段并已深入人心。法治建设，无论是立法还是执法，无论是公权力部门还是百姓行事处世，法治思维、法治取向和法治行为等，已经成为整个社会共识。在始终不渝地推进法治建设当中，国家和社会治理逐渐纳入法治轨道，从而使各项治理工作更加规范高效、科学公正。

社会主义社会是人民当家作主的社会，人民在党的领导下制定法律、执行法律；人民通过法律来规范和监督各种公权力部门的工作，保证权力的为民用权；通过法律规范社会所有成员的行为，厘清各自的权利义务的内容和边界。所有的执法机构由人民选举产生并接受人民监督。在社会主义国家中,所有人在法律面前一律平等、一视同仁;任何组织和个人,都必须依法行使权利,履行义务;任何组织都必须在法律框架内活动;一切僭越了法律的行为都将受到法律的惩罚。因此社会主义法律及法治从根本上保证了社会秩序规范高效;保证了公权力受到人民监督,从而使一切公权力始终运用于人民利益维护上,确保社会秩序的人民意志性及人民群众的参与性,由此成就了社会之治的"善"。因此法治的本质体现着善治,实现着善治,法治成为实现善治的重要方式和手段。

推进善治需要有效运用法治。善治之善就在于大多数人意志的体现和实现。在这当中就涉及了利益的调整和分配,而这种调整和分配,在现代社会中仅仅靠道德自觉是不够的,必须通过法律法治。没有法治的保障,善治难以得到真正实现。因此,善治中必然要运用法治思维和法治方式来推进社会治理工作,使每一项治理工作、治理目标、治理举措和治理过程,都是于法有据、有章可循的,确保各项治理工作的合法性、合规性,从而真正实现善治。

三 社会主义乡村善治逻辑内涵

逻辑作为对事物必然性、规律性的反映与把握,是事物内在矛盾与外部条件相互作用的结果。中国特色乡村善治逻辑显然是基于中国乡村社会的发展规律性、必然性的发展及其认识,是国情、乡情有机作用的结果。这当中包括社会制度、乡土传统、劳动方式以及人们的思维方式等,如村民自治、土地集体所有、家庭承包、基层党组织领导等。社会主义乡村善治逻辑是由社会主义本质以及建设需要所决定的,是社会主义乡村治理建设必然性的体现,是代表人民根本利益的国家意志与生活于乡村社会的群众利益需要的有机统一并不断实现的发展进程。

社会主义制度是代表人民利益,体现人民当家作主的制度。因此社会主义制度奠定了善治的基础,决定了善治的人民性、社会性。社会主义善治是基于乡村大多数人的利益而推进的治理,是广泛协商并反映了大多数人意志基础上形成的。因此社会主义乡村善治逻辑,就是社会主义本质在乡村治理的现实化、具体化、实践化及其必然性,它通过乡村公共利益最大化基础上的村民人人参与、平等协商的民主方式,秉持共建共治共享的理念,推动乡村善治的真实实现;社会主义乡村善治逻辑是基于社会主义现代化而引发乡村治理诸多因素共同作用,并由此形成并实现这一治理之善的内在必然性、规律性，是基于"好"治理的合目的性与合规律性的有机统一，是乡村公共利益不断得到发展从而保障乡村社会的公平公正、效能进步的必然性；社会主义乡村善治是人民当家作主的具体实践，是人民秉承社会主义觉悟所进行的自我约束、自我教育以及自我管理的有效实践，体现着乡村治理主体的内在自觉与外在规范的统一及有效实现。

第二节 社会主义制度下乡村善治的集体化实践经验与启示

社会主义乡村善治伴随着社会主义制度确立而付诸实践。随着全国大部分地区的解放以及中央政府的成立，标志着中国共产党领导人民已经推翻代表地主阶级和官僚买办阶级利益的国民党反动派政府。此时中国共产党领导的中央人民政府迅速地稳定了时局，恢复了生产，国民经济得到快速发展，中国共产党及其所领导的新中国受到人民发自内心的拥护和爱戴。在此基础上，为着国家富强、人民幸福，走社会主义道路已经成为历史和人民的必然，也由此开启了社会主义乡村建设及其治理实践，形成了具有中国特色的乡村善治实践之路。

一 组织起来是现代乡村善治的基础

唯物史观指出，人的生存必定是现实的生存，即人为着生存必须解决现实所需的衣食住行，因此为着生存就必须进行物质生活资料的生产。因此人类进行的物质生活资料的生产无疑是人类现实存在的前提。一切治理归根到底是基于人类物质生活资料生产意义上进行的，包括生产的性质、组织、方式、工具、效率以及产品的分配等，因此物质生活资料的生产构成了善治的基础和前提。也就是说，生产出更多的物质生活资料满足人的需要，已经现实地成为善治逻辑的前提。

新中国成立后迅速进行的"土地改革，使无地、少地的农民分得了土地，到一九五二年底，连同老区，全国有大约三亿无地少地的农民，无偿地分得了七亿亩土地和其他生产资料，免除了每年大约七百亿斤地租的剥削和其他封建性剥削"[1]。土地属性的改变把农民生产热情调动起来了。

---

[1] 燕凌：《我国农业社会主义改造的必要性、可能性及其实现》，《中国社会科学》1981年第6期。

1952年比1949年，全国农业产值增加48.5%，粮食总产量增长42.8%，棉花总产量比1949年增长193.4%。应该说，通过土地属性的改变，实现了农村生产力的大解放、农业生产的大丰收和农民收入的增加，实现着治理之善。但农业生产是系统性工程，通过土地属性改变而带来的生产积极性，只是其中的一个要素。1953年，尽管整个农业仍然保持增长，但增长速度明显下降。相比于1952年，农业总产值只增长3.1%，粮食总产量只增长1.8%，棉花总产量只增长9.9%；1954年在1953年基础上，农业总产值只增加3.3%，粮食总产量只增加1.6%，棉花总产量反而下降9.3%。造成这些现象的原因有很多，比如1953年和1954年的天灾以及国家粮棉比价调整，但根本的是小农经济的缺陷所导致。

1. 小农经济规模小，抗风险能力不足

小农经济是以家庭成员为主进行生产的经济形式，它主要通过人力、畜力来推进生产。因此动力系统的不足注定了生产的规模、程度的有限性。1954年，据国家统计局对23个省1.5万多个农户的调查，平均每户占有耕地12.25亩，大约三户才有二头耕畜，两户才有一部犁。就当时维持正常生产而言，大致需要耕地为25亩，1—2头耕畜，一部犁。而这在当时已经处于富农水平了，其占比不到5%。就是说，在农村超过95%以上的农户，无法单独进行正常生产劳动。

不仅生产的基本条件不足，由此所引发的是生产所产生的收入十分有限。据上述调查，当时贫农农户收入的77.6%，用于维持生活的开支；只有22.4%的经费追加到生产资料以及扩大生产中去；其他的如中农、富农稍好些。也就是说，农村生产的积累率很低，一旦遭遇天灾人祸，几乎没有积累甚至出现负债生产，由此也决定着小农生产的简单重复的基本特征。

任何生产都讲究产出及其效率。小农生产依靠家庭的人力、畜力只能作用于有限土地，这就注定了其创造财富的能力非常有限，从而生产积累以及生产追加必然有限，再生产以及财富再创造的能力受到制约。人力、畜力以及有限的生产资料，以及经验式的生产方式，这样建构起来的小农生产能力注定是脆弱的、单薄的，抗击和承受风险能力十分有限，因此小农生产难以从根本上解决农业发展问题，以及人的物质富足、富裕问题。

2. 小农经济视野狭小，局限于眼前利益

"小农生产"实质上是"孤立劳动"。"孤立"在这当中是指小农之间的生产是不关联、不发生关系的，互不影响之意。也就是说，每个生产的家庭，其生产目的就是满足于自己生活的现实需要；它并不需要像商品生产那样，商品生产者必须通过交换才能使个人的劳动产品转化为社会的劳动产品，私人劳动转化为社会劳动。通俗地说，小农生产只需要从自己现实生产需要出发来确定生产什么、生产多少，只需要关注自己的一亩三分地就可。至于别人生产什么、生产多少，与自己没有任何关系。同时小农生产的这种自给性还导致生产者出于家庭生活以及再生产需要，必须把有限的资金、劳力、土地等生产要素分散性地使用，很难集中于某一擅长或适宜作物的种植，或者为着改善生产条件的某一专业性工具的购买上，比如犁仅仅用来翻耕土地、渔网仅仅用来捕鱼。也就是说，小农生产把生产者的视野牢牢地束缚在现实生活需要，或者那少量土地上，由于生产力的低下，生产出来的生活资料有限，从而使生产者不能够有太多的冒险，或者如哲学上所说的"遐想"，一切以实用为出发点，务实地进行每一次的生产行为。

然而，小农生产的"实用""务实"说到底是缺乏分工协作的个体劳动，或如马克思所说的"孤立劳动"，它从本质上把小农生产理解为个体的、家庭的活动，与其他人以及社会无关的。马克思对此进行了深刻分析，认为"小块土地所有制按其性质来说就排斥社会劳动生产力的发展、劳动的社会形式、资本的社会积累、大规模的畜牧和科学的不断扩大的应用"。"对这种生产方式来说，好年成也是一种不幸。"[1]在农户只能耕种有限土地规模下，"占统治地位的，不是社会劳动，而是孤立劳动"，"再生产以及物质条件和精神条件的多样化和发展，都是不可能的，因而，也不可能具有合理耕作的条件"[2]。

事实上，人的社会生存的事实说明，任何劳动都是整个社会劳动的一部分。只有把个体的、家庭的活动上升为社会的活动，并从社会的视野加以组织，其生产的效率、效益才能产生倍增的效果。中国人形象地称之为"人多力量大"。"人多"自然就把单个人或单个家庭无法解决的问题，亦即农业生产的一些长期制约因素解决了。马克思讲过这个道理："即使劳动方式不变，同时使用较多的工人，也会在劳动过程的物质条件上引起革命。""一个骑兵连的进攻力量或一个步兵团的抵抗力量，与单个骑兵分散展开的进攻力量的总和或单个步兵分散展开的抵抗力量的总和有本质的

---

① ［德］马克思：《资本论》第3卷，人民出版社1998年版，第910页。
② ［德］马克思：《资本论》第3卷，人民出版社1998年版，第910页。

差别，同样，单个劳动者的力量的机械总和，与许多人手同时共同完成同一不可分割的操作（例如举重、转绞车、清除道路上的障碍物等）所发挥的社会力量有本质的差别。在这里，结合劳动的效果要么是个人劳动根本不可能达到的，要么只能在长得多的时间内，或者只能在很小的规模上达到。这里的问题不仅是通过协作提高了个人生产力，而且是创造了一种生产力，这种生产力本身必然是集体力。"① 因此组织起来走大农业发展道路，就有了必然性。列宁1918年11月对贫农代表们说过："分土地只在开始的时候是好的。这表明土地离开了地主，归农民所有。但这是不够的。只有共耕制是出路。"②（共耕制就是集体化道路，即消灭私有制的小生产，发展公有制的集体大生产）。只有集体化，才能创造更多的物质生活资料，从而奠定善治的物质基础。

二 组织起来的路径选择：走集体化道路的善治实践以及历程

小农生产暴露出来的问题，表明了改造私有制小农经济的必要性，从而奠定了乡村善治的集体化目标方向。但如何改造私有制小农经济走上集体化道路，应该是一个农业发展以及实现善治所面临的新课题。毛泽东指出："占国民经济总产值百分之九十的分散的个体的农业经济和手工业经济，是可能和必须谨慎地、逐步地而又积极地引导它们向着现代化和集体化的方向发展的，任其自流的观点是错误的。"③ 私有制个体经济是以个人劳动为基础，因此不能像对待地主或者资本家一样采取镇压、剥夺和没收等阶级专政的手段。列宁在探索小农经济改造时（当时这一探索主要是从小农经济过渡到共耕制）曾指出："企图用法令和命令来实现共耕制是极端荒谬的，能够接受共耕制的只是极少数觉悟的农民，而大多数农民都没有这个要求。"④并认为"实现由个体小农经济到共耕制的过渡，显然需要很长时间，绝对不可能一蹴而就"⑤。列宁对集体化道路与小农经济的根深蒂固性的冲突有着深刻认识，因而列宁在推进共耕制实践中发现问

---

① 《马克思恩格斯选集》第2卷，人民出版社2012年版，第207页；马克思：《资本论》第1卷，人民出版社2004年版，第360—362页。
② 《列宁全集》（第35卷），人民出版社1985年版，第174页。
③ 《毛泽东选集》（第四卷），人民出版社1991年版，第1432页。
④ 《列宁全集》（第35卷），人民出版社1985年版，第140页。
⑤ 《列宁全集》（第35卷），人民出版社1985年版，第352页。

题并及时纠正推进共耕制中的错误、终止共耕制做法，无疑给中国推进农业集体化奠定了理论基础提供了实践启示。因此中国农业集体化道路必须从小农经济生产的现实状况出发，结合小农生产特性及其国家建设需要来制定具体的方针政策。

实质上，对农业合作化的认识，中国共产党人早在民主革命时期为着支持前线积极发展经济过程中就已经有了一些实践，并且最初动机无疑都是基于互助之善而进行的。当时主要是群众生产中缺少劳动力和生产资料短缺而进行的互助合作，如中央苏区根据地的耕地队、犁牛合作社；一些解放区的供销合作社、消费合作社、互助合作社等。毛泽东在1942年到1943年对抗日区农民群众互助合作增加生产的经验做了很好的总结，写出了如《论合作社》《组织起来》等著作，其中指出："在农民群众方面，几千年来都是个体经济，一家一户就是一个生产单位，这种分散的个体生产，就是封建统治的经济基础，而使农民自己陷于永远的穷苦。克服这种状况的唯一办法，就是逐渐地集体化，而达到集体化的唯一道路，依据列宁所说，就是经过合作社。"[①] 毛泽东认为农业上的互助合作，"这是人民群众得到胜利的必由之路，由穷苦变富裕的必由之路"[②]；它给农业乡村带来的影响和变化将是根本性的，"这种生产团体，一经成为习惯，不仅生产量大增，多种创造都出来了，政治也会提高，文化也会进步，卫生也会讲究，流氓也会改造，风俗也会改变，不要很久，生产工具也会改良，到了那时，我们的农村社会，就会建立在新的生产力上面了"[③]。"这办法可以行之于各抗日根据地，将来可以行之于全国，将来的中国经济史上，是要大书而特书的。"[④]

正是有着革命期间的实践与总结，随着土地改革的完成，农民分得土地后又重新陷入缺乏生产资料、人力不足等困境之下，农业的互助合作成为摆脱困境的必由之路。因此正如《关于建国以来党的若干历史问题决议》指出的那样，我国农民"确有走互助合作道路的要求"。同时推进国家工业化建设已经受到小农经济生产制约的影响逐渐显露出来，如工业需要来自农业生产的原料无法保证，工业产品消费由于农民小农经济的收入

---

① 《毛泽东选集》（第三卷），人民出版社1991年版，第931页。
② 《毛泽东选集》（第三卷），人民出版社1991年版，第931—932页。
③ 《毛泽东选集》（第三卷），人民出版社1991年版，第1017页。
④ 顾龙生：《毛泽东经济年谱》，中共中央党校出版社1993年版，第173页。

的有限性受到抑制，等等，引导农民走互助合作已经有着现实必要且具有实现的可能。为此，围绕小农经济改造为社会主义集体经济这一中心目标，党中央提出了"遵循自愿互利、典型示范和国家帮助"的原则，制定了农业集体化的"积极领导，稳步前进"的方针，采取互助组、初级社和高级社这三个互相衔接的步骤和形式，通过引导、规范、鼓励等措施来推进农业合作社这一进程。1951年9月中共中央制定《关于农业生产互助合作决议（草案）》，积极引导农民走互助合作道路，指出了"目前的各种劳动互助组织的性质，都是建立在个体经济基础上的集体劳动，其发展前途是农业集体化或社会主义化"[1]，并对当时互助合作进行归纳，认为互助合作"有三种主要形式：第一种是临时性的季节性的互助组；第二种是常年的互助组；第三种是以土地入股为特点的农业生产合作社"。1953年，有些地方开始进行初级农业合作的试点。从1954年起，土地入股、统一经营、集体劳动等的初级农业生产合作社得到快速发展，但其性质仍然是半社会主义。从1955年下半年开始，全面推进土地和主要生产资料归集体所有的高级农业生产合作社，高级社已经是完全社会主义性质。至1956年底，参加高级社的农户已经达到87.8%，中国乡村基本实现了农业的社会主义改造，个体所有制的农业已经转变为社会主义集体所有制农业，农业的社会主义改造基本完成。农业的集体化迅速转化为生产力的提升。1955年和1956年，农产品产量的增长幅度都大于前二年。1956年受灾面积达二亿多亩，受灾人口六分之一多（达七千万人口）的情况下，仍然获得比丰收的1955年更大的丰收。1957年又获得比1956年（如粮食增加50亿斤）的丰收，胜利完成了第一个五年计划。事实证明，集体化道路适合当时的乡村生产力发展需要，利于农民收入增加及乡村社会秩序的稳定。尽管在这一过程中存在要求过急，如1955年还主要是搞半社会主义性质的初级社，高级社仅仅是试点且年底仅为4%，到1956年底参加高级社的农户就猛增到87.8%；工作过粗，少数地方出现违背自愿互利原则现象，以及所有制改变过快、形式过于简单等问题，但就其社会变革及由此推进的社会进步，对于国家工业化从而进行现代化建设的作用和意义而言，正如《建国以来党的若干历史问题的决议》中指出的那样，"但整个来说，在一个几亿人口的大国中比较顺利地实现了

---

[1]《中共中央关于农业生产互助合作社的决议（草案）》（1951年12月）。

如此复杂、困难和深刻的社会变革,促进了工农业和整个国民经济的发展,这的确是伟大的历史性胜利"。

三 中国走集体化道路的善治实践经验与启示

从土地改革完成后开始的集体化运动,从最初个别地方的互助合作,到全面的农业的社会主义改造,在一个几亿人口的农村比较顺利地进行并基本完成社会主义改造,并使社会主义优越性不断得到彰显,农业生产乃至整个国民经济得到较快发展,这无疑反映了整个改造符合中国国情以及乡村的现实需要,符合农民对乡村社会发展的期望。在这当中创造性地坚持和发展马克思主义关于经过合作化来改造小农经济思想,结合国情及乡情提出了许多独特的形式、方法和途径,开辟了一条适合中国特色的乡村改造及善治之路。在这一过程中,其主要经验表现在以下方面:

(1) 始终基于农民利益,从乡村生产需要,适时推出适合乡村小农经济改造的政策。随着广大农民在土地改革中分得土地,农民生产的积极性被调动起来。但随之而来,农民生产中遭遇到生产资料短缺、人力缺乏,抵御自然灾害的能力不够等困境。互助合作成为农民组织生产的现实需要,也成为农民利益维护的有力方式。为此党中央不失时机地引导农民组织起来,按照自愿互利原则,走互助合作道路。

(2) 从农民对事物的认知和接受现实出发,循序渐进地推进改造,为此创造了一系列简单易行的过渡形式。长期的小农经济使农民形成了小农生产的固有认识,这便是人们常说的小农观念、农民意识。个体劳动到集体劳动、土地等生产资料的家庭所有到集体所有,这一切不仅是乡村社会的飞跃,更是农民认识的飞跃。列宁对于过渡形式指出:"在我国,人们还轻视合作社,还不了解:……第二,在采用尽可能使农民感到简便易行和容易接受的方法过渡到新制度方面,这种合作社具有多么大的意义。"[①] 这实质上指出了,无产阶级国家需要正确利用物质利益原则,充分照顾农民的实际利益,从而对农民有着吸引力,这样才能真正推进自己的合作社政策。为此,党在领导农业的社会主义改造中,遵循循序渐进的原则,积极引导,从农民认识和接受规律出发有序推进。为此,创造了一系列过渡形式,从社会主义萌芽性质的互助组,到半社会主义性质的初级

---

① 《列宁全集》(第43卷),人民出版社1987年版,第362页。

合作社，再到社会主义性质的高级合作社，由低级到高级逐步过渡，引导农民逐步摆脱私有制。互助组是在个体经济基础上的集体劳动组织，是在农民私有权基础上的换工、互助方式，这是农民在分得土地后的直接现实需要；初级社是土地入股、统一经营和按劳分配，土地还是私有的，可以分红；高级社则取消土地分红，完全实行按劳分配。这些过渡形式，使农民在改造中不断提高认识，逐渐接受集体所有制下的生产生活。

（3）以农民为主体，尊重农民意愿，依靠农民、团结农民、引导农民。列宁指出，"农民在我国是决定性的因素"①，必须"同农民一道建设自己的经济"②，农民必定是乡村集体化运动的决定性因素。在个体生产转变为集体化生产进程中，党始终坚持群众路线，相信农民、依靠农民。土地改革后走互助组这一社会主义萌芽方式，就是尊重农民、依靠农民的选择。列宁指出："必须依靠个体农民，而个体农民的情况就是如此，并且在最近不会有所改变，因此现在还不能设想向社会主义和集体化过渡。"③ 在农民互助合作传统基础上，通过典型示范和国家帮助的方法进一步推广，使之上升为整个国家行为。在互助基础上引导农民组成土地入股、集体劳动的初级社。为此党制定了一系列引导政策，确保入社农民的收入有增加，入社农民感到不吃亏；如土地入股的分红是逐渐减少，而不是一下子取消；各地办好一批示范性互助合作社，使农民直接感受组织起来的好处，从而自觉地参与到合作化道路上来。

对于农民主体在土地改革后出现中农化趋势，中农成为农民的多数，进行了正确分析。党基于当时乡村经济状况，指出了中农中存在上中农和下中农之分，认为贫农和下中农，其经济地位比较接近，生活还是困难和不富裕的，因此他们对于合作化的积极性是很高的，这部分人口占乡村人口的百分之六七十；然而经济地位较好的上中农即富农，对合作社的态度是摇摆的，要对他们进行争取，不让他们走向资本主义道路。因此党在合作社运动中提出了"依靠贫农、下中农，限制并逐步消灭富农"的政策，对富农从最初的不允许其入社，到合作化运动取得初步胜利后接受其入社，使其成为自食其力的劳动者。这样，乡村集体化的社会基础不断扩大巩固，最终促使乡村集体化发展顺利推进。

---

① 《列宁全集》（第43卷），人民出版社1987年版，第280页。
② 《列宁全集》（第43卷），人民出版社1987年版，第75页。
③ 《列宁全集》（第40卷），人民出版社1985年版，第177页。

第六章

新时代乡村善治实践逻辑的生成

中国特色社会主义进入新时代，这一历史阶段的主要矛盾已经转变为"人民日益增长的美好生活需要和不平衡不充分的发展之间的矛盾"。这就意味着整个社会发展，无论性质、追求目标，还是方式、路径，都将发生根本性变化，也标志着中国特色社会主义建设进入一个新的历史进程中。在新的主要矛盾中，乡村发展的不充分、城乡间发展的不平衡已经成为其重要内容，乃至影响到整个社会的发展，为此党的十九大提出实施"乡村振兴战略"。围绕着乡村现代化建设而呈现出来的乡村社会结构、乡村发展方式，城乡融合发展趋势也已现实地成为推进乡村振兴以及善治的基础和契机；国家治理体系和治理能力现代化建设的推进，工业化、城市化下的乡村社会变迁，乡村持续推进的村民自治等乡村民主建设所带来的影响，以及乡土治理文化传统等，这一系列因素共同成就了新时代乡村善治的制度逻辑、文化逻辑及其现实逻辑。这些逻辑的共同作用，构成了新时代乡村善治建设的内生动力和外生条件，最终统一并成就于乡村善治的实践逻辑之中。

第一节 新时代中国特色社会主义建设决定着推进乡村善治的必然性

中国特色社会主义现代化建设是"走乡村善治之路"的前提，或者说构成乡村善治的实践基础，也就是说乡村善治是新时代中国特色社会主义现代化建设的必然要求。中国特色社会主义本质上就是要实现国家富强、人民幸福，让人民富裕起来，从而实现民族的伟大复兴。新时代的主要矛盾决定了这一时期主要需要解决整个社会发展不充分、不平衡问题。

而推动乡村振兴，消除城乡发展差距，提升乡村发展速度与质量，是新时代解决主要矛盾的战略部署和有力抓手。因此在乡村现代化这一前提下，推进乡村治理创新、加强民主建设、提升经济发展水平、加大生态环境保护及乡土文化传统弘扬等一系列善治实践工作，进而全面推进新时代中国特色社会主义建设历程，具有了现实必要性及历史必然性。

一 乡村治理现代化是新时代乡村发展的必然要求

任何社会管理都是基于人们的现实社会关系以及社会发展水平而进行的。改革开放以后，随着市场经济体制确立，人们的社会关系、民主意识和整个社会化生产水平等所构成的管理基础发生改变，社会管理体制机制在探索与创新中不断推进。党的十八届三中全会提出"推进国家治理体系和治理能力现代化"战略决策，党的十九届四中全会进一步明确坚持和完善中国特色社会主义制度，推进国家治理体系和治理能力现代化这一"中国之治"。因此治理现代化已经成为国家管理体制改革的目标和方向。乡村治理是国家治理体系的重要组成部分，随着乡村经济社会发展带来的社会形态、社会关系等的巨大改变，乡村治理现代化也成为新时代乡村发展的必然要求与发展趋势。

首先，农业农村现代化成为乡村振兴战略的总目标，决定了乡村治理及善治的现代化转向。习近平总书记在 2018 年 9 月 21 日中共中央政治局第八次集体学习时指出："农业农村现代化是实施乡村振兴战略的总目标，坚持农业农村优先发展是总方针，产业兴旺、生态宜居、乡风文明、治理有效、生活富裕是总要求，建立健全城乡融合发展体制机制和政策体系是制度保障。"[①] 这里明确回答了乡村振兴的现代化建设属性，提出了乡村振兴战略的总目标就是建立起现代化的农业农村。现代化既表现为传统社会向现代社会转变过程，又表现为社会发展的水平，它通过机器大生产、智能化控制等现代科技对人生存的物质和精神条件进行改造，使传统社会下的生产方式发生改变而实现生产效率的显著提高，社会物质财富快速增长，从而引起经济、政治、法律和文化，以及人的生存方式等发生改变；现代化代表着人生存所需要的物质财富得到更加丰富，民主法治水平得到更多提升，精神文化需要得到更好满足。

---

① http://www.xinhuanet.com/2018.9.22.

一般而言，乡村治理现代化包括乡村治理体系和乡村治理能力两方面内容。前者重在制度机制，后者重在治理主体以及执行力。就是说，乡村治理现代化是一个系统工程，既有规则、制度方面的要求，也有主体尤其是人的素质、能力的要求。现代化以分工协作的社会化大生产为基础，乡村作为整个社会化大生产的一部分，通过社会化分工来实现乡村经济社会的发展。乡村不断被现代化大潮尤其是市场经济裹挟于其中，成为整个经济产业的有机部分。与传统乡村不同的是，现在乡村社会的"独善""封闭"正在不断被打破。然而分散的村庄、乡土传统、自然条件与经济水平等所形成的乡土性传统及物质条件，使乡村治理现代化必然表现着其自身特有的内涵、表现方式、演进历程等，从而呈现出自己的特色；与此同时，乡村现代化随着国家现代化建设而被不断赋予着新的内涵，从而也被不断地获得推进，因而国家意义上的乡村改变已经深入到乡村的每一个角落，乡村社会正在发生一场深刻的现代化变革。

国家现代化建设以及进程，必将深刻影响和改变乡村。改革开放以来，随着中国特色社会主义现代化建设的不断推进，乡村产业结构、社会形态、社会结构，以及人们的生产生活方式、交往方式、价值取向等所构成的社会管理基础发生了根本性改变。现代化是传统乡村社会那种单向性、权威式的管控式社会管理，已经无法适应越来越开放的且人的主体意识日益增强的乡村社会。因而一种代表着现代化所需要的民主、开放、多元协商的乡村治理方式成为乡村现代化发展的必然选择。就是说，面对新时代乡村现代化发展的社会现实这一管理基础，提出了乡村管理现代化变革与创新的必然要求。

其次，新时代实施乡村振兴战略，内在地包含着乡村治理的现代化转向要求。全面推进中国特色社会主义现代化新征程作为新时代历史使命，具体到乡村建设，就是大力推进乡村振兴战略的实施。党的十九大报告对乡村振兴提出了"二十字方针"的总要求，即"产业兴旺、生态宜居、乡风文明、治理有效、生活富裕"。这五大具体目标相互联系而形成有机整体，构成了新时代乡村社会发展的内容和要求。这当中，产业兴旺是基础。乡村产业已经不再是传统乡村生产这一单一性范畴，而是承接着工业以及服务业，体现着现代分工的三大产业融合、功能多样的现代农业产业范畴，体现现代农业所涵盖的产业体系、生产体系、经营体系以及它们之间的有机结合。"生态宜居"与"治理有效"是乡村人幸福的前提和体现，良好的生态环境以及社会秩序是老百姓安居乐业的体现，也是乡村不断融入现代社会分工体系，实现城乡融合与一体化的"资本"条件。"乡风文明"应该是现代文明与乡土传统的有机结合，更加适应现代乡村社会发展的"新乡风"。它既是中国五千年历史传承下的乡土文化以及农耕文明的继承与弘扬，又结合了现代文明，如工业文明、市场经济、社会分工与协作等内容，既是乡土的，又是城市的；既是传统的延续，又融汇了现代文明。"生活富裕"是民生目标。现代社会的重要特征，就是随着科技水平的不断提高而创造出更高的生产力，从而创造出更加丰富的物质财富。因此乡村现代化建设就是通过现代分工尤其是运用现代科技所形成的先进生产力水平，从而彻底摆脱贫困状况，体现在村民收入持续增加，城乡差距进一步缩小，民生保障以及各种公共服务建设更加完善等方面。而这些内容，无论产业、生态、乡风，还是生活富裕，最终都落实到"治理有效"上。现代乡村社会正处于转型期，其复杂性、系统性以及现代转型所带来传统社会蜕变和观念嬗变的阵痛等，决定了社会治理有效性的重要性，因而乡村振兴战略内在地提出了治理现代化要求。因为没有良好有序的社会秩序，就没有乡村经济社会的发展，也就无法实现乡村的振兴。

最后，乡村社会目前所面对的发展困境，需要以现代治理方式才能得到化解。改革开放以来，乡村社会在市场经济和城市化影响下获得快速发展的同时，乡村发展的一些深层次问题开始显现出来，如城乡二元结构所带来的乡村经济基础薄弱问题，"空心村"问题、社会公平公正问题等，乡村干群矛盾冲突、群体性事件等。进入新时代后，随着国家现代化建设加快，农业产业的规模化、机械化和智能化发展，城乡融合与分工合作深度推进，国家通过项目管理方式推进乡村改造的力度持续加大等，在这一过程中农民现代素质不足、基层政府的管控思维和意识、乡村传统与现代观念冲突等一系列问题开始显现出来，由此构成了乡村社会治理的困境。

事实上，治理现代化是基于现代社会秩序建构和社会稳定有序而呈现出来的管理过程。它与传统社会管理的不同之处在于：它把社会管理活动理解为社会不同主体共同参与、协商合作、科学合理、包容互惠的关系，并以此构建起相应的治理体制和机制。面对转型期乡村社会错综复杂的治理关系，乡村治理过程应理解成乡村社会所有主体共同参与并最终获得更加合理有效秩序的过程。这一过程在其现实上主要呈现为正确处理政府、社会（市场）和个体之间的关系，以多元、理性与参与互动和合作方式形成治理共同体，从而形成更加开放、科学的治理结构，更加民主、法治的治理方式。党的十九大报告明确指出，乡村治理需要构建自治、法治、德治相结合的乡村治理新体系。因此，要充分发挥村民自治在乡村治理中的基础性作用，创新村民自治的方式方法，调动村民参与治理的积极性。比如，规范村级组织工作事务，加大对村级组织的领导、监督，推动村务公开透明；增强村民自治组织能力，健全党组织领导的村民自治机制；全面实施村级事务阳光工程，推进村级事务及时公开。而这些举措，是目前化解治理困境的有效办法。目前各地正在探索的村民自治下沉，村民协商机制创新，各种理事会组织建立等，有效地化解了村庄内的许多矛盾。而这些理念以及实践，是现代社会的体现，反映了新时代所面临的新问题，而必须要运用新思想、新理念和新方法才能得到解决。

二 乡村善治是推进新时代中国特色社会主义建设的应有之义

新时代中国特色社会主义的乡村振兴，必须创新乡村治理体系，走乡村善治之路。善治，即善之治或善于治，是"好治理"之义。乡村善治，是治理过程和效果能够满足乡村大多数人需要、符合乡村发展利益的管理，是有效地对乡村社会各种资源进行组织、协调和管理的活动，体现了乡村社会的秩序、活力、效能。乡村治理的根本必须捍卫与增进公共利益，通过公共利益的最大化来推进乡村社会的公平公正，实现乡村经济社会的协调与可持续发展，促进乡村生产力水平提升。因而乡村善治又被理解为调动乡村社会不同治理主体参与治理，来实现乡村公共利益最大化增进，推进乡村经济社会和谐有序发展的治理活动。新时代中国特色社会主义究其根本，就是进一步推进社会主义本质的实现，使人民美好生活愿望得到更大满足，从而体现社会的根本之善，因此乡村善治与中国特色社会主义是一致的。乡村治理作为国家治理的基础和组成部分，乡村善治是国家善治的乡村具体实践，因此乡村善治是新时代中国特色社会主义的应有之义。

1. 乡村善治是新时代中国特色社会主义乡村振兴战略实施的路径

党的十九大提出实施"乡村振兴战略"，这是中国特色社会主义进入新时代，基于新的社会主要矛盾及转化而作出的重大判断和战略安排。它成为新时代乡村工作尤其是农业农村现代化建设的基本遵循和任务目标。实施乡村振兴战略，需要按照"农业农村现代化是总目标"，"产业兴旺、生态宜居、乡风文明、治理有效、生活富裕"是总要求，"农业农村优先发展"是总体部署，始终抓住"乡村治理"这一基础而有序推进振兴战略的实施。

乡村治理是国家治理的基础。乡村善治，即善的治理，表现在治理过程和治理结果更符合乡村发展，并获得大多数人认同、参与等方面；因而善治，就是始终从乡村大多数人的利益出发，从乡村发展需要出发，人人参与、协商合作，从而形成共治共建共享的治理局面。因此，善治体现着治理的民主性、人民主体性、协商性、共建共享性等。新时代乡村治理需走善治之路，既是国家治理体系和治理能力现代化的必然要求，也是国家现代化建设战略的内在需要。

新时代乡村治理创新，其实质是善治创新。新时代乡村治理是在乡村振兴战略实施及国家治理的现代转向背景下，以乡村社会管理更加适合乡村现代化需要为目标而进行的创新，其核心就是通过乡村治理的共治共建共享实现乡村治理现代化。这实质上就是善治，即人人参与、人人共享、人人有责。新时代乡村治理创新体现在：促进国家与社会之间的有效整合，使国家意志更好地引领乡村社会现代化发展；进一步巩固和完善村民自治制度，不断激活乡村治理的各种存量及潜在资源，及时有效地吸收新时代乡村治理的增量资源并将之用好，以不断夯实公共基础、增进公共利益为价值取向，有效地推进乡村社会面临的冲突和分化，推进乡村经济社会发展。因此治理创新，就是通过更民主、更合理的方式让乡村百姓参与到治理当中，调动乡村各种治理资源，实现乡村治理的更加多元、开放和包容，最终把乡村百姓利益实现好，推动乡村振兴。因而，新时代治理创新，实质上就是基于善意义的创新与实践。这一善，体现的是多数人利益，是乡村发展顺势而为的具体化。因此乡村善治是乡村振兴的重要路径，是乡村现代化的重要抓手。

（1）善治使众人利益得到凝聚，从而众人之力得以汇聚。乡村由于地域广阔、居住分散、自然条件差异很大、生产生活状况多样、文化风俗各异等，造就了现实人的利益诉求、生活取向不同等，从而造成人心各异、众力分散。善治就是通过治理的多元、共议协商、共建、共享，从而在众人利益当中实现最大化，并以此为众人提升更厚实的发展基础。乡村最大的问题就是公共基础薄弱，公共服务欠缺，因此公共利益最大化的善治实践能使全体人需要的公共基础得到满足，自然能获得百姓认同而成为人心凝聚、力量整合的途径。

（2）善治使乡村治理实践中的社会问题得以聚焦，从而更加明确治理方向。乡村治理具有复杂性、艰巨性、广泛性等特征。乡村社会治理直接与群众生产生活打交道，涉及的都是一系列具体的、突发性的"小""微"事件，但解决起来又是棘手的、麻烦的。在这种环境中很容易陷入事务主义治理而迷失方向。善治之路，是从公共利益出发，从乡村发展的根本利益出发，从大多数人的需要出发，并由此确立起治理目标、方式手段，因而善治从根本上规定着治理方向和目标。新时代乡村善治，必须从国家大局、从乡村现代化出发认识乡村以及振兴的意义，从整个国家民族视野来理解善之内涵，这样才能有效推进乡村的振兴。善治下的乡村问题，是聚焦在国家现代化视野下来理解农业农村以及发展状况。因此乡村治理，就不仅仅是事务性、对策性的，而是基于全局性、战略性的。善治之善，在于国家民族大局，在于乡村整体利益增进，在于大多数人的利益需要。从这一意义来理解乡村振兴，就能理解习近平总书记说的"中国要强，农业必须强；中国要美，农村必须美；中国要富，农民必须富"的深刻内涵，也能理解基于历史事实以及改革开放实践经验得出的"乡村兴则国家兴，乡村衰则国家衰"的道理。

（3）善治能更好化解乡村社会矛盾，从而为乡村振兴提供更为和谐、稳定的发展环境。进入新时代，随着全面小康的实现，乡村百姓整体生活水平提高了。但乡村仍存在贫富不均、收入不高、各种抗风险能力不足等发展问题，乡村之间发展不平衡、城乡差距仍然存在较大差距等问题，乡村社会治理的法治化水平不高、手段方法简单、政务公开落实不够等状况，村民素质参差不齐、主体意识欠缺、小农意识较为浓厚等问题。这一系列问题的存在，导致乡村治理异常复杂，社会矛盾所引发的风险仍处于较高水平，甚至出现局部性的群体性事件。近几年尽管加大了国家层面的各种帮扶力度，但针对国家各种项目的漫天要价的"钉子户"大有人在，各种公共基础设施难以展开。针对这些问题，善治，无疑提供了有效方式。

善治强调共治共建共享，把乡村治理理解为乡村所有人的共同事情，并由此形成治理共同体。共议协商是共同体形成、运行的重要方式。乡村社会由于地域性，注定了它的熟人性。熟人社会的人际关系准则是人情法则，共议协商恰恰是乡村治理的重要特征。新时代乡村善治所体现的自治、法治、德治的结合，既吸收了传统治理成果，又融入了现代社会治理观念，因而能够在乡土性社会形成有效的治理效果。

2. 乡村善治是新时代中国特色社会主义建设的必然要求

党的十九大明确对未来30年全面建成社会主义现代化强国以及"两步走"战略安排，即2021年到2035年基本实现社会主义现代化；2036年到2050年建成富强民主文明和谐美丽的社会主义现代化强国。全面建设社会主义现代化国家是这一阶段的中心任务，其最终目标就是建成富强民主文明和谐美丽的社会主义现代化强国。因此，以农业农村现代化为总目标的乡村振兴被赋予了更多的时代要求。

乡村善治既是乡村治理现代化的必然结果，也是国家治理体系和治理能力现代化的必然要求。新时代中国特色社会主义现代化建设，既反映在物质财富上的更加殷实，人民生活处于富裕水平，也反映在社会管理水平更加适应社会民主建设发展需要，管理手段更加多元、多样和人性化，管理能力更加科学、合理，其根本在于更好满足人民对美好生活的向往。党的十九大报告中对现代化国家下的农业农村发展进一步指出：要坚持农业农村优先发展，按照产业兴旺、生态宜居、乡风文明、治理有效、生活富裕的总要求，建立健全城乡融合发展体制机制和政策体系，加快推进农业农村现代化。实现这一目标，必须立足于我们这样的大国，农业农村始终是国民经济以及国家稳定与发展的基础；没有农业农村的稳定发展，国家各种发展就难以为继，等等，这些国情现实，必然要求推进农业农村现代化建设。新中国成立以来在推进社会主义建设中，我们党就工农业关系、城乡关系及统筹发展，进行了许多理论和实践上的探索，其实质也是推进乡村之善治。从农业的社会主义改造，家庭联产承包到新农村建设，从工农业相互制约、城乡相互促进以及实践，一系列旨在改善乡村面貌提高国家实力的善治实践，有力推进了农业农村的发展，为农业农村的现代化建设奠定了基础。进入新时代，推进农村现代化建设已经成为国家现代化建设的重要组成部分。然而实现国家现代化，短板在农业，难点在农村，这也是新时代主要矛盾的基本事实；同时农业农村也是现代化最艰巨、最繁重的任务，是整个社会最广泛最深厚的基础，是中国经济社会发展最大的潜力和后劲之处。中国特色社会主义乡村振兴战略的实施，将从根本上化解目前的城乡、工农业发展不平衡、不充分的状况，实现城乡融合、工农业产业分工合作、整个社会良性有序流动，从而更加全面地推进中国特色社会主义现代化建设进程。

面对新时代农业农村在现代化建设中的地位和要求来反观当下的农村农业发展，就会发现不少问题，如农业农村发展不充分、不平衡现状在整个国家现代化建设中十分突出；农业农村中各种深层次结构性的矛盾、整体性问题等在现代化推进下更加凸显；乡村社会的现代转型加快所带来的观念、价值及社会形态等冲突更为剧烈等一系列问题，及由此形成的乡村发展现实困境，等等。因而唯有坚持善治，落实善治，才能有效化解这些困境，推进乡村现代化发展。因此在推进农业农村现代化建设中，充分挖掘和整合乡村各种善治资源，推进乡村的有效治理，从而建构起乡村振兴所需要的社会秩序和社会环境，就成为必然要求。

3. 乡村善治是中国特色社会主义制度优越性的体现

社会制度说到底就是对社会关系尤其是利益关系进行规定、规范，社会制度是理解社会的钥匙。制度的优越性不仅是制度自身，关键的是制度如何具体转化为实践力量，即制度的物化。通过制度及实践力量，使社会获得进步，人民获得实惠，这便是中国特色社会主义制度优越性的体现。乡村善治正是这种实践力量，通过乡村善治，使乡村按照"产业兴旺、生态宜居、乡风文明、治理有效、生活富裕"这一总要求，以及"农业农村现代化"这一总目标都能得到发展，全面推进乡村经济社会的现代化发展。因此乡村善治是中国特色社会主义制度优势的具体实践，更是这一制度优势的具体体现。

乡村善治，就是从创新乡村社会管理方式出发，提升乡村现代化管理水平，从而推进乡村经济社会的现代化水平。无论是乡村的共治共建共享，还是乡村经济社会水平提高，都反映了乡村人的共同利益，体现着国家现代化发展需要。但乡村发展相对不足的现状决定了其局限性、滞后性，对于在中国这么一个发展中的大国，不仅人口多，农业农村底子薄，而且分布在广大的乡村地区，经济发展资源与生产力发展需要相对不足，机械化程度低，市场关联度不足，规模化生产不够等。新时代乡村善治，就是以乡村治理的善治为突破口，把乡村与国家、工业与农业都纳入国家治理体系之中，从国家现代化发展需要来推进工业反哺农业、城市反哺乡村从而推进乡村振兴及治理现代化，始终把"农业农村现代化"作为乡村振兴的总目标,从国家整体、均衡和可持续发展来设计和推进乡村发展,最终实现乡村的现代化。新时代乡村善治,就是从现代化建设的基层民主建设入手,构建"自治、法治和德治的治理体系",实现乡村的共治共建共享,不断推进乡村的人民当家作主建设,从而推动乡村振兴的有效实现。新时代乡村善治从倡导生态环境优美、能寄托乡愁、继承乡土文化传统等具体措施出发,始终贯穿城乡融合及城乡互补发展来推进乡村治理,从而促进整个社会的协同、可持续发展。而这一系列举措,归根到底根源于中国特色社会主义制度的要求。或者说乡村善治是中国特色社会主义制度内容及要求在新时代的具体化践行,是制度优越性在乡村的具体落实和体现。因此乡村善治,实践并体现着中国特色社会主义的制度优势。

4. 乡村善治是国家治理体系和治理能力现代化的乡村具体实践

党的十八届三中全会提出"全面深化改革的总目标是完善和发展中国特色社会主义制度,推进国家治理体系和治理能力现代化"。乡村治理是国家治理体系的重要组成部分,在推进乡村振兴及乡村现代化建设中,随着乡村社会转型及现代化建设需要,乡村出现了许多新的矛盾、新的问题和新的任务。因此就必须改进乡村社会治理方式,不断满足人民对社会治理的需要,进一步夯实农业农村现代化的基础。

新时代中国特色社会主义的乡村治理现代化,本质上就是实现乡村善治。任何社会治理都根源于社会制度要求。中国特色社会主义是人民当家作主、全体人民共同富裕的社会,从根本上规定着乡村治理的农民之善、乡村之善和国家之善的取向和目标;中国特色社会主义制度和执行力所展示出来的优势,如全国一盘棋,集中力量办大事等,奠定了消除地区差别、实现共同富裕的基础,确保"走乡村善治之路"的有效推进及贯彻;健全党领导下的乡村自治、法治、德治"三治结合"治理体系,构建起共建共治共享的治理新格局,使乡村善治实践有了基本遵循。就是说,由中国特色社会主义制度及显著优势所决定的中国特色社会主义乡村现代化,体现了以乡村大多数人利益及乡村发展需要来推进乡村治理创新的善治之义,构成新时代推进乡村善治的基本内涵,成为中国特色社会主义进入新时代的内在规定与必然要求。

新时代农业农村现代化建设,是以乡村振兴战略的实施来加以推进的。乡村治理是基础和前提。通过乡村治理创新,实现乡村社会的稳定有序、充满活力和效能,因此治理成为乡村振兴的基础。这些内容的实现需要有效治理才能得到有效实现。治理有效作为国家治理体系现代化和"善治"的乡村实践要求，它既体现治理方式的现代转型，即民主的、村民广泛参与的方式，把治理理解为共同体中所有主体都必须参与的行为，体现治理手段的多元化和刚柔相济，即法治、德治、自治的"三治结合"，又体现在治理效果能增进公共利益，并为大多数人所接受，所满意。因此乡村治理无论是过程还是效果，都体现着善并实现着善。任何违于善之本质的治理，显然无法真正化解乡村现代化所面临的问题，也无法有效推动乡村振兴战略实施。所以乡村善治，即通过适应乡村现代化要求的治理体制机制创新，已经成为新时代乡村治理创新的必然性要求。

事实上，乡村善治是中国特色社会主义的应有之义，是中国特色社会主义乡村民主建设的内在要求。这就意味着新时代乡村善治作为中国特色社会主义现代化建设的重要组成部分，它已受到了新时代中国特色社会主义的内在建构、内在规定，具体而言，主要表现在以下方面。

1. 新时代中国特色社会主义总任务决定了乡村善治的目标任务

实现社会主义现代化和中华民族伟大复兴是新时代中国特色社会主义总任务。实现这一总任务，首先需要国家治理体系和治理能力现代化。党的十八届三中全会提出了治理现代化的问题。乡村现代化作为国家现代化的重要组成部分，乡村治理现代化问题成为国家治理体系以及乡村振兴战略实施的有机组成部分。中共中央办公厅、国务院办公厅《关于加强和改进乡村治理的指导意见》中对构建乡村治理体系提出了更加具体的目标，即到 2020 年现代乡村治理的制度框架和政策体系基本形成，到 2035 年党领导的自治、法治、德治相结合的乡村治理体系更加完善。这就是说新时代中国特色社会主义总任务，决定了乡村治理必然走善治之路的必然性。

实现现代化和民族复兴是中华民族近代以来的伟大梦想。面对新时代的城乡之间、工农之间以及乡村内部突出的不平衡、不充分问题，以及乡村社会发展的历史欠账，如基础薄弱、产业单一、以家庭为主的小农式生产单位等，乡村现代化建设首要的是国家引领下的治理先行。通过国家引领完善治理体系，积极推动乡村社会治理创新，包括治理主体多元、手段多样、协商对话、互惠共赢等的基本理路，从而激活乡村不同主体的积极性，提升乡村整体的实力；同时紧紧抓住乡村产业发展，从而实现经济增长这一中心，把乡村治理创新的实效性转化为提升乡村经济社会发展水平上，走共同富裕的善治之路，是目前乡村社会复杂而深刻变革当中现实而必要的选择。

乡村现代化建设实践，本质上也是乡村善治实践。从新中国成立后把农民组织起来走社会主义道路，到改革开放的农村经营制度创新、村民自治，以及后来的新农村建设，再到目前正在推进的脱贫攻坚，精准扶贫和乡村振兴，这些乡村发展历程反映的是乡村现代化发展逻辑。就是说，现代化建设在其表现上就是国家不断加大乡村建设力度，使分散的、政不下乡的乡村成为国家意志下的社会有机体的一部分。因此随着国家力量的乡村作用，各种国家影响下的乡村组织建设健全起来，乡村从国家的"无为"治理变成"有为"治理，从而使乡村社会逐渐融入到国家管理体系之中，并在国家力量推动下实现乡村经济社会的深刻变化。

实现总任务，就必须充分调动乡村不同主体参与到乡村振兴和现代化建设中的积极性。因此乡村治理的善治转向与实践，其核心就是始终从最广大农民的实际利益出发、坚持走共同富裕道路的利益之善；始终贯穿着人民当家作主的执政理念，充分发挥农民主体作用的民主之善。这些善之治理实践所凝聚的制度、体制之善已经内嵌于中国特色社会主义乡村治理实践中，并且现实地使原来乡村分散的、小农式的农业生产变成了适应国家工业化的社会化生产，粗放农业转变到科技农业、规模化农业，贫穷落后的村庄社会逐渐转变为美丽的、小康的乡村社区，等等。这些变化充分体现中国特色社会主义走乡村善治必然性和必要性，说明了中国特色社会主义乡村治理本质上就是实现乡村善治。

新时代乡村善治，就是应该在如何更好地满足广大农民对美好生活向往上下功夫，激活不同主体活力，有效提升乡村治理现代化水平，解决城市化工业化背景下由于公共性不足而导致乡村发展出现的问题，如空心村、乡村集体经济基础弱化，贫富分化，公共性建设滞后，自治水平下降等。因此，乡村治理应该把体现着中国特色社会主义制度优势的体制机制、政策措施，如集体所有、集中力量办大事、城乡融合发展等，转化为实现乡村善治的实践优势、机制途径优势；在推进乡村善治当中更进一步彰显中国特色社会主义制度优势。为此新时代乡村善治必须坚持农村土地集体所有，不搞私有制；坚持家庭经营的基础性地位，坚持稳定土地承包关系，积极推动土地经营权的市场化流转；坚持走城乡融合的道路，破除小农思想局限等。

2. 新时代中国特色社会主义秉承人民利益至上性，决定了乡村善治的价值定位

新时代乡村振兴的总要求就是"产业兴旺、生态宜居、乡风文明、治理有效、生活富裕"，最终落脚点就是老百姓切身利益提高、人民福祉增进。乡村振兴是内在于乡村社会以及每一个人的需要，是国家意愿与人民需要的有机统一。因此，必须紧紧依靠群众，始终把群众置于乡村现代化的主体地位，任何乡村治理创新，其最终都归结到人民利益以及生活水平的提高上。习近平总书记对实施乡村振兴战略指出，要尊重广大农民意愿，激发广大农民积极性、主动性、创造性，激活乡村振兴内生动力。乡村善治就是要让农民自己"说事、议事、主事"，做到农民的事让农民商量着办，凸显乡村治理中的农民主体性，打造"人人有责，人人尽责，人人享有治理成果"的乡村社会"命运共同体"，从而使治理真正成为利于乡村以及大多数人利益需要的善之治。因此人民利益至上性，决定着乡村治理必须是善治，是利于大多数人利益需要的治理。为此，需要把制度优势转化为治理实效，首先需要发挥中国特色社会主义的制度优势，从提升乡村公共服务水平、增进公共利益入手，通过集中村集体力量，把一些长期制约村集体经济发展因素，如各种基础设施，电、道路、信息信号等解决好；把一些与乡村生活有关问题的基础设施建立起来，如民事调解、托护中心、治安管理等。在夯实乡村共同利益基础上形成更多关注"共同点"，最终凝聚为乡村治理合力。其次，需要进一步发挥和创新村民自治制度优势，提高村民自治水平。农村实行"村民自治"是宪法规定。现代社会造就了农民流动性务工、原子化生存，"熟人社会"的农民变成了"陌生人社会"的人，使村民对乡村公共事务的关注、参与更为弱化、冷淡。近年来各地都在探索，提出了自治下沉、村务信息化等方式，其宗旨就是让村民更好参与到乡村自治事务中来，增强村庄的凝聚力，提升乡村自治活力。最后，需要进一步创新基层执政方式，形成共建共治共享善治新格局。基层政府行政行为应始终从政府行为的限度、政务的透明度和工作方法的真心耐心等下功夫，始终守住"依法行政"的底线，秉持执政为民的宗旨。目前各地探讨的"服务型政府""网格化管理与服务""精确化治理"等，就是基层政府发挥农民主体性，并对政府、社会农民之间主体关系的优化创新与探索，其最终就是要形成共治共享的乡村善治格局。

3. 党领导新时代中国特色社会主义决定了党是乡村善治的领导力量

党的领导是乡村善治实现的关键优势，是中国特色社会主义最本质特征，党的领导的制度优势已经现实地转化在乡村治理效能之中。"一切为了人民、一切依靠人民"，彰显着党领导的乡村善治的领导优势；党针对农民问题进行了革命、建设和改革的伟大历史进程，凸显着党对中国乡村实际的深刻把握和理解，奠定乡村善治的国情、乡情的现实基础；扎根于乡村社会单元的党的组织以及凝聚力，与人民群众血肉相连，具有着广泛群众基础，等等，党的领导成为治理以及乡村现代化领导核心的同时，党的宗旨及党的性质决定了乡村治理必须走善治之路。

新时代党的领导，体现在党基于社会矛盾变化的判断而提出实施乡村振兴战略上。乡村振兴战略是党对中国特色社会主义乡村现代化发展所作出的战略举措，是党基于国家现代化总体战略而对国情、农情和乡情把握的先进性体现，是确保了乡村在整个国家发展格局中的同步发展的战略部署，体现着乡村之善、农民之善、国家之善。为此党对于这一战略做出许多具体规定，调动全党力量去实施这一战略。比如，要求新时代乡村党的基层组织与党员，通过与贫困户帮扶结对子、党建兴村、推动乡村产业等，以此展示组织的堡垒效应和广大党员的先锋模范作用，使党组织成为乡村振兴的中坚力量；党的组织化、与群众血肉相连的优势，成为市场化下农民联结与整合的有效力量，使市场化下村民原子化、离散化状况能够联结而成为真实共同体；等等。党的领导增强了乡村社会的凝聚力及治理的公信力，因而党组织现实地成为乡村善治的推动者、引领者。因此坚持党领导下的乡村善治，加强党深入乡村社会基层的组织优势，发挥党在政府、社会、市场与村民之间的桥梁纽带和整合功能，发挥党员模范带头作用，有力推进了乡村善治实现。

4. "'自治、法治和德治'三治结合"，充分反映着新时代中国特色社会主义乡村善治实施特征

党的十九大报告中明确指出乡村"健全自治、法治、德治相结合的乡村治理体系"。这是基于国家治理体系和治理能力现代化要求而对新时代乡村"如何治""怎样治"的新思想，更是化解乡村的各种现实性问题实现善治的根本举措。进入新时代，面对乡村更为突出的不平衡、不充分发展现状，推进善治应该是全面的、系统的和体系性的，因此必须充分调动乡村治理主体积极性，统筹各种治理资源，"三治结合"正是基于对乡村

实际的准确把握而提出的治理之路。"自治"是实现乡村善治的基础,它既是社会治理与乡村发展客观规律,也是中国特色社会主义乡村民主建设的必然,它体现着乡村治理的历史传统与治理现代化的现实要求的有机结合,也是村民以至家庭事务效率优化与乡村社会公共生产协调的有机统一。法治是乡村善治的保障,通过国家权力确保乡村秩序法治化,确保村民合法权益得到保障,消除乡村公权力异化,使"坏"无法做"坏"。德治则是乡村治理的重要方式,是自治、法治的有效补充。它以其价值信仰、精神力量和情感认同等柔性方式影响人们观念,规范人们行为,维持乡村秩序,从而达到乡村社会的稳定、和谐和友善,提升乡村治理效能。"三治结合"治理体系,贯穿着以人民为中心的治理思想,体现着对乡村治理的系统全面综合理念,是善治实现的有效路径。"三治结合"是中国特色社会主义乡村善治的合规律性和合目的性的统一,是新时代乡村现代化建设内在逻辑的具体要求。推进乡村治理的善治转向,必须以"自治、法治和德治相结合",才能真正推动乡村治理现代化发展。

第二节　乡村治理传统是推进新时代乡村善治的重要基础

善治即善之治,包括善于治或治于善之义,显然善是基于主体而言,而乡村善治当然是对乡村大多数人对乡村社会秩序的认同与肯定。推进乡村善治,就是从乡村大多数人利益出发而进行的社会治理创新,以期建立广泛共识的乡村社会秩序。尽管乡村社会治理根源于社会制度的本质要求,但是社会制度要求的实现却是具体的。任何治理体系,总是与历史、文化传统、经济社会发展状况有关联,是这些因素相互作用并内生性演化的结果,因而新时代乡村善治是在对乡村善治优秀传统承继基础上形成的。新时代乡村社会发展的时代性及制度特性与乡村善治传统有机结合,从而使乡村善治呈现出其乡村特色的内在逻辑。

一　乡村治理传统以及现代意蕴

乡村善治,可以理解为符合乡村人基于生存共同体存在和发展需要的一种良好社会秩序的建构及有效实践,这一秩序包括利益秩序、伦理秩序和公共秩序等。它是以一种"乡土"内涵、乡村生产生活方式、价值取向以及风俗习惯等呈现出来。正如费孝通先生所说，乡村社会是一个"人情""礼俗"社会，重视人伦、亲情，讲究等级礼仪，注重血缘、家族、宗族利益，讲究行为方式上的家庭式、宗族式；同时，由于乡村生存空间以及生存资源相对不足，流动性低，往往出现因生活琐事而引发大冲突，如兄弟反目、家庭成员争吵、妯娌婆媳关系紧张等现象，这似乎成为乡村永恒不变的主题。传统乡村社会是一个熟人社会，遵循着熟人生活法则，崇扬和善，讲究义侠之气，又陷小富即安之境。因此就皇权不下乡下乡村治理而言，乡村自治，在很大程度上是人际关系的调协，因而秩序稳定成为最基本最主要的目标，也成为善治之"善"的核心内涵。为着这一"善"，宗族式的抱团、村庄人与人之间的和睦互助、乡村社会的等级及乡绅们的道德教化，并通过族谱、祠堂、义庄义田、乡约以及各种富有仪式感的祭祀活动等方式，不断强化村民的村庄价值认同、行为规范，进而确保宗族等级制度及乡村秩序的稳定。综观传统乡村社会，在朝廷止于县衙、政不下乡情况下，尽管代表政府的保甲制度进入乡村，但也仅限于收税派丁之事，乡村事务管理基本上是乡村自治，依据乡土秩序进行，即依据乡绅地主强制、宗族族规、风俗舆论约束、道德教化等手段方式，维系着乡村社会等级秩序，实现村庄社会的稳定，以此体现"治于善"。

中国传统善治理念以及善治历史，使乡村善治有了"和"文化基础。任何治理都是基于历史传承、文化传统以及现实经济社会状况的一种选择。乡土生活是一种人伦的、人情的生活，追求一种和谐、友善的生活与秩序，因而善无疑是乡土性内涵的集中体现，体现乡村生活"好"的愿望。因此任何一种乡村治理，因其"善"之传统从而都将"善"作为评价的基本标准，善治也由此成为乡村治理外在范式，及乡村生活与乡村治理的精神核心。它讲究人际的和谐、友善，或如孟子所说的"出入相友，守望相助，疾病相扶持"；注重公共的（以家族、村庄或宗族方式）利益，做人做事讲究同理心，倡导公心、仁心等。在公共事务上，乡村社会遵循着一种"共议协商"、自我管理的方式，凡事有公理，让众人来评述。尽管大家七嘴八舌，却是人人参与、评述、议论，最终形成共识、共愤，从而达到问题的解决。协商共议的民主式治理，也成为乡村治理传统以及治理评判的基本标准。这与现代民主、协商治理所秉持的理念和价值具有相同之处。乡村传统治理所追求的公理公意和共意共议与协商，参与议论，契合现代民主价值理念，并通过现代性转换及其内涵发展，已经成为乡村秩序稳定的重要方式。因此善治成为乡村人的生存方式及行为心态，已经深刻塑造着乡村人的精神世界。随着现代意识的乡村渗透，乡村善治包含了更多的现代意蕴，如民主参与、权利保障等。基于好治理的乡村善治而言，无论时代如何，它至少包括了乡村社会秩序的稳定有序、村民的广泛参与与共议共商、百姓生活日子相对富庶。稳定的秩序是乡村经济社会发展和村民安居乐业的基础，而村民参与和共议共商是乡村治理有效的保证，物质相对富庶是实现共议的前提；概言之，百姓安居乐业，乡村民风淳朴。这既是乡村传统治理之理想，也是现代治理意义的重要内涵所在。

由上可知，乡村善治是基于"乡土"基础上，通过生存于其中的每一个人的共同参与，维系乡村社会稳定，确保乡村社会秩序良好，实现公共利益最大化的管理活动。这当中，认同"乡土"即乡村共同生活生存所形成的生活方式、道德规则和价值观念是前提。所谓认同，既包括对乡土的肯定，也包括基于乡村更好发展、更好秩序而对"乡土"的"否定"。共同参与及实现公共利益最大化奠定"善治"之"善"的内涵、基础，也成为这一秩序的"合理性"所在。村民和睦安居、乡村富庶、物产丰盛等成为"善"之果。就是说，这一管理活动之所以"好"，就在于乡村人对生存之"善"的想象、期望、践行、实现与满足。

二 乡村治理传统的创新与应用

乡村治理传统，是基于传统社会基础上形成的治理成果。随着现代社会的建立和完善，乡村治理传统的继承、创新与应用已经成为治理实践的现实课题，贯穿于新时代乡村善治的全过程中。现代乡村社会无论在生产生活方式、产业结构，还是在乡村社会关系、人口结构、人们的交往模式，都已发生巨大变化。这些变化最终导致乡村以"乡土"秩序所建构的"道德化"社会形态发生改变，最终乡村治理所依赖的道德秩序、熟人秩序已经逐渐难以起到治理作用。

因此，现代意义的乡村善治，是要建立一个村民公共利益得到有效保障的"法治秩序"。强调法治秩序，是基于现代乡村社会不再是传统乡村社会的现状所决定的。法治秩序既能对公共权力形成有效制约，防范公权力滥用所造成的公共利益受损，确保公共权力运行规范化及村庄公共利益最大化，又能使每一个治理主体乃至村庄中的每一个村民有了维权、护权的工具和手段，确保村民维权的有序化，防范民主泛化及其无序与混乱。事实上，现代社会的利益多元化及市场化进程，唯有法治才能形成有效的约束力和震慑力，才能使公权力不至于"逾规""失范"。

但是几千年农业本位所形成的农业文化及其在此基础上形成的内生式治理机制，尤其是它所体现出来的"德治"式的手段和方式，深刻影响和塑造着乡村人的精神气质与面貌，以儒家文化为基础建立起来的伦理价值以及礼俗制度，并具体化为宗法制度、等级制度、礼俗制度等，最终凝聚为乡村风俗、习惯、规矩、传统等，以此成为乡村社会的激励与约束机制。这些兼具"软约束"和"硬惩罚"双重性的乡规民约，体现着"礼治求和，礼法兼治"的根本宗旨，确保了"皇权不下县"下的乡村社会关系、社会矛盾及社会冲突的调适和秩序的维系。就是说，通过以人伦之礼引导人的向善，以"法"来惩治不守礼俗的行为，最终达到乡村社会的秩序稳定与人际和谐。因此，"礼"体现在乡村生活的所有方面，家庭邻里、村社街坊乃至一草一木等都有"礼"的规范，具体表现为乡土生活应有的忠君孝老爱幼、邻里和睦友善、扶贫济困慈善互助，以及万物有灵、人与自然共生等。这些已内化于每一个生活于乡村人的生活方式。这一"德治"传统，体现了乡村人的生存智慧，它已成为现代乡村治理乃至社会治理的精神财富。

当现代化成为潮流并裹挟乡村发展之时，尽管市场化打破了乡村时空区隔的限制，乡村人口流向城市导致乡村"空心化"，弃农经商务工导致土地荒芜等现象，但是乡村社会天然的地缘及历史沉淀所形成的乡土文化，仍然塑造着乡村人的精神世界、生活追求及其行为方式，从而把乡村人联结在一起，并由此形成了乡村公共生活空间。他们共享着集体性的历史记忆，如祖先崇拜、祭祀仪式、宗教活动等，固守着乡村伦理道德传统。

然而，受到市场化洗礼的乡村，尽管汇聚了社会多元力量，既有着传统意义上的家族、村落、宗族等共同体，还有着现代意义上社区、职业共同体、市场共同体等。但乡土的情感联结、文化认同、地缘情结等，使这些主体在乡村治理参与上更为重视其"德行"内涵，强调"德"在"治"上的作用。因此，德治以及精神在乡土社会中发挥着不可替代的作用。乡村道德以及传统一直是乡村民众心理、村庄秩序的稳定器，是乡土社会转型以及振兴的生长点。"德治"以其"情感、利益、文化"等诸多因素的作用，把乡村个体化、原子化的村民及家族联结起来，并且以其"公共的""人伦的"道德原则，规范引领着乡村中人的行为。

正因为德治在乡村现代化转型的必要性以及不可替代性，未来的乡村治理必定会更加重视德治作用。从传统文化如慈孝文化、仁义文化、尊老文化等的弘扬，到社会主义核心价值的践行；从家风村风建设、乡规民约订立、新乡贤作用等举措的创新，到乡土文化的重塑与弘扬；"德治"精神正不断融入现代乡村治理之中。同时，政府重视执政以德，行政下乡中更加重视村民政治参与及民意，规范行政行为，强化政府的服务水平，重塑政府公信力建设，使"德政"之"德"更加彰显。"德治"将在未来的乡村治理中发挥更加重要的作用。

第三节　乡村治理现实奠定了新时代乡村善治有效性实践的基本框架

善治实践是善治逻辑的现实化，是基于社会现实基础上善的治理过程。善治实践作为善治内在根据的外在化及呈现，总是基于治理现实基础上进行的。因此任何善治逻辑总是在治理现实及探索基础上形成的，一切善治取得实效的前提都是立足治理现实。所谓治理现实，就是治理实践过程中参与到治理中诸因素共同作用形成的局面，包括治理主体、素养及关系，治理活动规则，治理阶段等。因此治理现实更多的是基于治理活动本身，而并非仅仅是社会制度、文化等宏观层面的因素。如果说制度逻辑及文化与理论逻辑对乡村善治实践逻辑生成的性质具有决定性、根本性影响，那么就具体治理实践而言，具体治理过程所遇到的现实条件对其实践成效更具有决定性影响。

新时代乡村善治实践是中国特色社会主义建设的必然要求。因此中国特色社会主义建设所面临的现实需要、乡村治理实践探索及经验成果，以及乡村治理所面对的现实关系，共同构成了乡村善治的现实逻辑。它与新时代中国特色社会主义的制度逻辑和文化逻辑结合在一起，成就着乡村善治实践逻辑。因此乡村善治实践逻辑是乡村善治实践所面临的社会关系及实践现实的反映。当乡村现代化建设已经成为新时代农业农村发展的总目标时，尤其是国家治理体系和治理能力现代化已经成为国家战略目标时，乡村善治及实践必然被其所建构，并由此使乡村治理创新中一些深层次结构性的问题逐渐显露，从而使乡村善治实践逻辑有了新的变化。深刻认识这一变化，从而把握其内在关系，是新时代有效推进乡村善治实践的前提。

一　新时代推进乡村善治的现实基础

当新时代以一种新的理念和价值追求统摄乡村社会现代化建设并力图建构其相应的新秩序时，已经内在地提出了新时代善治实践的逻辑前提问题，即新时代乡村善治的实践基础及发展的逻辑必然问题。新时代乡村善治正是在此基础上发展而呈现出其自身特色。它主要表现在以下方面：

1. 以工业化、城镇化为标志的现代化建设，是新时代乡村善治的时代前提。

工业化、城市化给乡村的影响具有根本性、革命性。一是动摇了村民与土地之间的依附关系，从故土难离到离土离乡，从"农耕为本"到"抛土荒地"，农民正以脚投票的方式离开乡村，离开土地。离村别乡成为乡村社会不可逆的趋势。二是动摇了村民与乡村的关系，离乡别村，乡土变故土，乡村变故乡，是目前乡村的现状；目前乡村不少人仍是把在城里拥有房子当成人生的目标。由于乡村人口大量往城市的单向流动，乡村的破败成为必然的现象，以至于许多人发出乡村回不去的感叹和无奈。随着国家工业化的不断推进，工业增加值年均增长率达到14.6%，成为世界制造业大国。这背后就是大量农村人口进入城市和二、三产业，城镇化率已经突破60%。这些数据意味着中国社会由乡村人口为主转变为城镇人口为主的人口结构转型。这固然是社会发展的必然，但由于中国乡村社会与城镇化、工业化发展的非同步性，特别是乡村厚重的"乡土性"传统，乡村仍是人们情于所系并难以割舍的地方，于是有了"空心村""留守老人、妇女和孩童""日暮乡村"等问题，导致乡村一些公共管理活动，如民主选举、村民会议等无法展开，也由此成为乡村善治的契机和背景。

2. 国家乡村振兴战略的实施，为乡村善治提供了新的契机，也构成了善治的大背景。

工业化、城市化发展所引发的城乡对立、城乡二分，是任何国家现代化进程中都需要面对和化解的问题。2000年前后国家就出台了一系列政策，意图进一步激活乡村活力，推动农村改革，以此来消除城乡之间的差距。此后国家进一步实行"取消农业税"政策，推动新农村建设运动，体现出国家加大了对乡村建设的力度。党的十八大之后，全面建成小康社会的主阵地是欠发达的乡村地区，美丽乡村建设、精准扶贫等一系列促进乡村经济社会的政策措施相继出台和有效实施，进一步完善着乡村治理结构，提升了乡村治理水平。在此基础上，党的十九大提出乡村振兴战略，指出要构建"自治、法治和德治'三治结合'"的治理体系，并出台了乡村治理的具体政策，对治理体制和治理能力提升提出了新要求、新任务。这就是说，乡村振兴战略实施中，乡村治理和善治已经成为其重要内容。从社会主义新农村建设的"管理民主"要求，到乡村振兴战略总要求的"治理有效"；从强调政府行政管理行为的民主性、透明性及公正性等，转向了强调乡村管理应该是政府、社会组织、村民等多元主体参与下的共治共建共享活动，强调共治的效率及其合理性。这应该是回应了当下中国乡村管理现状与村民参与愿望，回应了乡土农村治理现代化发展需要，为新时代善治提供了契机与动力。

3. 中国传统善治理念以及善治历史传统，为新时代乡村善治奠定了文化基础。

传统的坚守及现代发展，是新时代乡村善治创新实践的两大主题。任何治理都是基于历史传承、文化传统及人们现实生活状况与需要的一种选择。乡土生活是一种人伦的、人情的生活，追求一种和谐、友善的生活与秩序。善无疑是乡土性内涵的集中体现，代表着乡村人所追求的"好"的生活愿望，成就着乡村优秀文化传统。因此任何一种乡村治理，因其"善"之传统从而都将"善"作为评价的基本标准，善治也由此成为乡村治理的内在规定及外在范式，由此构成了乡村生活与乡村治理的精神核心。它讲究人际之间的和谐、友善、中和，或如孟子所说的"出入相友，守望相助，疾病相扶持"，注重公共的（以家族、村庄或宗族方式）利益，做人做事讲究同理心，倡导公心、仁心、善心等。在公共事务上，尽管存在"家长制""族长专制"，但更多时候，"族长们"是公议共议的组织者、协调者，当然也是最终决定者。乡村社会遵循着一种"共议协商"、自我管理的方式，极力维护村庄基于"善"的公共秩序，凡事有公理，让众人来评述。尽管大家七嘴八舌，却是人人参与、评述、议论，最终形成共识、共愤，从而达到问题的解决。这似乎就是乡村遇事及处置的基本场景，这种广泛参与、协商共议的民主式治理，也成为乡村治理传统及治理评判的基本范式。这与现代民主、协商治理所秉持的理念和价值具有相同之处。党的十九大报告提出："有事好商量，众人的事众人商量，找到全社会意愿和要求的最大公约数，是人民民主的真谛。"这就是说，乡村传统治理所追求的公理、公意和共意、共议协商，参与议论，契合现代民主价值理念，并通过现代性转换以及内涵创新与发展，已经成为现代乡村秩序稳定的重要内容。因此善治成为乡村人的生存方式及行为心态，已经深刻塑造着乡村人的精神世界。尽管善治在不同时期，其内涵以及表达方式在不断变化，但乡村秩序以及维护的那种乡土特征，即期望通过善治尤其是善政来实现乡村社会秩序的稳定，已经深深烙在乡村人生活的基本判断。

4. 党领导乡村社会改革以及积累起来的经验，成为新时代乡村善治的实践基础。

党在领导新民主主义革命中，很长时期都是以农村作为革命根据地，通过轰轰烈烈的土地革命来发动农民、组织农民进行革命。党在"农民式"的革命斗争运动中认识农民、理解农民，并始终以农民利益、农民诉求来制订党的农村农民政策，以无产阶级纪律来改造、影响农民。中央苏区时期的《土地法大纲》及毛泽东关心群众生活的一系列理论文章，充分反映了党对农村农民问题的认识和把握。全国解放后，党基于农村实际制订了正确的乡村改造政策，通过互助组、初级社及高级社这一符合农民心理愿望及农村生产需要的循序渐进的过渡方式，引导农民走组织化道路，把分散的、原子式的农民组织起来了，使农业的社会主义改造顺利推进，极大地解放和发展了农村生产力。改革开放也是从农村开始的。党从农民的首创中洞察到农村变革的历史机遇，及时地调整党的农村农业政策，从土地的家庭承包，到乡镇企业崛起，再到村民自治，开启了农村改革大幕，最终成就了改革开放时代的到来。总之，党始终站在时代前列去认识乡村并领导着乡村变革，推动乡村社会发展，由此所形成的经验，成为了新时代乡村善治的实践基础。

二 新时代乡村善治实践关系及要求

推进乡村善治是乡村振兴战略的重要内容，是国家治理体系和治理能力现代化在乡村治理实践中的要求，并现实地成为乡村现代化建设的重要内容，且在乡村治理实践中得到切实推进。党的十九届五中全会提出了

"十四五"期间要努力实现"社会治理特别是基层治理水平明显提高"的目标,已成为新时代我国乡村社会治理的科学指引和基本遵循。新时代推进乡村善治,其实质就是要实现乡村社会的一种良好治理局面,实现公共利益最大化,最终建立起和谐、活力、有效的乡村管理体系。在现实乡村社会管理中,就是由政府、社会组织、市场、公民等多元主体通过协作共治共建达到化解乡村社会矛盾的目的,促进乡村社会和谐发展。因此,善治就是要通过有效协调,实现治理主体间利益最大化,最终实现乡村整体利益的最大化。具体而言,主要包括以下方面。

1. 构建乡村治理现代化所适应的乡村治理体系是新时代推进善治实践之基。

治理体系是治理实践方式、治理主客体关系、治理手段和途径等内容的总和,而现代治理体系体现着现代社会的法治、民主平等协商、效能等理念。当农业农村现代化已经成为新时代乡村振兴的总目标时,乡村治理现代化成为必然。为此,党的十九大报告中明确指出乡村"健全自治、法治、德治相结合的乡村治理体系",这是基于国家治理体系和治理能力现代化要求,并立足于新时代乡村治理现实及乡村治理传统而对新时代乡村"如何治""怎样治"的新思想,更是化解新时代乡村现代化进程中所出现的各种现实性问题从而实现善治的根本举措,是中国特色乡村现代化的中国式实践创新。乡村善治,就是在"'自治、法治和德治'三治结合"中,努力推进乡村治理现代化,达到乡村社会的良好治理目标。

新时代乡村善治是中国特色社会主义的重要组成部分,而"三治结合"的治理体系充分体现了社会主义性质。人民当家作主是社会主义制度的根本特性,自治作为基层民主建设的重要形式,是人民当家作主的具体实践。同时,新时代乡村治理的复杂性、深刻性,以及乡村社会稳定和谐,都需要通过村民间的融合、互助互谅等自治方式来实现。因此新时代必须坚持村民自治这一民主制度,不断完善村民自治方式。新时代乡村善治面对的是乡村现代化建设背景下乡村社会转型的现实,因而其复杂性、艰巨性是可想而知的。现代化建设的一个重要内容就是社会治理的法治化水平,因为现代社会错综复杂的利益关系以及日益紧密的社会联系,唯有法治才能有效维护社会的公正公平,保障人们的合法利益,因此乡村善治的法治化有着时代必然性。通过法治水平提高来达到乡村社会的稳定和谐,提升乡村治理水平。德治作为乡村治理传统,在乡村社会稳定、发展中发挥了重要作用。新时代尽管社会关系发生了巨大变化，但伦理道德仍然是乡村社会的重要调节方式。乡村社会人们生产生活中，由于地域及文化的影响，习惯、风俗和传统等仍然是重要的行为规范和要求。因此"三治结合"的治理体系，是确保乡村善治实现以及有效性的基础。

2. 实现乡村社会的治理有效是新时代乡村善治实践的总要求。

"治理有效"是乡村振兴战略实施的总要求之一。党的十九大报告指出："不断满足人民日益增长的美好生活需要，不断促进社会公平正义，形成有效的社会治理、良好的社会秩序。"良好的社会秩序是通过有效的治理来实现的，而有效治理是治理主体与客体之间的有效互动、作用的结果。因此在乡村治理中顺应乡村社会发展趋势，适应乡村社会关系及矛盾变化，呼应村民合理诉求，推动乡村治理的有序运行，就成为有效治理从而达到善治的有效途径。

新时代乡村社会治理面临着更为复杂的状况。一是乡土传统及管控思维与现代化之间的冲突，二是乡村经济形式相对单一所形成的利益冲突，三是乡村治理主体的现代素养相对缺乏等。这些问题导致人们在治理当中的许多问题上难以形成共识，从而无法形成有效的治理。因此，要实现有效治理，就需要立足于现代化建设高度，从乡村现代化视野来推进乡村治理创新。首先，就是要紧扣农业农村现代化建设这一主轴，不断协调政府、社会、市场和个体在治理当中的关系，建立起适应现代基层社会治理的权力运行方式。事实上，乡村善治，其本质就是政府与公众对乡村公共事务的合作管理。因此，必须在党的领导下坚持人民当家作主实行村民自治，本着合作的态度，依法依规行使各自的治理权力。其次，依据"'自治、法治和德治'三治结合"的体系把不同治理主体有机统一起来。乡村事务具有繁杂性、突发性、事务性等特征，治理活动往往都牵涉到不同主体利益。因此建立起"三治结合"的治理体系，成立诸如群防群治、乡风民俗之类的民间组织，由政法力量牵头成立乡村调解组织，厘清不同事务的性质，实现把问题发现和解决在基层的基本治理思路。最后，尽可能地扩大村民的利益共识点，增强乡村社会的凝聚力。乡村经济的市场化、资本化带来经济活力的同时，也必然形成市场主体利益的差异。为此，乡村治理必然要从乡村基础设施、乡村公共服务、乡村公共利益入手，如乡村教育、农田水利改造、道路交通、信息设施等，它们代表着乡村极大部分人的利益需要，必定能获得大部分人的支持，从而减少治理的成本和分歧，提高治理效益。

3. 激活乡村不同治理主体的活力是善治实践的关键。

乡村善治是否能够实现，在很大程度上取决于不同治理主体的参与程度，或者说治理活力的提升水平。构建人人参与治理、充满活力又和谐有序的乡村社会，是提高乡村社会治理水平、推动乡村治理达到"善治"的关键。目前乡村社会正经历城市化、工业化的社会发展期，大量乡村人力资源、物力资源以及经济资源等发展要素流向城市，导致乡村出现了诸如"空心村""留守孩"现象。这些问题导致村民会议难以举行，青壮年长期在外务工而出现对乡村事务处于有心无力或者无心无力状态，传统乡村的凝聚力正在消失。

激活主体活力，必须从治理共同体入手。党的十九届四中全会强调，要"建设人人有责、人人尽责、人人享有的社会治理共同体"。治理共同体，就是利益相关、荣辱与共、命运相依，从而必须风雨同舟、共赴患难。因此治理当中应始终把乡村治理与乡村不同主体利益关联起来，从大多数人的利益需要出发。同时，要积极借助现代高科技带来的通信便捷，通过手机短信、微信、抖音和互联网等媒介，及时把乡村发展议题传送出去，引起大家的广泛讨论和关注，最大限度地把群众联结和组织起来；同时，围绕乡村社会关注、群众关切的事项，广泛开展乡村协商和社会组织协商，完善群众参与治理的制度化渠道，调动群众广泛参与乡村公共事务和公益事业的积极性。村民的参与和互动是维系乡村社会有机体的核心。治理主体活力的激活，乡村治理就有了广泛的群众基础，就能构建起共建共治共享的社会治理格局，推进善治就有了坚实的社会基础。

4. 增进公共利益，增强乡村社会的协调实力是善治实践的抓手。

乡村公共利益是基于乡村公共生活所形成的共同利益。公共利益具有着公共性、公益性、共有性或者说无主性，所有人能够免费获得和使用。公共利益是通过公共性付出形成的结果。乡村善治，究其根本就是不断增进公共利益，是通过公共的治理形成更多的公共利益，或者满足更多人对公共利益的需要。

治理的核心就是利益的协调。乡村治理由于长期的小农经济传统及相对有限的地域性生活，使得乡村生产生活深受乡土传统及其经济利益的直接影响，从而使公共利益所形成的公共服务能力严重不足，甚至存在忽视或者公共利益和公共服务建设缺失的问题。传统的公共利益及公共服务主要依靠慈善，或者地方绅士通过非常有限的税收截留（政府允许）来维持，因而这种公共利益所形成的公共服务能力是弱小的，当然依靠公共服务来推进乡村治理的能力也是十分有限的。这也是传统乡村社会变化缓慢的一个重要原因。新时代随着国家力量对乡村社会结构的建构，乡村的社会化、国家化进程加快，其社会关系的复杂化，乡村经济的市场化，乡村发展更加依赖公共利益所形成的公共服务能力和公共基础实力，如赈灾救困、扶贫扶弱、基础设施建设等，因此公共利益的增进成为乡村利益冲突协调、乡村基础设施建设、乡村公益事业推进等的重要手段。通过治理而形成更多的公共利益及公共服务能力就显得极其重要。为此推进乡村善治，必须始终立足于公共利益增进。公共利益增进是治理合理性的前提，是激活不同治理主体活力的抓手。随着国家加大对乡村的支持力度，尤其是国家现代化对乡村社会的建构，乡村公共利益及公共服务能力已经成为国家治理的一部分，从而获得了根本性保障。因此公共利益最大化成为乡村善治的根本。

5. 打造"共建共治共享"的治理共同体，是新时代乡村善治实践追求。

实践意义的乡村善治，重要的就是村民的广泛参与，从提出建议、履行监督到行使权力诸环节，村民都参与其中，从而使乡村治理成为公共的、人人关心和参与的活动，使乡村社会治理的主体由单一走向多样，由单纯的政府负责转向多元主体共治，从而实现"人人有责、人人尽责、人人享有"的目标。这便是"共建共治共享"之要义，也由此使治理主体成为"治理共同体"，即命运、责任、利益与共的整体。

共建即共同参与社会建设。共建包括社会事业建设、社会法治建设以及社会力量建设等方面。包括教育、就业、医疗、卫生、社保之类的社会服务建设；权利、财政、分配、社保等制度之类的社会法治建设；社会组织和社会治理责任意识之类的社会力量建设等。

共治即共同参与社会治理。参与权是宪法赋予公民的权利。充分发展人民民主，维护社会公平正义，保障人民群众在社会治理事务中依法实现自我管理、自我服务、自我教育、自我监督，努力形成社会治理人人参与、人人尽责的社会共治局面，是善治的具体体现。

共享即共同享有治理成果。这包括经济上的成果及通过治理带来的其他社会效益。对于乡村基层社会更重要的是重视经济成果的共享,尤其是在幼有所育、学有所教、劳有所得、病有所医、老有所养、住有所居、弱有所扶等方面有更切实的体现。构建共享服务网络,建立起公共服务体系,让村民在共享中有实实在在的获得感、幸福感、安全感。

"共建共治共享",是社会治理制度的核心要义,三者相互交融、相互促进。共建是社会治理的基础,强调各类主体共同参与社会建设。共治是社会治理的关键,强调乡村各类主体共同参与治理,从而增强乡村不同主体的责任感,提升参与社会治理的能力和活力。共享是社会治理的目标,强调各类主体共同享有社会治理成果。社会治理归根结底是增进人民福祉,实现公平正义,保障人民群众的合法权益,让全体人民共同享受发展和治理成果。

共建共治共享是对新时代乡村社会关系变化的积极适应。随着乡村社会发展,乡村社会关系发生了很大变化,进城务工、进城落户、外出创业等所导致的村民观念改变,以及乡村人口结构以及社会关系结构的变化,村民自治以及善治中遇到的一些新问题。共建共治共享,就在于更加尊重村民在物质文化生活得到提高的同时,积极回应村民在民主、法治、公平、正义、安全、环境等方面的更多要求;强调乡村治理中具有利益相关者对公共事务的参与、互动、协商的权利与义务;强调村民在乡村治理的主体性、参与性和社会共享性。共建共治共享这一新的社会治理理念和实践,坚持了发展为了人民、发展依靠人民、发展成果由人民共享的理念,彰显着社会主义制度的人民性,从而成为推进乡村社会的民主建设和治理现代化建设的有力举措。

三 新时代乡村善治的有效性实践模式:结构、理念与领导力量

善治实践模式是关于具体实施的方式方法的总和,因此模式必然涉及很多因素。但在这里主要就结构、理念与领导核心进行阐述。善治从根本上而言,是治理主体参与治理、推进治理的活动,这当中必然涉及善治主体与主体之间,以及主体与治理对象间的关联性问题,这便是善治结构问题。合理的善治结构就在于善治主体之间和谐、合理和效能,从而使善治效果达到最佳。乡村治理作为相对于"管控"而言的"管理"活动,乡

村治理是指"通过解决乡村面临的问题,实现乡村的发展和稳定"①;也有人基于结构而认为,乡村治理是"性质不同的各种组织,包括乡镇的党委政府、'七站八所'、扶贫队、工青妇等政府以及附属机构,村里的党支部、村委会、团支部、妇女会、各种协会等村级组织,民间的红白喜事会、慈善救济会、宗亲会等民间群体及组织,通过一定的制度机制共同把乡下的公共事务管理好"。② 在这里表明了治理与治理结构是相联系的,具有互换性。乡村治理结构是指"各治理主体在各自权力、职责范围基础上的行为模式以及相互之间的关系"③,是指"为管理乡村社会或实现乡村社会自主管理而建构或形成的一整套机构设置(治理主体安排)、权力运作与资源配置的体制、机制与方式"④,这已经涉及治理结构的内涵了。因此,新时代乡村善治结构是结构意义上的"善"的取向、"善"的实践以及"善"的实现以及效应。

(一)新时代乡村善治结构的实践追求

新时代乡村治理结构指新时代乡村社会基于农业农村现代化而推行的治理模式以及内在关系构成,它主要包括治理主体的产生、治理组织以及主体权力关系、治理方式与治理资源整合等,其核心是治理主体以及权力关系与实现,那么善治结构就是这些方面体现"善"并实现"善"。而乡村善治在其治理结构上主要是围绕主体的广泛性以及主体权力表达的民主性等方面来展开的。

所谓善治的主体广泛性,是指新时代乡村社会的每一个成员,这既包括自然主体的村民,也包括组织主体,如经济组织、慈善组织、联谊组织、政府组织等,都可以参与到治理活动中。只要是基于乡村发展而出现的主体,都是乡村治理共同体的一员。所谓主体权力实现的民主性,就是每一个主体基于乡村发展所提出的建议、意见,都应得到尊重,成为乡村发展的有机组成部分,从而在治理实践中得到体现;即使是反对意见,正

---

① 徐勇:《挣脱土地束缚之后的乡村困境及应对》,《华中师范大学学报》(人文社会科学版)2000年第2期。
② 郭正林:《乡村治理及其制度绩效评估:学理性案例分析》,《华中师范大学学报》(人文社会科学版)2004年第4期。
③ 马宝成:《乡村治理结构与治理绩效研究》,《贵州工业大学学报》(社会科学版)2005年第2期。
④ 吕云涛:《中国乡村治理结构的历史变迁与未来走向》,《山东省农业管理干部学院学报》2010年第2期。

是由于其反对而促使治理实践更完善、更全面，从而避免治理中的失误。当然治理实践中广泛性和民主性是具体的、多样的和现实的，必然随着治理变化而呈现出不同。乡村治理问题总是具体的，多样的，因此乡村善治没有固定模式或"灵丹妙药"，特定的问题要用特定的方案来解决。面对乡村不同治理对象及环境，必须探索符合不同主体意愿实现的广泛性、民主性样式。现代治理研究和实践表明，管理和决策越是接近问题实际发生的地方，治理效率就越高。因此，治理问题性质及村民意愿决定着治理方式及模式，也决定着善治之"善"的程度。村民对于乡村公共产品、公共服务总是具体的、多样的，也是变化的，尤其是乡村现代转型所引发的变化更为深刻，因而乡村善治在广泛性、民主性的内涵及实现方式进而在结构和模式上，必然处于不断变化之中。

　　任何乡村社会治理行为，在其现实上都是通过政府、社会、市场和个人等主体共同参与并发挥作用，因此善治过程实质上是政府、社会组织（包括市场主体）和个人在公共事务中相互作用，协调彼此分歧和行使各项社会权利的过程，其核心就是实现公共利益最大化。因此，有效的善治实践结构，表现为实现村民自治与体现国家意志间的有机统一，是自治力与政权力的协作与共赢，是政府治理和社会自我调节、村民自治良性互动。当然善治也表现在全体村民参与自治，人人都是自治主体，充分发挥群众的主体作用等方面。为此，实现这一有效性结构，一方面需要从新时代深化村民自治入手，探索村民有效参与的途径、方式等，比如互联网+模式下村务公开、村民议事、村民选举等，其目的就是提高村民参与自治的主动性、积极性、有效性。目前基于村民居住分散，加之青壮年外出务工，村民大会或代表大会难以有效举行等情况，不少地方正探讨村民自治的村民小组下沉方式，从而更有效提升自治水平。

　　另一方面，需要高度重视各种组织化主体的参与。新时代乡村社会的多元发展而出现新的主体，如经济组织、慈善组织、红白理事组织、乡贤队伍、调解组织等，已经成为乡村治理的重要力量。乡村治理主体结构不再是政府与农民互相作用的二元链状属性，而是包括基层政府、农村集体经济组织、新型经营主体、新型社会组织与农民在内的网状多元属性，它们在乡村治理中既有着各自的利益需求从而使这一共同体互相联系又互相约束，基于乡村共同利益而发挥自身的优势，参与到治理当中。因此要健全参与方式，积极引导这些主体参与到治理当中，发挥其独有的作用。

同时，有效的善治实践主体之间是平等的、多元的，包括政府、社区（村庄）、社会组织、企业、家庭、个人等，而不是单一的，也不存在隶属的、上下级的不平等关系；在方式上，社会治理采用的是协商、合作、透明和妥协，也就是说，在社会治理过程中，不同的社会主体通过合作协商、博弈、妥协和透明的方式，寻找到更多的共同点，达成最大共识，从而实现社会发展与社会秩序和谐。

（二）共议协商：乡村善治的基本实践理念与方式

善治结构如何转化为现实的治理力量，这便有了实践结构的实现问题。既然结构问题更多的是主体以及主体权力之间结合的问题，那么善治结构实现就是如何使主体以及权力之间有效结合的问题，或者说基于何种理念、确立何种制度、机制把主体及权力有机化为整体的过程。对于乡村善治而言，确立共议协商、共治共享理念，并由此构建共建共治共享治理格局，已经现实地成为善治结构现实化的有效方式。

共议协商，是指人们在社会生活中，面对诸多复杂的社会关系并力图化解矛盾纠纷时，往往通过沟通、商量、调解等非对抗方式，并以此形成共识基础上加以解决。事实上，在中国传统乡村社会内部事务中，在重视人伦关系的社会文化背景中，协商广泛存在于人们的社会生活中，具有协商共议的悠久传统。然而就国家与农民之间而言，由于国家权力的强制性、执行性，尤其是中国传统专制统治，农民对于国家权力只能是服从、屈从，因此许多研究者认为中国乡村社会处于"专制主义""威权主义"而缺乏"协商"话语，当然就缺乏治理传统和民主风气。然而研究者忽视了一个重要事实，中国传统乡村社会处于"国家不及"的"乡村社会自治"状态，作为乡村社会秩序及维护，除了统治者出于统治目的而提供意义、价值的教化，及基于赋税、兵役需要兼具象征国家权威意义的极为有限的秩序宣誓的保甲之外，大量的民间纠纷、矛盾以及乡村秩序的维护，包括纠纷调解、社会秩序维护、公共事务推进，主要依靠乡村内生权威及力量来实现，这主要是以族长为代表的乡贤、文化人等，他们基于个人的威望，或者血缘认同，或者长期生活在村庄所形成的诸如公正、正直品德得到认同等，以"中人""调停人"身份对各种纠纷做出进行"断理"和裁决，从而实现乡村社会秩序的维持。在这当中，这些村庄内生权威"断理"之"断"，其主要方式就是"协调""斡旋""商量"，依据乡村秩序长期以来所形成的"共识"即"公理""公道",在纠纷矛盾的各方"你一言、我一语"及各自"摆理"甚至七嘴八舌中进行公议,通过"公议"甚至争论、争吵最终形成"一致性""共识",在这一基础上最终把"事情扯平",并使当事人基于"公议"去主张权利、实现权利。因此"公议协商"是乡村传统社会秩序的一部分,是乡村文化传统的有机组成部分。

就乡村善治而言,尽管其范围及内涵的争议性很大,但"通过乡村社会不同主体的共同努力实现了乡村社会秩序良好"这一内涵应该是公认的,这便是治理意义上的"良好治理"之义。然而即使仅从"良好的治理"这一视角,现代社会的乡村治理所涉及的治理主体远比传统乡村复杂,它不仅包括国家与农民之间的纵向关系,也包括乡村社会内部各种主体之间的横向关系,并且这些治理主体不仅是自然人主体,更是现代社会的组织意义、法人意义的主体,即群体、阶层等。在这些复杂的关系中,为着乡村的有序治理,从政治政权意义上,尽管国家政权可以更为直接、更为强势的方式进入乡村秩序的建构之中,以致左右乡村社会秩序形态,但事实已经充分证明,任何单向度治理,或者说乡村秩序的单一主体愿望构建,不仅导致高昂的治理成本问题,而且往往出现"难以服众"、表面平静下的"暗流涌动"甚至引发更加激烈冲突的窘境。乡村资源开采中出现的环境群体性冲突治理就是例子。所以,面对乡村社会的现代转型,村民利益诉求多元化及利益关系复杂化,尤其是工业化对乡村社会的"裹挟",及现代交通、通信技术的发达,使乡村传统社会长期以来所造就成的封闭性、传统性不断被打破,乡村社会的人流、物流和财流被卷进商品社会和市场经济之中,强烈冲击着乡村社会已有的秩序,并使乡土社会陷入失序、分化和社会秩序重建的状态,乡村社会的多元化协商治理成为了必然。这就意味着传统农耕基础上所形成的乡村秩序,已经被卷入现代化及工业化所带来的更为开放的、多样的、多元的社会秩序之中,乡村传统的人际关系、人地关系以及国家与农民关系及由此所进行的管理关系,已经正处于被现代社会理念、制度所建构之中。这一转型过程中,乡村人口的城市流出、土地抛荒、进城务工等所表现出来对乡村的"疏离",与承包土地的坚守、乡村老宅的守护及关注村庄事务及荣衰等所表现出来的"亲近",这一似乎矛盾、相悖的现象,恰恰是目前乡村社会最为直观、最为形象、最为感性的表现。这就是说，任何政府包办或政府单向度输入来维持乡村秩序的方式、手段，尤其是政府公权强行介入的做法，对于现阶段的乡村社会都难以适应了。因此，作为乡村社会内生的"共议协商"这一具有中国社会基础的治理方式，在这一传统所形成的社会基础上，在当下乡村社会治理中有了其现代价值，村民自治、村民议事、村民理事会等出现，就是"共议协商"的活化和活力的表现。

"共议协商"的核心在"协商"。"协商"体现的是参与的各方及不同主体地位的平等性，基于平等基础上主张自己的权利，发表自己的看法，表达自己的想法。正如米勒（David Miller）、亨德里克（Covrolyn Hendriks）认为的那样，协商民主就是"每个公民都能平等参与公共政策的制定过程，并自由表达和理性讨论的过程"[①]。也正是这种平等，使得对话和讨论从而达成共识有了可能。"共议"下的"协商"也使得"协商"是基于公认的秩序、价值即"公理"意义下的"协商"，"共议"成为"协商"的共同基础。因此"共议协商"所蕴含的自我管理、自我约束、自我规范和教育已经成为现代基层民主治理实践的重要方式，也由此成为探索新时代基层治理现代化与推进基层民主建设的新课题。

（三）新时代乡村善治实践

"中国共产党领导是中国特色社会主义最本质的特征，是中国特色社会主义制度的最大优势，党是最高政治领导力量。"[②] 这是新时代中国特色社会主义思想的理论创新成果之一。中国共产党领导决定了中国特色社会主义道路、理论、制度和文化内涵以及特征，党的领导始终是第一位的。因此，对于中国特色社会主义乡村现代化以及振兴战略的实施，必须始终坚持党的领导。"办好农村的事情，实现乡村振兴，关键在党。"[③]党的宗旨、性质及目标任务决定了党领导和推动的乡村社会发展以及治理创新，其根本就是为乡村社会发展及乡村百姓利益，体现着乡村善之治。就是说，党的领导与善治究其根本是一致的。党是为着人民利益而进行乡村治理的领导；党领导下的善治追求，无论是善之治还是善于治，其最终必

---

① 转引自陈军亚《公理共议：传统中国乡村社会的协商治理及价值》，《山东社会科学》2019年第1期。

② 习近平：《2018年6月29日在十九届中央政治局第六次集体学习时的讲话》。

③ 习近平同志2017年12月28日在中央农村工作会议上讲话：《加强和改善党对"三农"工作的领导》。

定落实在乡村社会发展及村民利益上。

党领导乡村治理已经现实地转化在乡村善治中。"一切为了人民、一切依靠人民",彰显着党领导的乡村善治的领导优势;党针对农民问题进行了革命、建设和改革的伟大历史实践,凸显党对中国乡村实际的深刻把握和理解,奠定乡村善治的国情、乡情的现实基础;扎根于乡村社会中的党的基层组织及所形成的凝聚力,与人民群众血肉相连,使得党的领导具有广泛群众基础,党的领导也成为善治的领导核心。进入新时代,党基于社会矛盾变化的判断而提出实施乡村振兴战略,是党对中国特色社会主义乡村现代化发展所作出的战略举措,是党基于国家现代化总体战略而对国情、农情和乡情把握。这一战略部署确保了乡村在整个国家发展格局中的同步发展。在具体实践内容上,新时代乡村党的基层组织与许多党员干部,通过贫困户帮扶结对子、党建兴村、推动乡村产业等,展示着组织的堡垒效应和广大党员的先锋模范作用,成为乡村振兴的中坚力量;党的组织化、党与群众血肉相连的优势,成为市场化下农民组织化的有效力量,从而使市场化下村民原子化、离散化状况能够重新联结而成为真实共同体。正是党对乡村治理的有效领导,乡村社会的凝聚力及治理的公信力得到进一步增强,因而党现实地成为乡村善治的推动者、引领者。因此党领导下的乡村善治,通过加强党深入乡村社会基层的组织优势,发挥党在政府、社会、市场与村民之间的桥梁纽带和整合功能,发挥党员模范带头作用,现实地成为了乡村善治的关键。

新时代乡村善治,是中国特色社会主义现代化建设的重要组成部分。坚持党的领导是确保乡村善治的正确方向,使善治真正体现乡村之善、农民之善以及社会和谐之善。为此新时代推进乡村善治必然受到乡村现代化所建构、所要求,从而使乡村善治实践充满更多挑战,社会转型的阵痛更为剧烈,因此必须充分发挥党的组织及其党员模范作用。为此需要从激活乡村治理资源,调动不同治理主体参与积极性,构建适合乡村现代化发展的治理体系入手,把党的组织优势及党员模范作用发挥出来,通过治理主体的多元、治理过程的协商和治理成果的共享等,实现大多数人满意的治理成效。

然而新时代推进乡村善治实践,在积极发挥党的领导核心作用当中,并不是以党组织的工作及活动去代替村民自治,也不是由基层党组织或者党支部书记的个人意志去主导村民事务。实行村民自治,是《宪法》规定的乡村社会治理制度，是人民当家作主的具体体现。村民自治是我国农村社会的泥土中生长出来的民主制度；村民自治就是让村民充分行使民主权利，通过民主的选举、管理、决策、监督等参与到村内事务的管理中，从而实现村民的自我教育自我约束。党的领导及其"堡垒作用"发挥是通过党的方针路线的宣传、党组织优势以及党员模范带头等方式，参与到村民自治之中，发挥基层党组织在村民自治中的政治方向、协调组织、示范带头等作用。这也是党的领导在"善于治"中的体现，党的领导在其本质上就是善治的具体化。党在领导"治"过程中，通过充分尊重人民群众的首创精神，充分发挥群众智慧，领导而非代替村民去进行乡村事务管理，努力把党的意志转化为村民意愿以及乡村行动，从而实现党的领导和党的宗旨。进入新时代，不少地方村党支部书记和村委会主任"双肩挑"，形式上的"一体"并不是以党的领导取代村民自治，恰恰在于加强党对村民自治工作的领导，使党的意志有机地融合于村民自治之中，从而更好地提升村民自治水平。

第七章

新时代推进乡村善治的实践进路

随着全面小康的实现，全面推进中国特色社会主义现代化建设已经成为新时代的中心任务。推进乡村治理，走乡村善治之路，作为现代化建设及实施乡村振兴战略的重要内容，已经现实地落实在国家治理实践及社会建设的各项方针政策之中。新时代乡村善治逻辑实践不仅具有乡村治理创新的意义，更有着国家治理现代化及中国特色社会主义民主建设的意义。因此新时代乡村善治实践就必须围绕实践内涵、方法途径、环境等方面加以创新，这由此构成了新时代推进乡村善治的实践进路。

第一节 新时代推进乡村善治的实践困境

新时代推进乡村善治，既有全面小康建成及全面开启现代化建设新征程所引发社会快速发展局势变化的影响，有乡村社会发展遭遇城市化、工业化持续冲击而导致的乡村社会结构和经济发展方式变化，以及社会治理方式改变所引发乡村管理体系变化等诸多因素的制约，也有现代化所带来的乡村传统文化嬗变所引发的乡土心理、乡土价值观念的失序。现代化已经把乡村社会置于社会的深刻变化之中，从而使乡村社会形态、结构等出现了深度的变迁、调整、转型。在这一深刻变化过程中，乡村善治已经现实地成为推动乡村社会发展变化的重要抓手，善治实践成为乡村经济、政治、文化和社会现代转变的价值基础。新时代的乡村善治逻辑下的善治实践体现着新时代中国特色社会主义现代化建设需要，体现着乡村治理现代化发展趋势。但推进乡村善治实践所遇到的乡村经济产业基础、治理体系、治理能力与条件、治理方法方式等所构成的治理实际与现状，与善治实践需要存在很大差距，也由此成为进一步推进乡村善治实践的困境和挑战。

一　乡村产业发展不足

乡村善治，必须建立在乡村经济尤其是产业发展基础上。不仅是因为经济对治理具有决定性，而且善治的结果必然体现在乡村经济发展并使农民物质生产生活条件得到提高、乡村生态环境质量得到提高上。因此，没有经济基础支撑的善，意味着乡村物质生活水平的不富足，而这样的善显然是不完善的、不全面的，没有基础的。

新时代乡村振兴的"二十字"中，首先提出的是"产业兴旺"。产业，是随着生产力发展及社会分工，而呈现不同分工、不同经营方式及经营形态的各个相关行业所组成的业态总称，它们围绕着共同产品而形成相互联系的利益关联，通过各自生产经营并在行业内达到各自循环而实现其利益。因此"产业兴旺"就是围绕乡村产品而进行生产、经营的不同行业实现其繁荣兴盛，最终实现乡村经济的发展和发达。

产业兴，乡村强。产业是乡村经济发展的标志，也是推进乡村善治的基础和抓手。基于新时代乡村振兴以及推进乡村善治需要，乡村产业以及发展不足问题显得十分突出。

首先，农业产业发展的广度不够。现阶段乡村产业单一现象是普遍的。种植、养殖作为大多数乡村的主要劳动对象，几乎都停留于初级农产品阶段，缺乏对农产品的深加工及产业链的延伸。

其次，农业产业发展的深度不够。农业活动仍停留在传统农业所追求的直接产品上，对乡村资源缺乏深层次开发利用。比如种油菜就是油菜籽榨油，而未能利用油菜种植形成的油菜花进行观赏农业开发；同样利用农业种植或养殖进行订单农业生产，利用乡村农业资源形成旅游产品等，都未进入乡村农业活动中。由于未能形成乡村资源的综合利用，仅仅是以获得农产品为经济收入的传统农业种植养殖，导致乡村产业的开发力度、利用力度极为有限，获取的经济价值也是非常有限。

最后，产业的综合开发利用不够。现代产业发展要求形成综合性的产业发展格局，具体而言就是以一二三产业融合的大思路，寻求与乡村资源的最佳切入点和发展契机。忽视乡村资源，一味强调农业从而走单一产业的路子，注定难以形成优势。新时代提出的乡村经济的"产业兴旺"，区别于传统意义上的乡村经济的第一产业兴旺，或者局限于乡村来谈乡村、就农业谈农业，把乡村和农业理解为农业部门及乡村行业内部的事，是农业产品拉长产业链条的事，诸如此类的传统认知和实践上。

事实上，新时代推进善治，其"产业兴旺"是从大产业视野、从乡村作为行业资源优势的承载地来构建乡村产业发展；它着眼于乡村资源、条件，而主动承接乡村适应的现代工业及服务业，如加工业、乡村旅游、乡村体验、乡村养生等，从而把一二三产业融合起来，使乡村经济呈现出功能完备、多样的现代产业结构，体现现代农业三大体系，即产业体系、生产体系、经营体系有机结合的产业发展与兴旺。

然而，走产业综合的路子，在目前乡村振兴及乡村发展中仍存在较大差距。乡村由于城市化、工业化大潮，尤其是农业的比较经济效益持续下降，导致乡村人力资源持续外流，留在乡村的大多数是一些老弱幼少，他们普遍缺乏劳动能力或劳动能力不足。同时，尽管国家加大对乡村的扶植力度（如财政转移的力度），但作为国家发展战略及政策的资源利用，更多的是基于这一阶段的战略任务而言，因而它是有条件的、有要求的。乡村人才不足也是不争的事实，现有乡村的基础设施条件，不仅吸引人才有困难，也难以留住人才。这一系列因素的共同作用，必然使乡村产业综合发展陷入困境。

二 基层政府治理水平存在差距

新时代乡村现代化是以国家力量不断重构乡村社会为前提的。对于现代社会管理而言，正如杜赞奇所说的那样，"所有的中央和地区政权，都企图将国家权力深入到社会基层，不论其目的如何，他们都相信这些新延伸的政权机构是控制乡村社会的最有效的手段"[1]。固然，新时代乡村现代化建设，是基于国家现代化建设及乡村建设现实的要求。对于乡村现代化发展，没有国家力量的扶植支持，单纯依靠自身力量积累而推进现代化建设，对于绝大多数乡村而言是难以实现的。因此，解放前的国民党政府及新中国成立后的共产党政府在乡村改造政策上尽管措施以及目标追求等方面有着许多不同，但其核心都是基于国家权力对乡村的建构、改造而进行的，意图实现国家力量逐渐下至乡村，从而使乡村逐渐融入国家整体大局之中，在这一点上都是一致的。

---

[1] ［美］杜赞奇：《文化、权力与国家——1900—1942年的华北农村》，王福明译，江苏人民出版社2008年版，第3页。

当政府作为国家力量的代表参与到乡村治理之中，国家力量的强大从而使政府逐渐成为乡村社会的实际管理者。但是随着乡村市场化经济发展，尤其是就业的工业化、城市化取向，乡村事务的繁杂性、突发性、直接利益性更加突出，政府的全能性、统治性管理，以及以往有些政策措施难以适应乡村发展需要，越来越难以应对乡村日益增多、复杂多元的村民利益诉求而导致各种乡村社会矛盾和问题复杂化。利益分化导致不同治理主体之间的摩擦和冲突，使乡村社会的各种矛盾问题日渐突出，因而化解分歧和冲突已成为乡村社会稳定与发展的关键。而传统的、依靠单一的行政权力的那种政府基层管理方式，已经难以有效进行乡村社会治理。因此改变这一状况需要从推进乡村治理改革创新入手，围绕政府、社会和个人等不同治理主体构成的治理共同体及治理体系来进行。

乡村治理创新首先是治理结构创新，围绕政府、社会和村民等不同主体构建治理共同体是其创新的基本要义。就其创新的现实条件而言，目前主要是基层政府的"让权"，即政府从"不该管""管不好"的方面退出来，政府依据有关法律行使管理权力，并集中于公共服务、民生政策等方面。"乡镇基层政府的走向应是从全能型、多功能的政府转向有限功能的政府；从自上而下、行政指令式、搞运动、围绕中心工作的工作方式和治理模式转向群众参与的、自上而下和自下而上相结合的工作方式；从行政管理型的政府转向自治程度较高的政府，从统治型政府转向服务型政府。"[1]

国家治理转向及现代化要求确立了新时代乡村治理创新的根本目标。党的十九大提出乡村振兴战略，指出乡村治理创新必须建立起"自治、法治和德治相结合"的治理体系，提出了乡村振兴的总体要求，这由此构成乡村基层政府治理的创新要求。基层政府参与乡村治理行为是通过其所支配的各种行政资源并按照法定要求使之发挥作用的过程。因此这种行政资源整合及作用方式所形成的行政机制、模式直接影响施政成效。当基层政府通过直接服务于群众的"积极行政"行为来参与乡村治理，即基层政府的"好愿望""好心"来推进行政，其结果却未能获得村民支持与满意，甚至陷入困境中，即俗称的"好心未得到好报"。这当中很大程度上与基层政府行政目的、行政机制有着关联，究其根本在于：基层政府仍

---

[1] 张晓山：《简析中国乡村治理结构的改革》，《管理世界》2005年第8期。

然习惯于官僚化、运动式管理模式及其"管控""命令""执行"方式。这些做法显然无法适应乡村社会转型、国家治理现代化转向要求,尤其是无法适应乡村治理环境、现实基础的变化。具体而言,表现在以下方面[①]:

1. 追求乡村治理的"一统"目标(而非"乡村治理"下的多重、多样目标)

"一统"治理目标带有鲜明的政绩彰显性特点,体现基层政府积极行政行为在压力型体系下的行政逻辑。然而乡村治理问题,相对于宏观的或者更具普遍性治理而言有着复杂性、多样性及其非均质性特征,任何一统目标及治理方式,无论出自何种善意,都难以实现。这不仅是村庄及村民主体不同所引发的需求及期待、愿景不同,而且村庄生态环境实况也不同,因而对这一村庄"生态环境治理"认同理解也不同。"政策的一统性越强,它与基层的实际情况的差异越大。"[②] 因此,在一统目标下,乡村治理环境及农民治理意愿差异必然降低村民对政策目标的心理期待及评价程度,从而也降低村民参与乡村治理的热情。也就是说,任何"一刀切"的治理做法,不仅难以起到政策应有效果,而且由于乡村不同治理主体利益不同而未能进行有效沟通协调,反而有可能产生更多的反弹。

然而,目前基层行政体系在现有的压力型体制逻辑下,决定了这种一统性的乡村治理模型仍然是主要方式。上级政府更多的是基于整个社会发展需要而提出治理的政策目标及框架,并确立相应的评价体系。基层政府在这一目标及政绩评价压力之下,只能贯彻并服从这些政策期待而无法进行更多的选择。然而村庄、村民及治理环境状况,都是实体的、多样的及复杂的,村民的利益诉求也是具体并个别化、有差异的。即使是改善村庄环境、饮水保障、荒山变绿等天然的公共服务,面对村庄自然及人文条件的差异,其具体实施也应该是不同的。无视或有心无力面对这些最为具体、鲜活且多样的治理利益诉求,以一统性治理目标将其格式化、形式化,只能带来政策目标愿景与民意诉求的脱节甚至疏离、官民矛盾等问题。

[①] 这一部分主要来自于拙作《农村环境冲突化解:治理理念及实践创新》,《行政论坛》2014 年第 3 期。

[②] 周雪光:《中国国家治理的制度逻辑》,生活·读书·新知三联书店 2017 年版,第 199 页。

2. "包揽"治理思维，也叫"独揽"思维

在乡村治理中，基层政府大包大揽，美其名曰"不想给乡亲们增加负担""不愿给村民麻烦"。政府为村民服务，践行服务政府理念，为村民谋事、成事，这是政府的宗旨所在。然而，在成事、谋事中的"包揽"，表面上似乎是"用心""热心"，然而更多地体现着基层政府不敢放手、不愿放手的政府中心主义思维，"热心"的背后恰恰是政府独断、独尊的心态，以及管控的官僚思维在作怪；从更深层次而言，就是不相信群众，甚至看不起群众，把群众视为一群好利、好事之徒，最终导致政府孤立甚至对立于群众。

基层政府的"热心"，往往会导致村民在乡村治理上成了"看客"，或者被动地接受政府带来的"恩惠"。这不仅纵容了公共事务的"搭便车"行为，而且在一个充满小农生产的文化氛围中，很容易产生"政府的东西就是'唐僧肉'，'不要白不要'，逮着机会就要'狠狠敲一下'"之认识误区，由此衍生出许多矛盾。这些现象背后，反映的是基层政府忽视乡村治理的其他主体的意愿，无视或忽视其他主体的利益诉求，单纯地、官僚式地使其他主体成为被动接受者的官僚思维。比如近几年乡村"项目制"治理实施以来出现的"钉子户""雁过拔毛"现象，与基层政府这一"热心""包揽"不无关系。因此乡村治理在涉及村民利益中，如何使村民个体利益与村庄利益、整体利益有机统一起来，让村民意识到乡村公共治理就是自己的利益，就成为基层政府首先需要面对解决的问题。因此，在面对乡村公共基础建设及服务设施建设时，首要的就是政府应放手、放心，真正让村民参与进来，让村民真切感受到这是"自己"的事而不仅仅是政府的事。

3. 管控式的工作方法

出于政绩压力，基层政府充分展示管理者职能，通过管、控、压等方式把执政资源直接地、有效地汇集起来，力图尽快达到上级考核目标。然而基层政府行政的对象是村庄，它是村民生产生活场所，朝夕相处，感受最直接最深刻。就乡村的环境治理而言，无论是废水收集与排放，还是道路硬化、绿化，或者厕所的改建，都必然与村民发生关系，需要村民的配合、参与。有些基层官员秉承给村庄办"好心""好事"心态，甚至"施舍""救星"的心理，以一种高高在上、不容置疑的态度要求村民服从，甚至认为老百姓理应感恩戴德、积极配合。有些基层政府工作人员在管控

心态驱使下，遇到此类事件，想当然认为既然给老百姓办好事，老百姓就应该让步、妥协甚至做些牺牲即无偿付出；遇到一些利益矛盾和冲突，就摆出一副给你办好事的架势，似乎任何不支持、不配合的行为都应该受到谴责、批评，甚至直接上纲上线般地恫吓、威胁，一下子就把问题复杂化、激烈化。因此，无论是"管"还是"控"，它都体现着政府至上、命令式的惯性，都难以真正有效地解决问题。

4. 过于刚性的行事风格

刚性意味着原则性、规范性、无条件性，讲究问题的对错定性及解决问题的规范精准，注重过程的规范公正公开。这也恰恰符合现代治理理念及精神。但是乡村社会远非真正意义的现代社会、法治社会，更多的是传统的、非规则性的、具有浓厚人情世故的社会。在乡村，许多问题的边界是模糊的、笼统的、非原则性的，并且不少问题看似琐碎细小，但却错综复杂、相互关联。这当中，每个问题都有着其合理性的一面，它们当中并没有绝对的对错之分。因此任何过于刚性的解决方式在乡村环境治理上不仅不能解决问题，还会引发更多的问题，导致原本单纯的、线性的问题复杂化，甚至引发社会冲突。事实上，许多乡村社会冲突都不是个别的、孤立的问题所引发的，其背后牵涉到乡村社会错综复杂的关系与矛盾。乡村治理中一个似乎是微不足道的事情，很有可能最终成为导火索而成为大事情。因此，刚性背后的柔性，对错判断之后的调解，原则坚守后的妥协，恰恰是乡土治理达到"善治"的适用原则。

5. 基层政府积极行政行为的政府偏好逻辑

基层政府出于自身需要而进行选择性行政行为构成政府偏好。在现有管理体制下，基层政府往往以"做点"的政绩逻辑取代项目应有价值即社会需求逻辑现象，如基层官员为着升迁所需的"政绩"，基层政府出于争取上级更多的财政资源而投其所"好"，或者出于行政成本最小化而选择性行政等。政府偏好既有正面效应，如为着基层政府基于群众利益而选择性地抵制上级不合理的下派任务，或者为着彰显基层政府行政有为而积极推动乡村治理工作等；当然也有负面效应，如基层政府出于"做'点'政绩"需要而选择性进行"面子工程""形象工程"等。就乡村治理而言，基层政府治理作为的本旨是参与到乡村治理当中、提升乡村公共产品质量。政府偏好意味着政府治理作为更多的是从基层政府而非从村庄村民真实需要入手。从基层政府行政愿望入手，这就意味着基层政府与村庄村民在乡村治理上存在分歧，甚至不少被基层政府认为是"做好事""做实事""为民主政"的行政，却被村民所不屑。在这当中政府思维而非村庄村民思维，即政府偏好而非村民偏好，是目前乡村治理困境形成的重要因素。

6. 基层政府善治理念偏失

理念是行为的基础和前提，有什么样的理念便有什么样的行动。地方基层政府长期以来所形成的传统的管、控思维，官本位、官老爷心理，习惯以管理者、监督者参与村庄事务，而非公共服务者、公共产品提供者的角色定位融入乡村治理当中，并由此衍生出一系列问题，如乡镇政府对村庄事务的过多干预，力图把村级组织纳入其下属组织，以政绩为目标进行村庄治理等。这一乡村治理理念以及目的衍生为政府经济利益至上、农民素质低与私利重、政府行政天然合理等的具体观念。不难设想，当乡村治理成为地方政府经济利益及政绩表现时，地方政府对乡村治理行为必然蜕变为政府自身利益保护，因此地方基层政府就难以从乡村自身实际，尤其是农民利益出发，地方政府显然难以承载乡村治理的国家角色的重任。

7. 单一的"中心—边缘"官僚制管理意识与管理结构

从社会治理方式演变来看，无论是农业社会还是工业社会都是一种"中心—边缘"式的治理结构，政府在这当中成为唯一主导性权威，表现为政府在实现社会秩序、经济建设与社会发展上过分依赖权威控制。这一管理思维往往将社会其他主体性行为和意识视为对自身权威的挑战，在管理手段和方式上习惯性采取镇压、控制、压制甚至暴力等，以此使被管理者尤其是冲突双方屈从和臣服。近年来，各地乡村治理冲突的处理方式几乎都是这一思路的表现。

事实上，农民在乡村治理冲突中的表现，它并不是挑战地方政府权威，完全是一种具体性的、为着直接经济利益并恳请政府给予解决而进行的自发行为。农民更多地希望地方政府能够为他们解决实际问题，切实为他们的生存、生产生活着想。出于生存本能，当地方政府的经济利益追求（政绩）、企业偏好损害了农民利益时，农民必然以其自身利益进行着身份的界定从而寻求更多人的加入，利益受损者很容易成为"我们"，而受益者的企业成为了"他们"。地方政府受经济利益偏好及目前财税体制影响，决定了地方政府必然更多地偏向企业，从而成为农民眼中的"他们"。农民的这些行为在"管理思维"的政府官员看来，潜意识中就是抗拒政府、违抗政令，从而在其行政行为上也把农民自然当成了管理对象而不是服务对象，忘记了权力来自于百姓并理应为百姓服务的基本宗旨，其结果是地方政府从公正的协调者转变为利益相关者，农民与地方政府之间的"我们"与"他们"界定逾越清晰，农民对政府的不信任甚至抗拒更突出。这可以从环境冲突中"农民在冲突初期指向企业，之后很快指向地方政府，本来是农民与企业间的利益纠纷，却迅速成为农民与政府间冲突"的现象中得到佐证。对公权力"不公"的抗拒，显然无法归结于挑战权威。之所以出现这种理解，与政府所秉承的主导性权威权力意识和管理思维有关。简言之，是政府基于"管理"而非"治理"理念所致。

三 乡村自治主体的治理能力不足

村民自治制度是中国特色的农村基层民主政治制度。农民直接行使民主权利，依照《宪法》和《村民委员会组织法》的规定，实行自我管理、自我教育、自我服务的一项基本制度。村民自治是这一制度的核心，即村民直接选举村民委员会，通过设立村民自治组织来行使自治权。因而自治体系及自治主体的自治能力成为自治水平高低的重要因素。

改革开放以来，由于城市化、工业化对乡村形成的"虹吸效应"，乡村各类资源尤其是人力资源的城市流动，使乡村社会发生了巨大深刻的变化。进入新时代，在国家治理现代化大趋势下，乡村振兴战略实施及乡村治理现代化建设的有序推进，乡村现代转型所带来的人口、物力的流出，已经现实地影响了乡村社会治理环境及治理模式，从而对乡村善治模式尤其是自治主体所应有的能力水平形成了很大影响，表现出与乡村治理现代化及善治要求显得不足的状况。

1. 乡村社会结构发生了巨大变化，从而使治理主体的乡村人口不断流失

工业化、城市化导致社会处于"大流动"之中。乡村已演变为"空巢社会"[①]。目前乡村地区尤其是自然条件不足的地区，青壮年劳动力外出务工是理性的选择，因而乡村社会变成了主要由老年人、妇女和儿童留守的"空巢社会"。这种现象又被学术界称为乡村社会的"空心化"。这一"空心化"社会结构，意味着大部分时间里，参与乡村社会常规治理

---

① 陆益龙：《乡村劳动力流动以及社会影响》，《中国人民大学学报》2015年第1期。

的主要是老年人和妇女群体，而他们恰恰是社会所说的弱势群体或者说需要关爱的群体。这就意味着乡村治理出现治理主体尤其是核心主体缺失状况。这不仅制约着治理的决策效率，而且也降低了治理的整体效率。

随着改革开放的不断深入，沿海及经济发达地区产业外溢及转移现象，使得许多人能在家乡县城务工，但这种"两栖人"即务工人员穿梭于城乡之间，平时城市务工定居营生，重大节假日回来团聚的状况，对于乡村的"家"或许更多的是心理依恋，或者说底线保障而已。这类"两栖人"对于乡村事务尽管会关注一些，但基于在外营生的实况，更多的是说说而已。因此虽然是户口管理的乡村人口，但就乡村事务参与、乡村治理而言，他们已经在主体意义上"失语"了，发挥的作用也处于"无为"状态。随着越来越多的乡村居民选择"背井离乡"，在城乡之间来回移动，这样乡与城移动式"两栖人"的生活方式，已经造就了乡村另一种"空巢"现象。也就是说，随着有劳动能力的人离开村庄，已经现实地削弱了自治主体的自治能力和水平。这也反映出乡村社会结构的非稳定性特征，表明乡村社会治理的目标群体的不确定性，导致乡村社会治理面临着一个突出问题即人少了，有能力做事的人更少。乡村文化人通过升学渠道向外流出，有经济能力的则通过外出打工或经营渠道流入城市，人才或乡村精英的净流出，从而引发自治主体治理能力不够等问题。

推进乡村治理，首先就是村民的广泛积极参与，充分发挥民众的智慧和力量。而目前乡村社会处于人口"空心化"及人才"空心化"状况。"空心化"不仅削弱乡村治理需要的"人数"以及质量问题，而且更值得关注的是人们关注乡村社会的共识更为缺乏，形成更为困难等问题。共识，是乡村善治的基础。就机制形成而言，善治就是形成共识并努力践行的问题。因此促成社会共识是乡村社会治理的重要内容与任务。然而，由于乡村社会的变迁与分化，农民外出从事不同职业，造就出不同的经济实力，接触多样化的文化与价值观念，此时乡村社会内部出现了阶层差异、文化价值差异等状况，削弱了乡村社会的共识基础。乡村在公共事务治理方面形成共识或一致目标的分歧增多、难度加大。而乡村善治必须在共识及形成上创新机制，具体到求同存异上的"同"如何形成、"异"如何包容之类的事，这由此构成新时代乡村治理创新的重要问题，也考验治理主体之间的智慧以及心态问题。

综上所述，新时代乡村善治的社会结构及社会基础变化，削弱了治理主体的治理能力。构建起效率的、合理的、均衡的社会治理结构,就成为推进善治的重要内容。因此,推进善治就必须抓住乡村振兴战略实施的机遇,通过发展乡村经济及提升乡村活力和实力,吸引更多主体回到乡村,并使更多人参与到乡村治理之中。

2. 自治主体的组织优势未能充分呈现

组织性优势是自治主体能力的重要体现。村民自治是对乡村社会治理的组织制度化安排。组织制度化,是通过制度明确乡村治理组织的合法性、合规性。村民自治,既有村民选举委员会、村民委员会,也有自然人主体、法人主体(如政府、企业等),它们都合法地共同参与到治理活动中。充分发挥其组织性优势,必定能够极大提升其自治能力和水平。《村民委员会组织法》规定村民自治包括民主选举、民主决策、民主管理和民主监督等内容。通过党和政府的有力推进,农村的民主选举更加规范,选举更加透明公开,候选人提名过程及候选人之间的竞争更加规范。但是,民主决策、民主管理和民主监督相对于民主选举,仍有较大差距,从而其组织性优势未能发挥应有作用。同时,村民自治必须坚持党的领导,为此各地探讨了一些做法,如"两委交叉任职"和村民委员会主任党支部书记"一肩挑"的做法,表面上解决"两委"的矛盾,但从效果而言,还是存在商榷空间的。事实上,党在乡村治理中更多的是政治领导,而村委会是村民选举产生的并由此行使村民自治组织权力。就是说,党的领导更多的是通过党对乡村发展的方针政策、党员模范作用以及党组织影响等发挥作用,而乡村事务总是具体的、微小的、突发的,这恰恰是村民自我管理、自我约束的内容。在这二者之间,如何寻找到契合点,还有很多问题需要探讨。

3. 自治主体适应现代治理所需要的法治意识及现代理念需要更大提高

"一个社会要成为一个共同体,那么每个群体都应通过政治制度来行使自己的权力……"[①] 而"当某个集团或个人提出一项正当要求时,政治过程就开始了,这种提出要求的过程称为利益表达"[②]。村民参与村庄治

---

① [美]塞缪尔·亨廷顿:《变革社会中的政治秩序》,李盛平等译,华夏出版社1988年版,第9—10页。
② [美]加布里埃尔·A.阿尔蒙德等:《比较政治学:体系、过程和政策》,曹沛霖等译,上海译文出版社1987年版,第14—16页。

理，无论是基于主体利益还是共同利益，实质上都是主体的主张、要求。这由此揭示了社会管理的本质，即任何群体或个人要参与到社会中都需要进行有效的利益表达，而治理行为无非是对这些有效利益表达的整合、取舍和满足。政府组织存在的合理性就在它能维持一种稳定的社会秩序，在其现实上就是能整合不同利益主体的诉求，凝练为社会整体目标。因此，这意味着政府行政行为并非为所欲为，它必然受到不同群体利益的制约和监督；其目的就是整合各方面力量，最终实现组织目标。乡村治理冲突的核心就是利益，但农民对于利益诉求更多地停留于感性诉说，即一种直接生活感受的表达，而无法形成影响政策的议题。这对于多方利益博弈的现代政治而言，显然是不够的。无效的利益表达，意味着这种表达无法进入政策讨论制定的程序。当农民利益诉求无法真正成为影响政策制定时，意味着农民利益在现有的制度框架内无法得到体现和落实。此时农民只能通过制度框架外的方式来解决，这便是人们常说的"闹大"。这是一方面。另一方面，农民的原子化即"非组织性"生存，意味着单个农民与组织化的其他社会主体如企业之间的冲突，必然使农民在利益博弈中处于不利地位。"每个人，或任一个人，当他有能力并且习惯于维护自己的权利和权益时，他的这些权利和权益才不会被人忽视。"[①] 农民的"失语"即"无效的利益表达"，意味着农民的权利可能被忽视，在整合为地方发展目标以及行政行为中，显然就缺乏应有的农民利益维护；也就是说农民利益诉求由于没有进入体制内而必然失去体制内的保护及其合法性辩护，也失去了与地方政府谈判博弈的筹码。村民在治理冲突时由于缺乏现代社会法律、政治意识的"规范"而缺乏体制支持，自然村民诉求也难以成为地方政府行政行为考虑的问题。从另一意义说，也由此成就着地方政府乡村管理中的非协商、非参与性的专断行政思维。

四 基层党组织善治能力需要提升

基层党组织是推进乡村善治的领导力量，是乡村振兴战略实施的领导核心。新时代乡村现代化发展不仅赋予善治新的理念及内涵，而且重构着善治建设的实现方式。因此作为领导者的基层党组织，面对新时代所推进的乡村治理的善治取向，其理念、能力及工作方式等的不同，使得基层党

---

① [美] 罗伯特·达尔：《论民主》，李柏光、林猛译，商务印书馆1999年版，第60页。

组织在面对挑战的同时，更需要进行能力的提升。

（一）乡村基层党组织善治能力不足的表现

农村基层党组织是新时代推进乡村善治的核心力量，是乡村现代化建设的领导核心，是党领导和团结农民群众进行中国特色社会主义建设的战斗堡垒。基层党组织处于群众之中，时刻与群众在一起，密切联系群众是基层党组织工作的优势，也是基本工作方法；动员群众、组织群众、影响群众，使广大农民群众团结在党的周围，是基层党组织的工作核心。面对新时代乡村社会治理及善治要求，以此反观目前乡村基层党组织现状，乡村基层党组织建设在包括党的领导方式、党的领导能力及党员素质等方面的一些问题被反映出来。这些问题主要表现在以下方面：

1. 乡村党组织队伍年轻化不足

党组织队伍建设是发挥先锋模范作用的基础。乡村现代化建设需要一支有力量、有闯劲、能做事的领导队伍，因而队伍年轻化建设就成为乡村党组织发挥领导作用的重要内容。然而乡村目前的人口状况及经济发展水平、方式，使年轻人离开乡村已经成为普遍现象，年轻党员由于其自身的优秀，出去务工更是常态。这样导致乡村党组织队伍普遍存在党员年龄老、身体弱等状况，从而党组织的战斗力无法得到有效体现。

2. 乡村党组织工作方式缺乏创新活力

活力表现为有朝气、有干劲、敢闯敢试等。作为组织，能实事求是地、积极发挥主观能动性地开展各项工作，而不是机械地执行上级指示，或者凡事不愿承担风险。活力也是受环境变化所迫。乡村党组织工作，无论工作方法还是工作内容、面对的对象及工作性质，都是在不断适应变化中从而推进乡村治理行为，同时也是乡村党组织直接与群众发生利益关系所决定的。因此其工作方式必定是群众式的，即群众喜闻乐见的、群众语言式的、群众能够理解和接受式的，这些被人们称为"接地气方式"。因此，这就要求乡村党组织工作要充分了解群众需要，熟悉群众语言和思维方式，并且有意识地学习和运用群众的这些方式。进入新时代，群众的需求及观念有了很大变化，如果停留于传统认识，那就无法有效开展工作。从目前而言，乡村党组织队伍的年龄、知识及能力使这一问题更加突出，从而其活力不够，创新力度远不能满足其需要。

3. 乡村党组织成员的现代治理素质待于提升

现代治理素质是治理现代化所必须具备的价值观、治理理念及治理方式等要素的统一体,是与现代社会相适应的治理规范、要求的统一。乡村党组织队伍成员由于长期在乡村生活工作,熟悉乡情、村情,熟悉乡村法则;但另一方面,也由此造成这些成员对现代社会规则不够熟悉、不够适应的现象,如乡村党组织对党组织与村民自治的关系缺乏应有的区分,在乡村治理问题上习惯于乡土规则治理而缺乏法治意识、习惯于权力而忽视责任等。乡村事务一旦超出村庄熟人关系,如乡村工程项目承包、环境损害补偿等,乡土法则显得难以理解甚至无法适应时,现代治理素质不足问题就暴露无遗了。

4. 乡村党组织对于中央乡村战略理解、贯彻仍有偏差

中央对乡村战略决策是乡村发展的根本遵循,它是基于乡村现代化发展而对乡村做出的战略安排,无论任何乡村治理主体,都必须充分把握其内涵,明确其精神实质。但乡村党组织队伍成员由于其本身在知识、见识等方面的不足,再加上外出务工等因素,导致他们在理解中央战略部署及决策中存在一些问题,如习惯以乡土观念来解读,或者按以往经验来理解现时政策,或基于个人狭隘利益来看待,等等,因此在落实执行中往往存在问题,如项目制管理作为目前调动乡村治理积极性的有效手段,被一些人单纯理解为向上级要钱行为;如抓乡村振兴中基层党建,被认为就是发展党员,或者没有实惠;等等。这些理解,导致党和政策的政策措施的初衷无法得到落实。

5. 乡村党组织在实践中对党政、党组织与其他治理主体(组织)的关系的认识和实践把握存在偏失

乡村治理需要面对治理主体间的关系。在这些关系中,最重要的是党组织与村民自治、村民自治与乡镇基层政府的关系。乡村党组织与村民自治的关系,在村民委员会组织法以及其他有关法律体系中明确规定为领导与被领导的关系。但在现实的乡村治理中,往往出现党政分离、党政不分、基层政府以不同方式干涉自治等现象。乡村党组织作为村民自治及乡村治理的领导力量,如何领导、采取怎样方式领导,是推进新时代乡村振兴战略的重要内容。但治理现实中的家长制作风问题、书记主任"一肩挑"带来的权责问题,村支部与村民自治如何衔接问题,等等,都是需要面对的。

(二) 乡村党组织在新时代推进善治中缺乏深度及表现

新时代推进乡村善治,是中国特色社会主义乡村治理建设的重要内

容，反映了乡村社会发展及现代化建设的必然性，也体现着乡村社会治理的复杂性、艰巨性。作为党对乡村领导的直接承担者，乡村基层党组织应高度重视并深刻领会乡村善治的重要意义，不断创新工作方式。因为"办好农村的事情，实现乡村振兴，关键在党"，所以乡村善治应该成为创新乡村基层党建的新境遇，成为目前乡村党组织提升善治能力和善治水平的新的要求，并由此形成新时代乡村基层党组织党建创新努力的方向和目标。然而，现实中的乡村基层党组织对此却存在不少差距，具体而言，主要是以下几个方面：

1. 对新时代善治意义以及影响，缺乏更深刻的把握和认识

乡村善治是乡村振兴的有效路径，是国家治理现代化能力和水平的重要表现。因此推进乡村善治不仅体现为乡村民主建设的意义，更深刻的意义在于对整个乡村管理体系乃至国家意义的乡村现代化发展的意义。推进乡村善治这一根本性的管理变革，必定能够激活乡村不同治理主体参与的积极性，改变乡村管控的管理理念，从而从根源上确立起乡村治理现代化的问题。

然而，乡村基层党组织由于理论水平、知识水平及政治觉悟等诸多因素影响，难以达到这一认识高度，也无法真正领会这一深刻内涵，从而在善治实践及乡村治理实践中未能有效推进。比如对于中央推进善治中采取的措施，如简政放权、"放管服"改革、村民自治下沉、村党支书与村委主任一肩挑、第一书记、驻村干部、财政支农资金投入等，认识理解不到位，工作不主动，单纯将其理解为工作任务、阶段性政策等；对于推进善治导致的工作方式改变，如多元治理主体、村民自治等，未能从治理和善治高度去进行积极的创新，比如加强沟通，增加互信，化解分歧，凝聚人心与共识等。这都反映了其认识不到位。

2. 对新时代乡村治理要求的把握和适应待于提升

新时代走乡村善治之路，是在乡村振兴大背景下不断推进乡村治理体系和治理能力现代化所进行的社会管理创新，其宗旨就是要充分发挥不同治理主体在乡村治理中的作用。因此乡村基层党组织应充分把握治理的实质，并从中提升其领导能力及工作能力。乡村治理秉承的是共议协商、积极参与从而形成治理共同体，实现乡村社会的共治共建和共享。而乡村基层党组织的领导作用就在于从政治方向上引领这些理念及治理活动，在行动中通过党组织及党员行动引导治理活动朝着乡村社会公共利益最大化方

向发展，克服治理活动中有损国家和大多数人利益的做法。然而不少乡村基层党组织习惯于传统的管、控方式，习惯于发号令的做法，或以党代政、党政不分的方式，当然也存在少数党员干部以权谋私、公权私用，这些做法导致不少村民存在抵触心理，使其在治理活动中的影响力、号召力受到影响。

3. 对新时代善治下乡村治理思路转变，主动性不够

党的十九大报告明确提出了要"健全自治、法治、德治相结合的乡村治理体系"，"坚持走乡村善治之路"。也就是说，新时代善治实践需要从"三治结合"入手。这由此规定着乡村基层党组织在领导乡村振兴中的路径遵循，即党的领导应从通过贯彻政策的坚定性、党员模范性、组织优势等方面加以进行，立足于群众的自主管理、自我管理，注重村民的获得感、利益感，强调公共利益最大化建设，提升公共服务水平等方面。然而乡村治理实践现实中，乡村基层党组织陷入事务主义、主动性不够、习惯性思维等，仍然很有市场。如在具体治理行动中一味等上级批示、指示，甚至等某位领导发话等。在村务具体项目中，不尊重科学，只唯上不唯实，怕出事怕担事等。善治是治理中"好"的努力，"好"本身就意味着主观能动性发挥。因此不立足乡村实际并充分发挥能动作用，不以身作则勇于承担，显然这类行为是难以实现"好"的治理。

第二节　创新新时代推进乡村善治的实践路径

遵循乡村善治逻辑，并在治理实践中将其转化为现实的物质力量，这是新时代推进乡村善治的具体工作。有效推进乡村善治，必须从新时代乡村现代化建设尤其是乡村振兴战略实施的时代背景出发，基于乡村治理及善治实践现状，积极探索其实施方式、途径及形式所构成的实施路径。善治作为社会管理的至上追求，尽管在以往乡村社会及不同时期，曾进行过各种各样的实践探索，丰富着人类社会关于善治的认识及内涵，但新时代所彰显出中国乡村社会正处于新的历史时期的事实，呼唤着乡村善治的创新。新时代乡村善治以乡村整体实现小康为前提，以农业农村现代化为目标，以实现共同富裕为依归，因此新时代乡村善治将深刻影响并改变人们对于善治的传统认识，需要有新的思维来全面把握，更需要创新实践方式、路径使之成为现实。为此新时代乡村善治逻辑实践路径的探索，是一

条基于传统又必须突破陈规，基于经济社会但更注重乡村全面进步的创新与探索。

一 壮大乡村经济发展实力，提升公共利益的保障能力

乡村经济尤其是产业发展是推进乡村善治的基础，也是善治的具体化表现。通过推进乡村产业发展，进一步发展乡村经济，是实现善治的基础性工作。乡村善治，是通过老百姓物质生活水平得到改善提升，物质化公共服务[①]水平提高来体现的。随着国家对农村投入的加大，各种惠农、支农措施的落实，大量的扶贫资金、基础设施资金、专项资金等进入乡村社会发展中；加上各种产业扶助、人才支持及农村社会保障政策出台，乡村经济发展条件、水平得到逐渐提升，不少地方初步形成了一些产业雏形。这些措施表明，乡村社会的"公共性产品"建设有了显著改善。乡村社会由于公共产品的提升而使乡村公共利益的保障及发展能力得到加强。

推进新时代乡村经济发展，从根本上必须走现代产业化道路。现代产业是通过分工合作及现代科技应用来实现其商品化、规模化生产和经营，通过科技来进一步延伸产业链，从而增加产业的经济效益。乡村产业兴旺，就是从现代产业发展出发，通过城乡融合、工农业互补来推进乡村产业发展，从而走上乡村产业化的经济发展道路。这样，乡村经济发展就必须打破就农业经济谈农村经济发展、就乡村经济谈乡村发展的发展思路，而是立足于乡村人力、地理位置、资源等优势来建构乡村产业群，形成相互配合的产业链。因此善治必须立足现代产业实现"产业兴旺"来进行。

始终抓住乡村产业的兴旺发展是乡村经济发展及善治逻辑实践的根本。没有乡村产业的兴旺就没有乡村经济的发展，一个贫穷的、物质生活水平贫乏的乡村，尽管通过不同路径可以实现其秩序的稳定，但它显然不是治理现代化及其善治意义上的秩序。一个产业单一甚至没有形成支柱产业的乡村，其经济水平是根本不可能达到现代化生产水平，因此新时代善治必须紧紧抓住产业发展这一经济发展的根本性环节。为此，首先需要引导农民摆脱小农经济的思维模式。应该跳出单纯的农业发展思维，树立起农工贸与旅游一体发展的理念。比如近几年各地结合乡村特色优势，走特

---

① 所谓物质化公共服务，是指通过物质性给予、物质性补偿、物质性支持、物质性保障、物质性设施建设等所提供的公共服务，它是相对于精神性鼓励而言的。

色农业、乡村旅游、农业观光等一系列现代乡村发展道路，极大地拓宽了乡村发展视野；同时充分利用乡村优质生态资源、传统文化资源及优质农产品资源等，建构起新型的城乡互补、分工合作、全面融合、工农互促的城乡关系。其次，从适度规模化、机械化和科学化视角推进乡村农业产业化进程，通过经营范围的扩大、产业链的延伸，加快农业经营主体（如种养大户、家族农场、各种经济合作组织等）的现代经营能力提升，及农业社会化服务体系的完善，从根本上改善农村经济发展条件。最后，要充分利用乡村资源发展特色产业，打造好农产品品牌。特色既可以是自然的，如水土特色、品质特色，也可以是人文的，如历史特色、文化特色等。商品化生产讲究特色，注重特色。特色就是品牌、影响，就是销量。总之，善治下的产业发展，就是破除小农思维，从大农业、城乡融合、工农相通等入手，使乡村经济资源融入大产业之中，通过产业化发展而把乡村经济凝结成一个经济整体，形成其竞争力，这样才能真正实现乡村经济的产业兴旺。

二 完善多元共治共享的治理结构，构建"三治融合"的治理体系

新时代乡村善治逻辑，就其治理活动主体而言，就是充分尊重不同治理主体的利益诉求和主张，调动不同治理主体参与乡村治理活动。这当中，就有了治理主体间及权益的关系，也由此构成了乡村社会治理结构，即乡村社会治理主体的构成以及权力关系结构问题。党的十九大明确指出，实施乡村振兴战略，必须完善自治、法治和德治相结合的治理体系，构建共建共治共享的多元协同治理结构。这实质上指明了新时代乡村善治在治理结构方面的实施路径。

完善乡村治理结构，首先是准确把握新时代乡村治理结构特征。党的十九大对新时代乡村治理主体关系进行了阐述，强调推进新时代乡村治理，"要完善党委领导、政府负责、社会协同、公众参与、法治保障的社会治理体制，提高社会治理社会化、法治化、智能化、专业化水平；加强农村基层基础工作，健全自治、法治、德治相结合的乡村治理体系"[①]。这一表述，从治理主体结构及主体权益关系、治理目标追求及其治理实施

---

① 宗晓慧：《党建引领推进"三治融合"》，《中国组织人事报》2019年9月2日。

的运行方式等方面进行了规定，是基于新时代乡村治理实际及中国治理传统而提出的，是目前可行且能够达到治理有效的正确方式。因此推进乡村善治就需要从这一规定出发，积极调动乡村不同治理主体参与治理的积极性，协调不同治理主体之间的利益关系，在构建并完善自治、法治和德治相结合的治理体系的基础上实行治理的共建共治和共享。

其次，不断创新乡村社会治理结构，积极调动群众参与治理的积极性。目前我国乡村社会治理的基本构成主要是国家、地方基层政府、村级组织，这在很大程度上是全能政府管理模式，或者政府力量主导型的结构，政府以其权力的绝对性、一元性，强而有力地推进政府所要达到的目标。然而随着经济市场化、生活就业城市化的深入，乡村治理的政府单一化、全能化难以适应乡村治理现实需要。这当中不仅不利于在乡村社会治理中调动多方面资源，而且也因为治理权力的过于集中，导致乡村发展的"等""靠""要"之类的状况出现；政府在集权的同时也在承担本不应该承担的全责，如治理对象对"好心"治理行为的不认同窘境，从而影响治理的过程与实际效果。因此新时代乡村善治必须创建起相互协调的多元治理结构，广泛吸收社会力量参与乡村社会治理。实现乡村社会治理效率的提高，必须充分发挥政府、市场和社会等多方力量在协调共治共享的多元治理结构中的作用，出台鼓励一些社会力量进入乡村的具体奖励措施，如让各种社会组织和团体进入乡村，引进一些市场机构参与乡村社会公共事务，充分调动各种市场主体在市场经济中的灵活性、务实性，从而发展好乡村经济，并参与到治理之中来。这些非政府治理力量对增强乡村社会治理力量、提高治理实效，将起到积极的作用。

最后，进一步完善村民参与乡村社会治理的机制，提升村民参与的积极性。基层治理直接面对群众，因此有效的乡村社会治理的前提，就是基层民众的广泛支持。村民的积极参与与支持，将有效提升乡村治理水平。要提升治理效率，需要在参与渠道、方式及议题等诸多方面进行创新。目前乡村面临的"空心村""分散居住""老弱病残式人口结构"等，直接影响着村民参与的积极性。为此，许多地方正在探索村民自治下沉的机制，即村民自治下沉到村民小组自治，在小组自治的基础上进一步上升到村民自治。这或许是目前乡村更具实效地推进自治，从而推进村民参与治理的方法。这一探索尽管还有许多理论和实践上的困惑，但对于问题的深入，尤其对乡村善治创新还是有意义的。

乡村治理体系，是规范乡村社会公共权力运行及维持公共秩序的一整套制度和规则的总和，包括治理理念、制度及机制、主体、措施等。简单地说，乡村治理体系就是让乡村公共权力有序健康运行起来，从而确保乡村公共秩序稳定、公共利益最大化的理念与规则之和。在整个治理体系中治理理念或价值具有引领作用。在现代社会，价值或理念就是领导权，发挥统摄、引领作用。制度、组织及机制等是价值或理念的现实化。党的十九大提出构建自治、法治和德治相结合的治理体系，是从治理价值或治理理念而言的。也就是说，善治下新时代乡村公共权力运行及公共秩序维护，都应该在遵从自治、法治和德治相结合的前提下进行，一切与之相左的政策和方式，都难以真正成为新时代乡村善治之举。

不同时期乡村必然存在不同的治理体系，实现善治的方式也有着不同的特色。以往的乡村传统社会是以传统礼俗作为规范，来约束乡村公共权力运行及保障乡村公共秩序。传统乡村实现的是"皇权不下乡"的"自治"，其秩序是"礼俗秩序"或"乡土秩序"。费孝通先生把1940年代之前乡村社会的这一秩序概括为"礼治秩序"①。这一秩序主要依靠乡土社会中的礼俗力量来构建并维系，并由此形成制约力量。

1940年后尤其是新中国成立后，随着乡村土地革命、农业社会主义改造，通过农民的组织化以及农业的集体化改造，乡村社会发生了巨大变化。乡村生产资料所有制由私有制变为公有制，农业生产经营体制由家庭私有转向集体所有的经营体制，国家力量不断推进到乡村并由此影响并构建其新的乡村公共权力。因此原有的皇权专制及"礼俗法则"让位于现代"国家意识"或"国家意义上的价值"，"国家意志"下的"国家秩序"成为乡村公共权力运行的法则，又被称为"法礼秩序"。改革开放以来，乡村经济及整个乡村社会的市场转型，改变乡村生产经营体制和乡村经济结构的同时，乡村社会无论人口结构、生产劳动对象，还是社会动员方式、人的社会关系，都发生了显著变化。在乡村治理方式上，国家力量尤其是基层政府的管控权力不断强化着对村庄的建构，促使村委会成为"准政府组织"。随着改革开放的深入，尤其是"政社合一"体制转变为"政社分离"，以村民自治为主要内容的基层民主建设开始得到全力推进，加速了乡村社会治理的现代转型。这一时期"村民自治"已经成为国家

---

① 费孝通：《乡土中国》，北京大学出版社1998年版，第49页。

意志下乡村管理模式和现实制度力量，其秩序被学者们称为"乡政村治秩序"。其中"民主选举"及"村务公开"作为这一模式的最感性政策措施，被村民认可和接受。进入新时代，随着乡村人口的城市转移，就业的城市化、工业化取向，乡村社会出现的"空心村""留守村"现象；传统与现代、市场化转型与小农经济模式、社会与政府共同作用于乡村社会；乡村社会无论是结构还是观念都更加复杂，治理局面的突发性、多样性以及利益性更加凸显，因此政府单一治理的做法无法满足乡村社会公共秩序及公共利益维护的需要，也由此成为新时代推进乡村治理创新的现实基础，一种更加包容、民主、多元的治理体系即"自治、法治和德治相结合"得以确立，由此形成了乡村社会的"三治融合秩序"。

坚持并不断深化村民自治，是新时代乡村善治实践的基本内容。村民自治是中国特色社会主义乡村民主政治制度，是充分调动村民参与乡村公共事务管理，体现人民当家作主的治理模式，是人民在乡村民主建设中的伟大实践。村民自治包括民主选举、决策、管理与监督。村民自治，作为一个民主渐进发展过程及实践的制度设置，必然需要在现实实践中不断创新和完善。新时代村民自治，形式上需要自治做更符合村民需要的下沉，即自我管理、自我约束及自我发展，并做出村小组、村等不同层面的安排；自治治理主体及参与上，自治组织与政府组织、党组织之间的关系及有机协调上，做更多的融合上的制度安排；如村民自治委员会、村支部在管理乡村公共事务中发挥着主导性作用的同时，二者应有着更清晰相对分工；村委会和村支部的成员主要来自乡村内部，是在基层执行国家政策的主要力量，但二者有性质及工作方式上的区别。治理内容上，村民自治内容更加具体化，事务性、对策性成分较大。随着社会力量的参与，乡村公共产品更加多样化，表现形式和实现方式也有很大变化，因而在对乡村公共事务就有了相对层次和范围的出现。治理关系上，新时代治理主体间、治理对象间以及治理主客体间，也发生了变化，乡村秩序稳定仅仅是其中的一部分，乡村经济社会发展、乡村各种保障等问题已经成为治理的重要内容。这样治理的主客体间关系更为复杂多样。这些问题成为新时代推动村民自治深入的新课题。

坚持法治，树立法治思维。现代社会治理的重要特征就是法治化，法治是乡村治理体系的重要内容。依法治村、依法行政已经成为乡村治理的根本原则。随着国家力量对乡村社会的渗透与建构，体现国家意志的法律已经成为乡村治理的手段与依据。乡村社会已经不再是处于"天高皇帝远"的"无法"之地，或"熟人法则"下"情大于法"的地方。国家以法律制度及基层政府组织设置等方式呈现在乡村社会生活中，从而使乡村社会纳入了国家秩序及法治之中。如《宪法》《村民自治法》《村民委员会组织法》等对村民自治的有关法律规定，及对乡村政权组织及治理的合法性、权威性的法律依据。

　　进入新时代，需要大力推进乡村法治建设。首先是法治宣传教育。从村民选举到村务公开，从村民合法财产的法律保护，如土地承包权，到乡村人际矛盾及经济利益冲突化解，从村民婚姻登记、不动产登记到自治组织产生等；通过联系生产生活实践，不断强化村民对法律及法治的认识和认同。其次是紧扣乡村公共产品、公共利益等公共性内容，提高乡村法治水平。任何乡村公共产品、公共利益，都是基于乡村公共秩序而需要具备的，其形成、维护及使用等都有着法定要求。如村民自治程序中有关村民代表大会通过、方案公示、征集意见、告知义务等。村委会在乡村治理中理应自觉遵从法律要求，严格按照法律要求进行治理活动，并由此成为法治的示范、标本，推动乡村法治深入。最后，要彰显法治的威力，对一切违反法治的治理行为实施惩处。乡村社会的复杂性，导致治理过程中违反法律、无视法治要求的行为仍然存在。如乡村财务公开打"埋伏"，村务公开打"折扣"，乡村重大事项缺乏意见征求等，尤其是小官大腐、贿选等问题。此时，应该严格依法处理，彰显法律的威严，并以此扩大法治的社会基础。

　　除了国家及政府层面的法律法规以外，法治也有制度化含义。通过制度的刚性要求，避免人为因素的干扰。乡村社会的熟人性使得治理当中存在着一些模糊、不确定的问题，如村民对村务参与方法、具体办法等，虽然法律上已经明确村民自治的自我管理，但只有一些原则性规定；再如乡村土地集体所有制的制度化表述与实践，在目前乡村土地流转及规模化经营中，集体所有方式及村民承包权在其实践工作中如何处理？村民对土地流转权利如何体现等。由于制度的表述只笼统地规定了权属关系，而在实际中更需要结合乡村治理实践，做出更加明确具体的制度实施意见，逐步建立起适合新时代乡村发展需要的确权机制和补偿机制，建立起有效的化解矛盾、解决具体问题的机制。

　　德治在新时代乡村治理中具有更加重要的作用。新时代乡村社会村民依然是聚村而居，其人口及生活形态几乎仍是聚居于村庄。聚村而居的形态，就意味着乡村社会有着其特有的两个重要特征：一是边界性，二是稳定性。也就是说，乡村聚村而居所形成的村落，是一个彼此认同、利益与共的生活共同体。村民通过长期生活而形成了共同的乡村社会秩序准则（习俗和民风），并在这一准则下形成了稳定的社会空间，并通过习惯表现他们共同和熟知的生产生活规则。任何外来人或事物，包括社会风气，没有获得这一共同体的认同，必然受到共同体的抵制，甚至引发冲突。这就是说，在乡村社会中，德治仍然是主要方式，乡村治理中感性的、直观的、情感的方式，在许多治理方面往往更能有效地解决问题。

然而新时代是一个以现代化为建设目标的时代，重视德治并不是无视或忽视现代文明，如法治，或政府作用，而是在现代文明下丰富德治内涵，汲取德治精华。乡村善治中，法治是治国之策，乡村法治是底线治理，一旦失去底线，乡村治理性质就会改变，这显然是不允许的。比如在村民选举中搞家族化、宗族式的拉票，窃取乡村公共利益。但乡村的熟人社会性，使乡村治理中的许多问题的解决都涉及左邻右舍，增强协商、调解的效力，追求解决的共赢互利的和谐性，注重人情沟通与人性关爱，因而德治的实现具有现实基础及现实可能性。在推进依法治理的过程中，要努力实现法治和德治的相互融合，这必然提高治理的效率，减少法和德的冲突。同时，重视德治下的利益原则，克服讲德治就不应讲利益的错误认识。事实上，德的背后，其根本是利益，无视利益无论在小农经济还是市场经济条件下，其理由都是苍白的。乡村治理，其实质不是不应该讲利益，而是应该如何讲好利益的问题。新时代乡村善治的讲利益，应该始终坚持互惠互利原则。互惠互利、共治共享是现代乡村人际关系及交往的普遍共识，也是传统社会秩序基础。因此，推进善治，应该把治理措施、方案及理念奠定在村民现实利益基础上，把解决群众利益问题摆在首位。让群众在利益实现中树立起参与意识，树立起主体意识及大局意识，从而不断提升村民素质及参与治理的能力和水平。

乡村善治，无论是治理结构还是治理体系创新，最终都贯穿并体现在"治理有效"总体要求上。"治理有效"是实施乡村振兴战略总要求中更为具体的要求，这在实质上指出了治理有效性对乡村治理创新实践的根本性。就是说，乡村治理不仅是民主问题，而且也是效率问题。效率之治是最大的善之治。乡村治理由于政府、社会组织和村民个体等多元主体平等参与、共议共商，就必须通过实现效率而最终达到善治。善治下的乡村"治理有效"，不仅是传统管理意义的发挥"政府"或"干部"作用，而且是从乡村微观主体的农民参与和自主治理出发，从激活乡村不同治理主体积极性从而形成符合效率原则的乡村治理结构及体系。因此目前治理创新中的行政下乡、自治下沉，正式制度与非正式制度兼容并蓄等创新，其宗旨最终都是达到治理效率提高。现阶段乡村善治的具体实践中，基于乡村事务的"细、小"而推进的"微治理"，也是有效推进效率意义的善治实现形式。所谓"微治理"就是针对乡村居住分散、经济活动形式多样、治理主体多元等一系列特点而提出的，实质上就是把治理单元细化，从而使单元内的矛盾、纠纷得到快速有效处理的一种方式。"微治理"是新时代乡村治理方式的创新，是基于乡村"空心""留守老人小孩多""乡村产业转型困境"等矛盾叠加状况所作出的治理下沉的治理适应，它有效化解了乡村社会急剧变化中的矛盾，推动了基层治理方式的创新，体现着治理之"效"，实现了治之"善"。

三 提升基层党组织的善治能力和水平

乡村党组织是乡村善治的领导力量，因而乡村党组织在乡村治理实践中的影响是直接且具有决定性的。随着乡村善治深刻影响着乡村社会治理秩序，重构着乡村社会治理结构和治理方式，乡村基层党组织必须切实承担起推进乡村善治的重任。事实上，无论是社会主义农村改造、建设，还是全面建设社会主义现代化，乡村基层党组织始终都是贯彻落实党对乡村方针政策的前沿阵地。基层党组织以"战斗堡垒"实现着对乡村以及治理的领导。"党的战斗力，党的力量，表现在哪里？我看首先表现在近三百万个基层党组织的战斗'堡垒作用'。"[1]为了适应新时代乡村治理现代化发展需要，乡村基层党组织作为乡村善治的领导力量，需要在乡村善治实践转变中首先转变过来，从增强组织善治能力到创新基层党组织的领导方式、动员方式等方面来提升善治水平；从党员的现代素质确立，到党组织善治下"战斗堡垒"作用的发挥，等等，已经成为乡村党组织善治转向的具体内容。就是说，乡村基层党组织无论是领导方式，还是党员的模范作用，已经被赋予了新时代善治内涵，受到善治的重构与阐释，从而使

---

[1] 《十三大以来重要文献选编》（中），人民出版社1991年版，第582页。

党组织在乡村中的作用内在地包含和体现着善治要求。乡村党组织也是在这种善治要求的现实化实践过程中，不断锻造其善治能力，提升其善治水平。

(一) 乡村基层党组织善治能力提升的必然性

农村基层党组织是新时代推进乡村善治的核心力量，是乡村现代化建设的领导核心，是党团结和领导农民群众进行中国特色社会主义建设的战斗堡垒。在推进乡村善治之中，基层党组织需要坚定贯彻执行党的路线、方针、政策，积极宣传党的群众路线以及民主建设的主张及有关实施政策，并通过党员的模范践行来使更多的群众接受党的主张，不断夯实党的基层组织，这样才能使乡村党组织在推进善治中发挥其应有的作用，使党的主张政策有效地转化为推动乡村社会变革的现实力量。

进入新时代，乡村社会迎来了新的发展，促使乡村党组织建设必须创新内容和方式。党的十九大提出实施乡村振兴战略的决策，并提出了实施乡村振兴战略的具体措施，指出农业农村现代化建设是乡村振兴的总目标，乡村善治成为实现乡村振兴的重要渠道。随后从中央到地方，从政府到农民，逐渐开启了这一战略实施与落实进程，乡村社会由此也正经历着新的巨大发展及深刻变革，如农村产业化、规模化得到推进，农村消除了绝对贫困人口，各种基础设施建设得到加强等；当然也碰到了新的发展困境，如"空心村"、乡村老人化严重，各种基础性设施建设还不足，经济发展动力不够，等等。因此，面对新时代乡村社会治理及善治追求的变化及要求，乡村党组织建设的善治创新，包括党的领导方式、党的领导能力及党员素质等方面的善治内涵及要求，就显得重要而紧迫。乡村治理现代化的实质就是推进乡村善治，这意味着整个乡村治理方式的改变及其价值取向的转变。这对于目前乡村党组织领导方式、组织建设及堡垒作用等方面所需要的善治能力而言，不断提升其善治能力和善治水平，是新时代赋予乡村党组织的新的历史使命，也是新时代党在领导农村社会主义现代化建设中，作为党的基层组织需要自觉承担的光荣任务。

乡村现代化反映着乡村社会的必然，是乡村根本之善。实现乡村善治，就是通过推进乡村治理现代化，激活并凝聚乡村治理资源，最终实现传统乡村社会的现代发展。善治具有"合法性、法治性、透明度、开放性、责任性、回应性、有效性、效率性、参与性、协商性、稳定性、廉洁性、公正性、包容性等"①；或者认为善治的关键是实现"自主管理"；具体化到中国特色乡村现代化实践中，善治就表现在"建立自治、法治和德治的治理体系，打造共治共建共享的治理格局"上。党的十九大报告指出"有事好商量，众人的事情由众人商量，找到全社会意愿和最大公约数"，很好诠释了善治的要义。因而乡村善治就是在党领导下通过治理主体的多元、治理过程的协商和治理成果的共享等，实现治理的有效。乡村社会治理的新理念、新思路、新要求，重塑着乡村社会关系，重振乡村发展基础，打破了乡村传统利益格局，挑战着一切有违现代化的陋习和观念，从而实现着乡村治理的善治目标。

（二）以"三治结合"为实践前提，提升乡村党组织善治领导力

党的十九大指出，建立自治、法治、德治相结合的乡村治理体系，走乡村善治之路。"三治结合"治理体系的确立，是对乡村管理体系从民主管理向治理有效的跨越与创新，内在地规定着基层党组织"堡垒作用"的方式，成为基层党组织在治理上"积极作为"的前提与路径遵循。因此党的领导必须基于"三治结合"基础上来推进，"三治结合"成为乡村基层党组织善治领导力提升及善治实践的基本遵循。

首先，基层党组织必须坚持和维护村民自治制度。实行村民自治，是《宪法》规定的乡村社会治理制度，是人民当家作主的具体体现。村民自治是从我国农村社会的泥土中生长出来的民主制度，它的产生以及发展，始终离不开党的领导这一核心，因而村民自治必须坚持党的领导。但党的领导并不是由基层党组织中某个人的意志来主导村民事务，也不是党组织去代替村民自治。村民自治就是让村民充分行使民主权利，通过民主的选举、管理、决策、监督等参与到村内事务的管理中。党的领导以及"堡垒作用"的发挥是通过党的方针路线的宣传、党组织优势及其党员模范带头等方式，参与到村民自治之中，发挥基层党组织在村民自治中的政治方向、协调组织、示范带头等作用。基层党建应围绕村民自治来推进创新，从领导方式到工作内容，从党政到党群、干群关系，努力把党的意志转化为村民意愿及乡村行动，这便成为基层党建的现实课题。

其次，基层党组织的领导需要依法进行。法治是国家意志的体现，是社会文明及现代化程度的标志。任何治理行为都必须依法进行，善治之路

---

① 俞可平：《增量政治改革与社会主义政治文明建设》，《公共管理学报》2005年第1期。

也必定是法治之路，因此善治内在地包含着法治精神和理念。党的基层组织作为乡村治理主体及乡村治理体系的领导力量，必定是法治的倡导者、实践者和领导者，因而基层党建应该重视法治，并在领导实践中践行法治。基层党组织应依法承担起领导、监督乡村公权力的工作，如落实村务公开、村务重大事项的民主化决策等；基层党组织工作往往都是与具体的、细碎的村民事务相联，是村民切实利益的表现，因而其治理的敏感性、利益性及影响都是很大的，因而基层党组织唯有依规依法才能真正体现其公正性和权威性，才能在纷繁复杂事务处理中实现党组织的威望。只有依法履行自己的职责，坚持法治原则，实现村内公平正义，基层党组织的做法才具有正当性从而被村民接受和肯定。

最后，基层党组织需要推进德治建设。德治是以其软约束、人情化、情感性等方式所进行的有效治理。基层党组织这一"基层"优势是其发挥"堡垒作用"的重要方式。乡村社会显著特征就是熟人社会、人情社会。人们生活于亲情、友情、乡情构筑起乡间的人际关系之中，乡风乡规、风俗习惯等道德规范维系着其存在。党的基层组织根植于乡村，了解并熟悉其工作环境及对象的乡土性，能够有效地对党的方针政策进行乡土性阐释和推进，以乡土的方式进行不同治理主体之间的沟通协调，引导村民以村规民约等方式规范乡村秩序，因而德治成为基层党组织化解冲突、提高效率的重要手段。基层党组织推进党建的德治建设，就是从德性及乡土性出发，将党的先进性、领导核心作用表现出来，从而提升基层党组织的作用。为此，通过倡导并践行新风尚、新道德来实现乡风民风的转变，强化党员道德操守，尊重村民对乡土人情和乡风民俗的认同，营造良好乡村德治氛围，等等，就成为党组织德治建设的重要内容。

（三）以"治理有效"为根本要求，扩大基层党组织善治影响力

治理有效是乡村振兴总要求之一，是乡村振兴战略实施中推进治理创新的内在要求，更是乡村善治的根本要求。治理有效，强调治理的合理性和有效性，注重治理的结果导向，体现着善治的实效取向，符合村民心理期待，顺应市场化社会对效益的要求，成为乡村基层党建创新的根本要求。

新时代善治的有效性取向，是基于新时代乡村社会现代转型的现实提出的。随着我国新型工业化、城镇化发展的不断深入，乡村社会正在经历剧烈而重大的社会转型。大量人口的城市流动，乡村人才流失，市场能力

不足，乡村公共事业难以为继等问题，乡村呈现着"空心"状况。振兴乡村首先要从治理入手，就是通过有效的治理，重新理顺村庄各种社会关系，盘活村庄资源，激发乡村活力。这当中，有效是关键。农民是务实的，市场是讲效益的，要使不同主体参与进来，有效的作为、实在的效益回报是前提。因此从农民身边困难入手，从乡村经济发展着眼，把治理落实在村民看得见、摸得着的利益上，增强百姓对治理的满意感、获得感和参与感，这已经成为加强新时代乡村基层党组织建设的广泛共识。

治理有效赋予基层党组织新的时代内涵。治理有效既表现在过程的效率，也表现在治理结果的实效。为此，基层党建就必须围绕效益进行工作创新，比如充分了解治理对象以及利益关系，掌握乡村不同治理资源，提升建议意见的针对性、公共性等，其根本就是充分发挥好党组织的先进性与组织性优势。

从乡村治理有效而言，基层党组织就是基于先进性而充分发挥其先锋模范作用和组织优势。所谓先进性就是准确理解并贯彻党的方针政策，秉持正确立场、观点并提出乡村发展方向。因此先进性意味着站得高、看得远、把握准、少走弯路、少折腾。党的性质决定了党的先进性，党员的"大公""无私"品质是其先进性的基石。所谓组织优势，通过组织的力量来化解冲突、凝聚力量、做出决策、推动发展。习近平总书记强调："党的力量来自组织，组织能使力量倍增。"[①] 组织优势为治理有效提供了可靠的保证。中国共产党是具有崇高组织使命、严密组织体系、严肃组织纪律的高度组织化特点的政党，因此党的基层组织作为党组织的一部分，以其严密的组织性深入到乡村，从而展现出对乡村社会治理的强大组织动员力、行动力、战斗力，成为乡村治理的组织者、领导者、示范者；尤其是乡村振兴以及善治的实施，基于乡村社会"空心"现象而通过"第一书记""驻村书记"等方式，完善基层组织建设，这些都凸显组织的力量。因此先进性以及基层党组织的组织优势不断转化为治理优势、群众优势、实效优势，实现着有效的治理。

（四）以"群众利益无小事"为基本准则，夯实基层党组织善治的社会基础

乡村善治，归根到底就是把村民利益实现好、维护好、发展好。马克

---

① 转引自巫敏《治理者说：让基层党组织"力量倍增"》，《人民日报》2017年8月17日05版。

思认为:"人们奋斗所争取的一切,都同他们的利益有关。"① 利益是一个重大的现实问题,也是个严肃的政治问题。中国共产党的宗旨和使命就是一切为了人民群众的利益。党的十九大报告就明确指出,要坚持把人民群众的小事当作自己的大事,从人民群众关心的事情做起,从让人民群众满意的事情做起。因此,推进善治,坚持"群众利益无小事"的执政理念,成为乡村基层党建的根本宗旨。

进入新时代,治理意义上的群众利益呈现出更为多样、复杂,利益表现得更为直接,利益冲突更加突出。这当中既有着传统意义上的经济利益、物质利益、政治利益等,又有现代意义上的环境利益、发展利益、精神利益等;上至公民权益,下至生活琐碎。为此乡村基层党建,应基于新时代群众利益特点,通过共议协商,寻求更大的利益共同点来实现群众利益。

同时,随着乡村现代化中民主建设深入,村民更加关注政治上的权利、精神上的尊重、文化上的多样等诸多方面的利益需要。这在一定程度上反映了乡村民众对美好生活向往的深度和广度发展。因此善治下乡村基层党建,应该积极回应村民的期待,推进党建引领村民民主权利的实践创新,如村民自治下沉的探索与创新、村民议事制度完善、不同治理主体参与制度建立、村务公开的监督、党的政策的宣传等。通过基层党建创新所带来的领导方式、工作内容创新,切实保障村民民主权利的落实。

(五) 以"清廉""有为"为抓手,强化乡村党组织善治的组织基础

乡村基层党组织直接产生于群众中,是群众"看得见""摸得着"即直接感受得到的组织,因此基层党组织的"清廉""公正"是党的形象在群众中的具体体现。公正廉洁是善治的重要内容,腐败、懒政或专横暴政等行为与乡村善治是背道而驰的。乡村治理作为基层治理,腐败、治理中的乱作为等现象带来的负面影响很直接,严重损害党和政府形象。近几年来出现的"小官大贪""微腐败"等现象,损害了农民群众的切身利益,降低了老百姓的获得感,挥霍了群众对党和政府的信任。党的十八届中央纪委向党的十九大报告中显示,五年来,全国纪检监察机关共处分村党支部书记、村委会主任27.8万人。这充分说明,乡村治理中存在着"苍蝇"乱飞、以权谋私现象。因此,乡村党组织的善治能力必须从整顿腐

---

① 《马克思恩格斯全集》(第1卷),人民出版社1983年版,第83页。

败、乱作为等行为入手,通过巩固党的组织建设,提升党组织的善治水平。

乡村党组织以及基层政府党员干部的违法违纪行为,被人们称为"微腐败"。"微"既是指管理层级而言,也是从牵涉面而言,这就是人们常说的"苍蝇"乱飞问题。惩治"微腐败"就必须从"微"入手,惩治措施以及方式必须更为直接、具体。

一是应进一步完善党领导下的乡村各项治理制度建设,尤其是针对目前乡村"书记主任一肩挑"情况下,从加强制度建设的各项制度出发,防堵各种漏洞。如完善村务公开制度、各种普惠型支农和遴选型扶助资金直接下发到农户账上制度,各种举报奖惩制度等。进一步推进党领导下的村务议事机制、报告制度,确保涉及人民群众利益的事做到公开透明、规范运作。

二是应加大腐败查处和惩治力度。从查处的乡村腐败案中可知,公权力一旦缺乏监督就容易出现腐败。为此需要加大对乡村公权力使用的监督、监察力度,始终保持高压态势。在这当中,要充分发挥群众的监督作用,强化村务公开、报告,尤其是对一系列涉及资金、土地使用权转让等问题上必须规范化运作。

三是提升党领导和发动群众的能力。新时代治理上的领导和发动群众,主要体现在增强村民参政议政的积极性,以及构建乡村善治秩序等方面。村民受封建官官相护观念影响及担心报复,往往以盯住自己的一亩三分地、少管事为处世宗旨,导致不少村民在公共事务上的冷漠、旁观。为此,党组织如何有效地发动群众,调动群众的参与性,既是乡村治理的需要,更是党的领导的需要。乡村党组织应该从政治高度去化解这一问题,比如加大司法对黑恶势力,尤其是对扰乱乡村选举行为打击的同时,要注意乡村法治和村民自治的宣传,并且通过具体的议事组织、自治组织和村民理事组织等参与到村务管理中,进一步激发村民参与公共事务的积极性。事实上,善治就是要实现众人的事由众人协商。让村民逐渐意识到乡村公共事务,并参与到村庄事务中去,必定极大提升对"微腐败"的震慑,提高乡村治理的权威性、有效性。

四 提升乡村自治主体的治理能力

乡村自治主体,就是在村民自治制度下参与到乡村自治活动中的人以及组织，包括个体的人、乡村经济组织、社会其他合法组织。随着村民自治确立为农村社会管理形式后，村民委员会成为了基层群众性自治组织，而村民委员会这一自治组织的选举及监督，就成为农村村民参与自治、行使自治权利的重要方式。1987年11月第六届全国人大常委会第23次会议审议通过了《村民委员会组织法（试行）》，对村民委员会的性质、地位、职责、产生方式、组织机构和工作方式以及村民会议的权利和组织形式等进行了全面规定，村民以及选举产生的村委会成为了村民自治的主体以法的形式确立下来。进入新时代，随着国家治理体系和治理能力现代化的实施，乡村治理必然促使村民自治的丰富和完善。党的十九大明确提出，健全自治、法治、德治相结合的乡村治理体系，健全农村基层民主选举、民主决策、民主管理、民主监督的机制。这就提出了新时代乡村治理创新，是村民自治制度在新时代的进一步完善和提升的任务。因此乡村社会的治理转向及善治追求，意味着乡村社会管理方式及管理要求有了新变化。"三治结合"治理体系及共建共治共享这一乡村治理新理念，已经对乡村治理主体结构及治理方式进行了重构和形塑，并现实地形成了对自治主体参与乡村事务管理的新要求。

（一）提升自治主体的法治水平

法治是现代国家治理的基本手段，也是乡村治理及善治实践强有力的保障。法治重视依法作为、依法办事，做到有法有据，通过执法实现乡村社会的有序，维持社会的公平公正。新时代推进乡村善治，要充分发挥法治对于乡村治理体系的保障作用，发挥法治惩恶扬善的功效，通过法治推动并引导乡村善治实践。

然而现实的乡村社会治理更多地体现为熟人式治理，重人情、讲彼此间亲疏关系，重情感，偏重现实利益等。这正如费孝通先生的"差序格局"那样，并由此构成了乡村社会的人的关系和它的治理秩序。然而现代社会是国家意义上的社会重构，国家意志通过法律及政策等方式重构着社会，从而使社会结构、社会性质及社会行为都体现着国家意志。因此新时代乡村社会的国家现代化重构，注定了新时代乡村治理及善治必须强调法治，体现法治。

法治说到底就是生活于其中的每一个人都依法、守法，其行为都以法律为依据，法律成为行为的准绳。因此要提高乡村治理的法治水平，其中非常重要的是提升自治主体的法治水平。法治只有真正深入到主体中并成为行为自觉，才能真正发生作用。

1. 加强对自治主体的法治宣传教育

通过普法宣传，使自治主体能够懂法、知法。乡村应该通过学校、义务讲解员、圩日等渠道进行宣传教育，并建立一套适应乡村社会的法律教育方式。如与法院、派出所等联动，侧重于一些涉及乡村事务尤其是治理方面的案例进行法治教育，如财产继承、婚姻关系、环境保护方面的案例，争取在村庄进行开庭。把抽象的法律条文通过实例及具体场景等表现出来。

2. 强化法治的惩戒作用从而提升自治主体对法治重要性的认识

追求现实效果是中国农民的行为特性。针对乡村治理中的违法现象，如拉票贿选行为、侵犯公共财产行为，尤其是干部腐败行为，必须通过法律的惩处来达到警戒作用。通过这种惩戒，明确法治的红线及行为的底线。现代国家治理的实践表明，法治是最能有效保障人权的治理模式。只有牢固树立法治理念，保障法治化取向，将民主治理与依法治理有机结合，引导群众自觉运用法治思维和法治方式管理社会事务，才能形成办事依法、遇事找法、解决问题用法、化解矛盾靠法的法治氛围，保障基层群众合法权益，确保基层社会长治久安。

3. 建立适应乡村社会的法治机制，在法治实践中提升能力

目前不少地方正在探索律师入村、司法入村试点，发挥乡镇从业律师及执法人员熟悉当地情况的优势，尤其是能及时了解农民在纠纷中的心态，及解决纠纷的深层次的文化根源与思维方式。这些律师与执法人员能结合法律规定来对乡村一些普遍性纠纷进行法律解析，或者说以案说法，应该说这些做法能有效地推进法治教育。同时，有些地方开展了一些村民纠纷调解委员会，由乡贤、基层法律工作者或热心公益人士等组成。由于这一委员会来源于乡村，而且还有较高声望，因此对乡村法治水平提高，尤其是村民法治素养提升，其作用是很大的。当然，还有一些其他方式，如发挥大中院校学生进行法律宣传，建立司法专职干部等，这些对于乡村法治建设都是很好探索。

4. 重点抓好乡村党员干部的法治能力培养，扩大自治主体法治示范性影响

乡村党员干部及治理积极分子是乡村治理活动的骨干，他们的法治水平在很大程度上影响着乡村社会的法治秩序。为此，抓住这些关键少数，

注意他们的法治水平提升，对整个乡村法治建设显得十分重要。为此，乡镇以及党的基层组织应该通过系统地、有组织地进行法治培训，尤其是针对不同乡村纠纷特点进行法律方面的讲解，如资源开采区所涉及的资源开采及环境保护的有关法律，城中村有关城市管理的有关法律等。可以通过举行培训班或党校集中轮训的学习等方式。通过这些人从而带动更多人掌握法律，提升法治能力。

5. 强化乡村治理的制度化实践，引导自治主体法治水平提升

对乡村治理而言，治理实践的制度化是法治的重要表现，是法治的具体实践方式。这主要是乡村治理实践往往更多的是具体的、琐碎的，不少带有突发性。这些事情往往更多地表现在道德层面，或者日常生活层面的一些纠纷，真正涉及法律或者说违法的相对不多。但这些问题却是现实存在的，而且一旦处理不好，对乡村社会秩序、人际关系的负面影响是很大的。因此，对这些问题处理的公约化、规范化和制度化，显得非常重要。就是说，把这些问题所涉及的关系进行制度化的细化分类、规范处理、奖惩分明等，增强对违犯者的刚性处罚，最终倒逼自治主体学法、守法和用法，这无疑也是乡村治理法治化的一条途径。

(二) 增强村民的乡村归属感，从而增强自治主体的凝聚力

乡村善治的前提就是治理主体的广泛参与。进入新时代，经济市场化、社会建设的城市化带来了国家实力快速提升的同时，也对乡村社会发展形成了巨大冲击。这当中既有小农经济的转型而使乡村经济获得提升，也有乡村社会资源的城市转移，从而带来"空心村""留守孩"等问题。随着有劳动能力的青壮年远离乡村，经济资源的大量流出，乡村社会由于人口结构改变带来了治理难的问题。因此，让村民关心治理、参与治理就成为新时代乡村善治的重要内容。为此应从以下方面下功夫。

1. 进一步增强村民的乡村归属感

村民由于进城务工甚至在城里定居，长期脱离乡村生活工作，自然对乡村事务有了距离感，加上诸如"事不关己"等小农传统意识的影响，对乡村社会事务越来越淡漠。而事实上，家乡情怀是人心底中难以忘却的。随着物质条件改善而出现的"寻根热"也反映了这一点。因此，乡村治理需要从归属感方面入手，如春节团拜、乡村发展献计献策、乡村发展征求意见等方式，让无论村内还是不在村中的人，感觉到参与村庄事务的必要性。同时，乡村可适时组织如参观、农产品推介之类活动，邀请这

些离村人士回乡，让他们了解村庄中在做什么、想什么，从而达到增进了解和感情的目的，为参与乡村治理奠定基础。

2. 紧扣乡村发展这一情感契入点

家乡美、家乡好，是游子最乐意听到的。这些都需要通过发展得到的。这些人离开乡村，从根本上而言，还是乡村发展不够，无法提供更多发展机会。因此，乡村经济发展是村民之间最大的共识，也是吸引村民最根本的切入点。为此狠抓乡村经济发展就是工作的第一要务。抓住新时代乡村振兴战略实施这一契机，充分发挥政策优势推进乡村经济和社会建设，如路网建设、生活用水及环境整治、电力设施建设、电信网络铺设、基本农田改造等基础建设，最终改变乡村经济发展基础。在这一前提下通过土地流转实现耕地规模化种植，盘活乡村各种资源，积极拓展农产品的销售空间和乡村人员的就业渠道，尤其是在目前政府管理所采取的"项目式"政策中争取到更多发展资金以及发展机会，在引进外来资金、项目从而吸纳更多人口就业等方面多动脑筋，这些应该是乡村可以努力的具体内容。这些举措，最终必能促进乡村经济发展，增加对流出人员的吸引力及对乡村的关注度。

3. 切实解决流出人员的实际困难

新时代乡村人口的市场化、城市化取向仍然是主要方式。流出人员尽管人在外，但土地、房屋及其一些不动产，由于其社会保障功能及乡土文化传统影响，虽然无法直接进行经营管理，但人们一般都会保留于自己名下，由此必然会涉及管理、经营或安置等方面的一些难处，如时间精力不够、对乡村人际关系生疏等；同时，流出人员在乡村的社会关系依然存在，在进行一些乡村社会活动时，就会出现诸如虽有利益但却无法到场等情况；等等。这些问题尽管微小甚至有些问题说大很大，说小很小，但它确实存在，处理不好必然影响人际关系，影响治理效果。为此乡村自治组织应该积极协助帮忙解决问题，而非由此成为控制他人的借口或把柄。通过这些细微工作，以情感人，从而增强人们对乡村治理的关注和参与。

（三）充分发挥乡贤在治理中的重要作用

乡贤是乡村的一个特殊群体，是指乡村那些德高望重、处事公道且有能力的人。在乡土社会演变历史进程中，在乡村社会建设、风俗教化、乡里公共事务等方面涌现了一些有德行、有才能、有声望，且为民众主持正义，乐于奉献、为乡邻做善事，深为民众所尊重的人。现如今，乡贤除了包括有声望、乐于善行义举、有能力的内容外，更多指的是退休返乡的政府官员、贤人志士、有声望的基层干部、退休教师、成功的业界人士等，这些人被乡里乡亲认为是有见识、见个世面，且了解外面世界的人，因此他们的意见、看法普遍能获得村民更多的尊重和信赖，他们的言行尤其是他们的善举很容易产生示范效应。

正因为如此，充分发挥乡贤在治理中的作用，对提升治理主体能力和整个乡村治理水平有极其重要意义。乡贤在乡村治理中的影响及能力，也意味着他们在乡村治理中承担更多的社会责任。为此，把有责任心、有能力、德高望重的乡贤动员起来，发挥他们在乡村治理中的作用，承担起乡村社会治理中更多的"社会责任"，发挥乡贤在民俗民风中的"领头"影响，促进村内治理价值观的形成，就成为乡村善治及自治主体治理能力提升的重要渠道。为此应该从如下方面入手：

首先构建起尊重乡贤的氛围。一个积极健康的社会氛围，能促使置身于其中的人有着积极上进动力。乡贤群体体现的是德高望重、公道公正等乡村发展所需要的正能量，应该给予彰扬；在处理利益纠纷之中的秉公行为，应给予支持肯定。这一对乡贤之挺、之赞，树立的是乡贤的正面形象，发挥的是正能量及影响力。其次，搭建起更多适合乡贤参与治理的平台。乡贤最终是通过参与各种治理及所取得的效果表现出来的。乡村治理活动中应该积极搭建参与平台，如成立纠纷处理理事会、乡村议事会、监事会等形式，对于党员应鼓励将其组织关系转移到村庄，从而直接参加乡村组织及治理活动。再次，充分发挥乡贤影响的示范效应。榜样的力量是巨大的。乡贤无论是善行义举还是公平公正处理邻里纠纷，在一个熟人社会环境中其示范效应应该是明显的。因此，通过褒奖乡贤及善举行为，使之成为村民行为的模范和榜样，推进乡村风气健康发展。如乡村的产业化种植、规模化经营、良种引种、乡村建筑布局，等等，有了乡贤的示范影响，必然能取得事半功倍的效果，在现实效果下产生影响。最后，切实解决乡贤乡村生活困境。乡贤回乡生活及参与治理活动中，由于长期远离乡村而对乡村生活表现出许多不适应，必然会面对不少困境。如对乡村社会过于讲究人情世故的不适应；乡村物质生活条件不完善；乡村环境卫生的脏乱差问题突出；不少地方由于基础设施不完善，经常出现停电现象；用水也经常受到影响；乡村医疗条件不够，交通工具不足；等等，这些问题现实地带来生活上的不便。虽然这些问题是乡村整体性问题，但需要制订切实可行的整体解决方案，尽可能地有计划按步骤地稳步推进。对于一些眼前能够解决的问题，应该想些办法给予解决，如脏乱差问题、用水问题等。

乡贤及由此所形成的乡贤文化是乡村发展的重要资源。中国特色社会主义乡村现代化建设一直强调要重视乡贤及乡贤文化。乡贤在乡村振兴中不仅既能以其更通晓国家方针政策又熟悉乡村情况来直接参与治理，而且能以更具有现代意识发挥其教化、示范的作用。而乡贤文化是乡村文化的重要内容，它把现代文化、乡村传统及乡村实践结合一起，既具有中国优秀传统文化以及现代意识的特征，又呈现出相对独立的乡土个性特点，具有明显的地域性、人本性、亲善性和现实性，是教化乡里、涵育乡风文明的重要精神力量。因此新时代推进乡村善治，需要重视和积极发挥乡贤的作用。

（四）建立并完善自治主体治理能力提升机制

治理作为一种新的社会管理机制，人们自然会有一个认识和熟悉的过程。在这一熟悉当中逐步形成其驾驭能力。村民治理，虽然此前有着村民自治的实践经验，但在现实管理体制下却最终演变为"乡政村治"模式。村委会在一定程度上成为乡镇政府的下级机构，村民自治更多地体现在"村民选举"上。而治理意义的村民自治，如共建共治共享、多元参与等，与善治要求还有提高的空间。

进入新时代，乡村振兴战略实施是在国家治理体系和治理能力现代化前提下进行的。就是说治理不仅已经成为国家社会管理模式，而且治理现代化已经成为新时代建设目标和方向。乡村治理作为国家治理的一部分，治理现代化是乡村现代化的重要内涵并不断使之现实化。因此乡村治理及善治必然要求自治主体提升其能力。为此需要建立并完善其能力提升机制，促进自治主体治理能力得到提高。

1. 充分认识治理在乡村现代化建设中的意义，形成治理能力提升的共识

在乡村治理活动中，政府、社会（市场主体）和村民等共同参与中，村民及村委会如何真正有效地表达和维护自己的权利，这不仅是价值取向及利益的问题，而且也是权利意识、表达能力的问题，是自治主体基于国家法律法规及方针政策的认识和理解问题。而这些方面恰恰是村民相对薄弱的方面。

治理现代化体现的社会治理当中，其本质就是全社会成员的广泛参与，实现社会秩序的稳定、有序和人民生活水平的提高。具体表现在：治理主体的多元、理性；治理结构的开放、科学；治理方式的民主、法治；治理结果的有效、秩序；等等。这些新理念及社会管理的新方式，是现代化社会的运行法则。乡村现代化就是乡村社会努力的目标和方向。比如社会主义民主建设是人民当家作主，乡村治理就是这一民主原则的更加具体化，也意味着现代化中乡村所有公共政策要从根本上体现人民意志和人民主体地位；同样治理所主张的法治，其实质就是人民意志上升到法律规则并以此进行管理社会秩序，也意味着让法治原则成为治理的价值诉求和构建现代化治理体系的正当性基础，成为所有乡村公共政策的基本原则，让"法无授权皆禁止""法无授权不可为"成为治理的基本通则。因此治理现代化从根本上区别于传统乡村社会管理，并代表着乡村社会发展方向。正是基于此，自治主体应该提升对治理现代化的认识，并以此进行自身能力的提升。

2. 利用好各种培训平台

能力提升需要具体途径，尤其是对乡村自治主体普遍存在现代意识相对缺乏状况更是如此。这些平台及途径主要包括：党政培训体系、社会力量组织的参观实践、各种教育培训平台、学习机制、文化宣传等。在这当中，党政培训体系更具有针对性，如党校、行政学院、各种主题教学班、各种政策宣讲等。这不仅是教育体系完整，而且其讲授内容、培训方式与国家方针政策具有一致性。当然社会力量在其中也不可忽视，如出门务工、经营生意、参与各种社会活动等，这些活动本身就是一种锻炼与见识，尤其是经济发展地区的乡村社会管理经验，能给人直接的、感性直观的认识，能给人以直接的具象。通过系统的培训，必然能够推动乡村人的素质提升，从而推动乡村社会善治的深入。

3. 充分发挥乡村治理的传统资源优势

乡村自治是中国传统社会的基本形态。"皇权不下乡"作为传统社会的管理方式，在几千年乡村社会发展中直接表现为乡村的自治。尽管统治阶级的本质决定了其统治的阶级压迫性，但作为一种社会管理活动，封建王朝统治下的乡村管理，凝结了一些优秀的成果，如民本思想、教化观点、邻里和睦等。就是说，传统乡村在王权不下乡下的基础上，实现了自我管理、自我有序运行，这是值得研究和学习的。任何一种治理模式的生成，都不能脱离地域乡俗、传统文化、历史条件和群众心理特征的土壤，其本质就是乡村文化传统。因此乡村治理都必须立足乡村实际，借助好乡村传统文化的力量，尤其是关注乡村地域内的民众文化心理特征，按照因地制宜、因时制宜、因人制宜的原则，寻求适合本土、多元、有效的治理方式。因而利用好这一传统文化平台，积极发挥其在自治主体能力提升中的作用，其实效必定是直接的、显著的。

4. 始终贯彻新理念

进入新时代，随着中国特色社会主义现代化新征程的开启，乡村社会及治理将迈入一个新的发展阶段。因此新时代所秉承的新理念、新思想和新论述，将在整个社会发展中发挥重要影响作用。接受新理念、新思想，并运用这些思想、理念指导乡村治理行为，是乡村自治主体适应时代的必然要求。

贯彻新理念，首先是习近平新时代中国特色社会主义建设理论，尤其是对乡村振兴的系列论述。其次，治理现代化理念。现代化是人类社会进入新的更高阶段的表征，是物质、精神获得更高水平的表征。因此人的生存及社会发展理念、生活和思维方式必然是现代的，包括法治、契约、民主、竞争与协作等。而这些理念不仅体现了现代社会特征，更是现代发展的手段和前提。随着中国特色社会主义现代化建设进入新征程，乡村善治必然以现代化作为其应有内涵和要求加以推进。因此，理解治理现代化，必须立足于现代化建设，以现代化思维、方式、理念来认识乡村及善治。这样的乡村善治才是现代乡村需要的善治。最后，贯彻新理念，必须立足于乡村实际，一切从乡村发展以及治理实际出发。乡村发展的不平衡、不充分是客观存在的，各地的实际情况千差万别。因此任何脱离乡村实际，机械套用新理念，注定是无法取得成功的。

(五) 提高自治主体的组织化水平

新时代乡村治理创新必须始终以治理现代化为目标和方向，最终达到共建共治共享的治理格局。因此自治主体的组织化，就成为自治水平的重要标志。因为只有村民以组织化方式才能有效地表达并实现其利益需要，才能确保公共利益最大化的实现。任何"原子式""个体式"的表达，在现代社会是难以被社会所接受，更难以成为社会主张。

农民组织化是以经济利益为纽带，而现实的经济利益是农民间联结的动力源泉。无论是利益维护还是利益创造，利益始终是人们经济行为的根本动因。从村庄发展，到产业布局，再到经济秩序，它们都与农民利益有关，经济利益成为农民最为关心的事情。因此，要紧紧抓住经济利益这一关键，引导农民走合作共赢式经营道路，促进乡村通过组织化方式推动其发展。

始终以增进公共利益为目标，推进村民的组织化进程。乡村治理的善治取向，就是实现公共利益最大化。或者说，治理就是为着增进公共利益而进行的管理行为。因为唯有公共利益得到维护，乡村社会的公平公正才有实现的基础，其治理才能真正把共治共享之理念变成现实。为此，克服小农经济形成的自私自利、侵占公共利益、以权谋私等行为，是治理现代化需要面对的现实。只有确立起治理的公共利益取向，农民组织化才真正具有生命力，才是新时代乡村治理所需要的。

坚持村民的主体地位为根本，是实现组织化的前提。村民包括村民联合体是乡村治理的主体，是进行"自我管理、自我教育、自我服务"的实践者、参与者，也是村庄命运及利益的直接相关联者。因此，村民是乡村治理中的中坚力量，应该始终坚持村民主体地位来推进组织化。就是说，组织化是村民基于乡村发展内在需要的自觉行动，而不是外在力量或外在需要而促成的。比如在乡村群防群治中，基于乡村治安及环境卫生需要，村民自觉参与到乡村的清洁卫生、纠纷调解、治安维护等具体事务中。坚持农民在乡村治理中的主体地位，就是要尊重农民意愿，保障农民权益，调动农民积极性、主动性、创造性，从而提高农民主动参与村庄公共事务的积极性。在具体治理实践中，可以依托村民会议、村民代表会议、村民议事会、村民理事会、村民监事会等，形成民事民议、民事民办、民事民管的多层次基层协商格局，进一步凸显和实现农民在乡村治理中的主体地位。

五　正确处理乡村基层政府与自治组织的关系

我国在 1982 年修订颁布的《宪法》第 111 条中，明确规定"村民委员会是基层群众自治性组织"。至此村民自治作为国家基本政治制度得到确立。所谓村民自治，通俗地说就是村民直接行使民主权利，依法办理自己的事情；在乡村中村民实行自我管理、自我教育、自我服务。1987 年 11 月 24 日由第六届全国人民代表大会常务委员会第二十三次会议通过了《中华人民共和国村民委员会组织法（试行）》，其中第二条规定了村民委员会的职责为"村民委员会是村民自我管理、自我教育、自我服务的基层群众性自治组织,办理本村的公共事务和公益事业,调解民间纠纷,协助维护社会治安,向人民政府反映村民的意见、要求和提出建议";第三条明确规定乡村基层政府与自治机构之间的关系:"乡、民族乡、镇的人民政府对村民委员会的工作给予指导、支持和帮助。村民委员会协助乡、民族乡、镇的人民政府开展工作"。由此乡镇政府与村民自治组织之间的关系在法律上给予了明确规定。依据《村民委员会组织法》,村民委员会的性质是基层群众性自治组织。而乡镇政府与村民委员会的关系,不能简单地理解为上下级政府之间的隶属关系,即不是领导与被领导的关系,而是指导与被指导的关系。

然而在现实的乡村治理实践之中,乡镇基层政府与村民委员会之间的关系却更为复杂。一方面乡镇政府代表国家,无论是资源实力还是政策执行,都处于绝对主导地位;另一方面,乡镇基层政府为了有效执行上级政府的各种任务,具有影响甚至左右村民委员会的冲动,而乡村治理实践过程中也是如此。这不仅违背了村民自治这一政治制度及要求,消解了法律的严肃性,而且更导致乡镇政府与村委会关系紧张,干群关系恶化,尤其是政府与村民之间的直接冲突,极大地破坏了党和政府的形象。因此在乡村治理中正确处理这一关系对于推进乡村振兴战略及乡村现代化建设,实现乡村善治,具有十分重要的意义。为此主要应该把握以下几方面的关系:

1. 基层政府代表国家力量参与到村民自治之中,在乡村善治中发挥着重要作用

乡镇政府与村民委员会虽然不是领导与被领导关系,但是确保宪法和法律在乡村中得到贯彻,保证国家乡村政策在乡村的执行,是乡镇政府的职责所在。因此乡镇政府对村民委员会的自治工作需要给予指导、支持和帮助。

乡镇政府作为国家政权机构,贯彻执行国家意志,依法行使对乡村自治的指导。《村民自治组织法》也明确规定,"村民委员会协助乡、民族乡、镇的人民政府开展工作"。就是说,村民自治并不是独立于国家权力之外,也不是政府权力只能依附自治组织才能作用。村民自治是在国家法律法规下的自治,是在接受国家指导下的自治。事实上,国家对乡村的重构,或者说国家力量对乡村社会的影响,在现代化建设中具有必然性,已

经成为乡村社会现代转型的常态。随着国家现代化建设，国家力量对乡村社会重构无论力度还是效果必将会更加显著。基层政府作为国家权力的代表及执行者，必然通过法律法规、政策及资源分配等诸多手段，来规引乡村自治及经济社会发展行为。所以新时代乡村治理创新及推进乡村善治，必须立足于这一基本事实，始终在国家意义上并通过自觉接受政府指导来进行乡村建设及治理创新。基层政府力量的参与，既能确保乡村善治始终为了乡村公共利益维护从而实现乡村整体发展的方向，代表着中国特色社会主义现代化建设的方向，又能获得国家力量支持，如资金、政策、技术及各种基础设施建设等，从而克服因乡村经济实力弱小而丧失发展机会。因此推进乡村善治，要充分发挥好基层政府的指导作用。

2. 基层政府应该以平等方式参与乡村治理，不能以直接命令式、管控式、强制的方式进行

村民自治，就是自我管理、自我教育、自我服务。村民委员会是群众自治组织，凡依法属于自治范围内的事项，都应当由村民自己讨论决定。对此类工作，乡镇政府既不能强迫也不能包办，但可以指导，包括宣传、说明、解释、说服和动员等。

依据法律，村民自治组织不是基层政府的下级机构，乡镇基层政府与村民委员会之间不是领导与被领导之间的关系，不是上下级之间的关系。因此村民自治有接受乡镇政府指导的义务，但指导不等于命令。村民自治只要不违反法律规定，对于地方政府的具体工作内容显然可以从自治及村庄发展实际出发进行选择，而非具有强制性。所以乡村基层政府在参与村民自治活动中，依法依规进行说服、宣传和引导工作，从而达到对村民自治以及乡村发展的指导，而不能以命令的、必须无条件执行的方式开展工作。任何习惯于命令式、控制式的做法显然与善治及乡村治理现代化及村民自治制度都是不相符的。

平等的方式，就是在乡村治理结构中，以其与其他主体的平等地位参与其中；在其治理过程中始终以协商、沟通和共赢的方式进行。治理中的平等是相对于命令、服从之类管控而言，因为管控存在主次或主客的地位不平等。过去人们习惯于政府是领导者，处于领导角色即处于发号施令的地位，其他的都是服从者和被领导者。新时代乡村善治是基于乡村治理而言，在其治理结构中都是平等的，为着乡村发展共同参与、共同决策和共同建设。任何乡村政府给予乡村自治及发展的指导和支

持，不是乡村政府的施舍，而是政府自身的法定义务，是政府作为公权力应有的作为。任何以其公权力及掌握的资源为要挟的行为，并以此进行命令、强制，都是对村民自治的干预干扰之举，是公权力的异化，是违背公权力本质的。

3. 乡镇基层政府始终以不干扰村民自治活动为行政的基本原则

乡镇基层政府对村民自治给予指导是法定义务，但不得干预依法属于村民自治范围内的事项。这实质上已经划出了基层政府的行为底线，即对村民自治范围内的工作，不得进行行政干扰。但在现实的行政实践中，基层政府总是把村民委员会当成其下级组织，采取行政手段要求村民委员会执行。比如农田改造的任务摊派、村容村貌以及环境卫生整治活动等。这些工作是自治范围内的活动，乡镇政府必须通过说服、动员和引导等方式来推进工作，但命令、强制性任务与摊派，甚至越过村民委员会而直接推进的做法，显然是不妥当的。当然，村民委员会也应当协助乡镇政府开展工作。村民委员会是基层群众性自治组织，协助政府开展工作也是法律义务。但协助工作显然是与本村有关的，是政府基于国家发展而推进的工作。比如乡村振兴战略实施所进行的乡村土地政策调整，鼓励生育的政策实施与落实，义务教育法落实，农村医疗保障落实等。这些工作，是政府执行国家战略决策所实施的行政行为。

乡镇基层政府在与村民委员会的关系中处于相对强势地位，因此乡镇政府对村民自治事务的行政干扰，在现实治理实践中屡见不鲜。究其原因，一方面是少数干部长期的管控思维和官僚意识的惯性使然，另一方面也是现有绩效管理体制压力下的产物。前者主要是通过学习教育，如法治教育、治理现代化学习等，特别是充分发挥群众监督、纪委监督等教育作用。后者就必须从体制和机制改革入手，对乡镇基层政府工作考核以及对基层干部工作的业绩评价，应更加符合乡村实际情况来做出。

乡镇政府对村民自治以及乡村治理的"越界"，对乡村治理以及善治的负面影响是十分巨大的。大而言之，就是违法乱纪；更为具体而言，就是干群关系紧张，乡村社会关系更加复杂。为此在现实的乡村治理以及善治中，基层政府理应首先承担起责任，从"不越位""有限政府"做起，坚持党的群众路线和群众观点，转变管理、控制思维。只有这样，乡村治理与善治所需要的多元、共治、共享局面才有可能得到实现。

第三节 创新新时代推进乡村善治实践的实施方式

新时代推进乡村善治逻辑的实践，必须通过具体的、现实的并有着乡村特色的方式和途径来进行。实践问题，必然是观念与理论转化为现实力量的过程，是形成现实效果的过程，因而是一个如何做及其做好的过程。乡村善治逻辑实施的方法方式、手段、形式，以及抓手等内容，共同构成实施方式。乡村善治是中国特色社会主义建设的重要组成部分，因而其实践方式必然涉及生产力、社会经济基础、乡土传统文化等诸多方面，并在现代化的统领下使中国特色社会主义现代化建设与乡土社会的现代社会转型得到实现。

一 更大力度推进乡村经济现代化发展

乡村经济发展既是善治的基础，也是善治的产物与体现。新时代乡村善治必须是村民物质生活上的富裕、殷实，而其实现方式是乡村经济现代化建设。乡村经济现代化是乡村经济融入现代化体系所形成的经济形态及经济发展方式，它既有传统意义上的农业现代化内容，也有乡村现代化出现的新经济业态，如服务业、旅游业、加工业等。它是乡村经济现代化的产物，体现着现代产业分工以及经营管理理念，讲究经济效益并主张经济发展的规模化。乡村经济现代化反映着乡村社会在融入现代化发展中的一种经济适应，也是乡村生产力发展的必然。因此新时代乡村善治，必须始终把推进乡村经济现代化建设放在首位。因为只有乡村经济现代化，即乡村经济的发展，乡村现代意义的善治才有坚实基础。为此，必须进行以下方面的工作：

1. 进一步夯实经济发展基础，提升乡村生产力水平

乡村经济发展的特殊性在于，乡村地域、地理环境及乡村经济发展的基础设施如水电等，在其发展中成为了核心制约因素。而地域与地理条件带来的道路交通、水电设施等基础建设的不足，通信技术、信息处理的落后，相关配套产业缺乏的经济发展基础甚至根本无从谈起的现状，这些因素从根本上制约着乡村经济发展，成为乡村经济尤其是多元产业结构调整的瓶颈与障碍。因此夯实经济发展的基础设施建设，成为推进乡村经济发展，进而推进乡村善治的前提和基础。

首先，应从乡村自身资源优势入手，推进基础建设。乡村由于经济实力及经济条件等因素的制约，自身发展的能力及有利因素相对缺乏，因此找准突破口就成为夯实经济发展基础的关键。突破口应该从自身资源条件出发，通过激活自身资源优势从而增强基础建设的实力，进而激活整个乡村经济发展活力。自身资源包括劳动力资源、自然条件资源、传统人文资源、地理位置资源、传统产品资源等。比如有些地方的传统特色小吃就是一种资源。这些资源本身就是一种影响力、竞争力，资源的开发利用不仅带来现实的经济利益，而且还能通过这些资源开发来吸引外资及外部投入。这是一方面。另一方面，资源优势更容易凝聚共识。乡村经济发展及公共基础设施建设需要共识，共识是建设的前提。乡土的生活生产方式使得生活于乡村的人对问题的分析及价值判断，更多地考虑实效以及风险可控方面，而资源恰是这一特征的具体载体，为此大家更容易形成统一意见，由此而进行的基础建设也能更加一致。

其次，应该注重乡村经济基础建设的联动、整体效益。联动、整体效益，就是指基础建设所带来的溢出效益，或者所引发的多领域、多方面的变化及高效益，或者基础建设着眼于更大范围的发展所获得的效益。经济发展是一个系统工程，不同的经济要素作用往往形成一个相互关联的整体。因此在经济发展的基础设施建设中，不能局限于一个点或者一个局部进行考虑，应从经济发展的关联性来综合考虑。比如道路交通设施，应该考虑从其连通性、网络性、便利性、产业性入手，资源利用应该从产业分工与配套来构建。乡村由于其自身区域面积有限，往往容易出现小农意识所表现的地方保护主义、利己主义，从而导致基础建设无法实现效益最大化。

再次，通过挖掘资源优势，积极争取国家及地方政府的更多支持。近十多年来，国家在不断加大对乡村基础设施建设的支持力度，尤其是民生方面的水电、乡村道路设施、信息技术等方面建设的同时，也十分重视具有资源潜力及优势项目的支持。而这些支持往往是通过项目管理方式进行的。因此，乡村应该积极挖掘自身的资源优势，不苛求全面而是更注重资源的发展及效益。如革命老区中的各种红色资源开发利用，国家集中连片扶贫项目，等等，通过乡村资源这个点从而带动整个乡村经济发展基础建设。

最后，不断完善乡村经济发展制度体系。乡村经济发展是国家经济发展的一部分，它必然受到国家制度体系的保障和制约。任何经济发展，都是处于经济制度下才得以进行的。乡村由于其特殊性，必然需要更具针对性的制度安排，如乡村土地使用、产业政策、农业支持保护制度等。乡村产业发展的制度体系，总的方向是适应市场化、产业化趋势，以保护和调动农民积极性为核心。因此产业制度应该围绕深化土地改革而进行产权政策、完善产业发展政策、改革财政补贴政策，更加注重支持结构调整、资源环境保护和科技研发等，探索建立粮食生产功能区、重要农产品生产保护区的利益补偿机制。通过这些实践与创新，探索乡村经济产业化及兴旺的新路径。

2. 始终以产业兴旺为总要求，推进乡村经济的现代转型

产业兴旺是乡村振兴战略的总要求。现代经济是通过产业体系、市场体系、分配体系、政策体系等共同推进的，产业在其中发挥着核心作用。乡村经济的产业发展，是通过乡村经济不断融入现代经济分工合作之中，从而实现优势互补、互惠共赢基础上进行的。因此乡村经济如何才能融入，怎样融入成为乡村产业兴旺的抓手。

一切经济活动都是以利益为核心的，经济活动中的互利共赢是不变的法则。因此，乡村经济发展必须在遵守这些经济法则下才能得以实现。也就是说，乡村经济资源、经济要素的优势是什么？参与到现代经济活动的方式途径是什么？或者说乡村经济发展的有利条件是什么？等等，这由此成为了问题的关键。基于这一认识，乡村产业发展兴旺至少需要注意以下几个方面：

一是乡村产业发展必须立足于自身优势。优势就是竞争力，就是经济发展的着力点。乡村经济发展优势，可以是资源优势，也可以是已有产业优势，人力优势等。就新时代乡村经济发展而言，乡村生态优势、环境优势、人文传统优势，尤其是乡愁下的乡情乡景优势，对于城市化加深的社会环境而言，应该是最显著的优势。因此如何从这些优势出发，积极培养乡村产业特色，走产业现代化发展之路，就成为乡村经济产业发展的重要课题。

二是围绕"农"而又不局限于"农"的发展思路。从农业生产中不断延伸其链条，如农产品的深加工、农业产业的拓展拓宽等。这固然是产业发展的一种模式，但肯定不是唯一模式，而且在现实的产业化实践中，仅仅局限于农业自身来推进乡村经济产业化发展，很容易受到乡村客观条

件影响，而由此实现产业兴旺的成功范例不多。因此，乡村经济发展还是应该结合乡村实际，从农业产业的拓展拓宽入手，如近几年出现的观光农业、订单农业、加工农业、休闲农业；或从非农产业寻找突破口，如建筑村、旅游村、加工村等。这些做法已经超出了传统乡村经济发展范围，从而使乡村经济发展的空间得到了更大的拓展。

三是尊重产业发展规律。长期以来，地方政府在乡村经济发展上习惯于政府管理模式，认为政府应该承担起这份责任，因而出现诸如政府号召农民种这种那，到头来产品没有销路，农民没有得到实惠，政府的好心没有得到好报的窘境。这些现象的根子就是没有按照产业经济规律办事。固然，在推动乡村经济产业化发展过程中，政府应该有所作为，也必然发挥作用。但应该如何发挥作用，如何有所作为，这才是问题的关键。政府应该利用自己在信息、行政资源等方面的优势，去引导村民从事产业发展，如提供各种产品的市场信息，利用行政资源分析产业走向，帮助农民解决一些实际问题，如农企之间的牵线搭桥，等等。无论如何，农民及经济组织才是产业发展的主体，经济问题的核心还是市场问题。只有这样，乡村产业才能真正发展起来。

同时，必须深化农村集体产权制度改革。构建归属清晰、权能完整、流转顺畅、保护严格的中国特色社会主义农村集体产权制度是其具体目标。为此应该在土地产权等生产资料基础上，进一步抓好农村集体资产的清产核资工作；有效地推进农村集体资产股份权能改革试点工作，推广股份合作制成功的经验做法，进一步提高农村各类资源要素的配置和利用效率。

3. 始终坚持城乡融合的发展理念，把乡村资源优势转化为发展优势

城乡融合发展是现代化建设的必然要求，也是经济发展的必然结果。长期的乡村经济的滞后，是经济发展不充分不全面的产物，即违背经济规律的制约性因素所致。随着经济的进一步发展，一切经济资源乃至社会资源都会被卷入经济活动之中，从而使地域、地理、产业、职业等之间的差别逐渐缩小，最终实现彼此之间的融合。就是说，城乡之间的经济发展差距，是经济发展历史阶段性产物，它们之间的融合会随着经济发展而呈现着必然性。进入新时代，从城乡一体发展理念去推进乡村经济现代化是必然之举，也是乡村振兴从而实现善治的必然之举。为此，需要从以下方面加以改进：

一是创新城乡融合的有关政策体系。城乡融合是人们基于更加全面发展而对城乡分离甚至对立的发展思路进行纠偏的做法。随着社会的不断发展，相对于原来建立在城市分离发展基础上的政策体系，许多已经无法适应整个社会进一步发展需要，比如户籍管理制度、城乡不同的保障制度、乡村宅基地管理政策等。进入新时代，人们对生活质量的追求及乡土情结，不少通过高考或工作离开了乡村的人（俗称乡贤）希望重回到乡村生活；而现有的土地政策及其管理措施却无法满足这一需求等，诸如此类的情况，说明了城乡融合发展遭遇了政策滞后问题。消除政策供给不足或者政策滞后已经成为目前城乡融合发展的重要因素。

城乡融合的政策体系，应该体现工业反哺农业、城市反哺乡村的发展理念。中国工业化发展是在农业对工业、乡村对城市的巨大支持基础上建立起来的。随着工业化建设已经具有了自我发展、自我积累进而具有良性循环实力之后，工业对农业和城市对乡村的反哺已成必然。近几年国家不断加大这一反哺力度也说明了这一点。因为只有这种反哺，才能使农业基础、乡村基本设施得到根本改善，乡村及农业的发展条件才有可能获得显著提升。城乡融合的政策体系创新，应该循序渐进。农业农村发展及与此相关联的问题，不可能毕其功于一役，必须有组织、有计划逐渐加以推进。这既是中国乡村的实际，也是经济自身规律。因此政策的衔接性、连续性很重要。城乡融合政策，必须始终以解决乡村问题为宗旨。新时代城乡融合步伐必然会不断加快，因而许多政策性的困境（如政策滞后）由于现实状况变化而表现出来。面对这些问题，必须及时做出政策性解释，提供政策性支持。比如农村土地承包制所带来的土地使用规模问题，城市化所带来的空心村及村民自治问题等。在这当中，应该直面各种困难，尤其是一些涉及面大而又对整个乡村发展处于"卡脖子"状况的问题，必须大胆创新，以更大的改革勇气和魄力，提出解决方案，从而最终推动乡村与城市的融合发展。

二是注重城乡经济结构的互补与推进城乡融合。城市是消费、商品销售和进行工业生产的主要场域。城市所拥有的经济资源，如交通便捷方便、商贸网络发达、人流物流充分等，使城市拥有了经济发展的便利和实力。而乡村是农产品生产的区域，乡村拥有农产品生产加工优势，还拥有人力成本低廉、消费市场庞大、生态环境优良等诸多有利条件。因此区域功能的不同，地理条件的差别，注定它们之间有着结构功能上的互补，及经济利益上的互惠。如何在二者之间贯通起来，就成为问题的重要环节。这当中，主要是乡村农产品如何更加有效进入城市市场，并获得它应有的价值，是其主要内容。为此，乡村可以通过农业综合体（如经济合作社）把农产品直接推销进入城市市场，也可以通过与大型企业，如超市、零售店等进入农产品销售。同时，建立乡村人力资源输出中心，把乡村剩余劳动力或者缺乏比较优势行业人员输送到城市就业。当然，乡村也可以通过开辟休闲度假场所，或者与企业直接挂钩方式发生联系，从而实现城乡融合。

三是坚持因地制宜，不搞"一刀切"。各地的城市建设与乡村发展水平有很大的不同，其融合程度也是不一样的。珠三角地区、江浙一带的许多地方，乡村城市化不仅体现在一般的基础设施建设，而且在产业发展、社会保障体系、社会服务水平等方面，都得到了体现，甚至不少地方已经超过了城市水准，城乡已经成为一体了。然而对于绝大多数省份的乡村与城市而言，城乡之间的差别仍是很大的，并且城乡间的融合与乡村落后情况也是千差万别的，因而所采取的措施也应该不同。比如具有旅游资源的乡村城市化发展，就应从旅游资源开发入手；具有矿藏资源的乡村应该走资源开采加工之路；等等。

同时，在城乡融合尤其是推进乡村建设当中，应该避免乡村建设照搬照抄城市建设模式，如乡村建筑城市化、乡村规划的城市化等现象，使乡村成为城市的复制品、再生物。这样不仅使乡村失去了自身的特色从而也失去与城市平等合作的优势，而且使乡村与城市融合变成了乡村的城市化发展的单向路径，从而失去了融合的意义。乡村存在的价值恰恰在于乡村具有城市所没有的东西，多样化的乡村世界恰恰是城市生活无法实现和得到的。因此城乡融合不是消灭乡村的存在，不是机械地模仿城市，而是从自身的乡村特色或者说多样性的乡土特色出发，积极推动乡村发展，从而走出一条适合自己的城乡融合道路。

二 进一步夯实乡村基层党组织建设

中国特色社会主义的最本质特征是党的领导。新时代推进乡村善治是在党的领导下进行的，坚持党的领导，并不断改进党的领导方式，成为推进善治的重要方式。而乡村党组织作为乡村经济社会发展的"战斗堡垒"，直接参与乡村振兴之中，承担着领导乡村振兴这一重任的具体工作。面对新时代全面建设社会主义现代化新征程的开启，以乡村治理现代化为目标的治理创新及乡村善治的推进将贯穿乡村发展的全过程，当然也体现在发挥基层党组织"堡垒作用"之中。因此进一步夯实乡村基层党组织建设，提升基层党组织的善治能力，发挥好"堡垒作用"，其意义和作用是十分巨大，也是非常迫切而具有实践意义。为此，必须从以下方面努力推进。

(一) 加强基层党组织治理能力建设

基层党组织来自于基层，活动于基层并服务于基层。基层党组织对乡村治理活动进行政治领导，而乡村治理中的政治领导，更多的是通过党组织执行党的方针政策及基层党员干部的模范带头作用来体现，因而具有现实性、直观性和多样性等特征。就是说，基层党组织的领导更多的是通过"做"而不仅仅是"说"来体现。老百姓是通过"看"，看党员干部，看政策实效，看多数村民态度等，来理解国家大政方针。所以基层党组织领导乡村治理工作必须直接参与到治理之中，与治理对象直接发生关系。因此基层党组织治理能力、领导能力在很大程度上将影响乡村治理及善治效果。这些能力主要涉及政治政策水平、法治水平、领导能力、协调能力、组织能力和执行力等。

加强基层党组织治理能力建设，最为重要的是基层党组织的领导能力建设。党的领导是通过党的组织进行领导，党的组织优势是确保党的领导的重要因素。因此健全乡村党的组织结构，强化乡村基层党组织的集体领导，完善基层党组织制度建设，加强基层党组织的廉洁自律建设，这是组织领导有效的保证。目前要探索和完善自治下的"两委"关系及人员组成与协作，一肩挑实施及经验，乡村民主集中制实施方式等。这是其一。其二，锻造强有力的基层领导班子是领导能力的重要内容。适应新时代乡村治理发展需要，通过充实组织力量、第一书记任职等方式来加强基层领导班子建设。选派优秀人才担任第一书记作为乡村振兴的重要举措，是国家对乡村振兴的高度重视的体现，要发挥好第一书记在基层党组织中的重要作用。第一书记具有缓解基层党组织弱化、虚化的功能，其职责在于激发基层党员活力，强化基层组织建设，发挥好党组织先锋队的作用。第一书记及由此进行的组织建设，能给乡村治理添加活力；同时也能克服村庄宗族、家族势力影响，有助于修正传统官僚制度，增进与农民群众的互动，拉近党和人民之间的距离。其三，不断吸收新鲜血液。一方面，充分发挥大学生村官作用，利用他们高学历，创造性强的优势，不断提升党组织干部的能力及知识结构；另一方面，吸收一些具有突出表现的模范人物加入基层党组织，增强基层组织的活力。

法治能力是治理能力的重要内容。善治要求党的领导始终是依法依规的领导，因此基层党组织必须进行法治能力建设。治理不同于管理的重要一点，就是强调依法治理。国家层面需要完善乡村治理的法律制度，如《村民自治法》《村民委员会组织法》等。对基层而言，则是强化基层党组织法治意识和法治思维，使党组织的"有为"处于合法之中。同时，积极引导村民树立法治意识，通过守法、知法进而依法参与乡村治理活动，依法行使党员干部的监督权力。这样就能避免党组织和基层政府"干扰自治"之嫌，真正做到党组织不是代替村民自治工作，而是确保村民自治的落实，确保乡村公共利益得到维护等方面发挥作用。当然在法治建设中，要注重党员的党性修养，包括政治判断力、对乡村社会的引领力、对群众的影响力等。这些修养关涉着如何与群众打交道，直接影响党的形象和党组织的领导水平。

（二）强化乡村基层党组织与农民的血肉联系

乡村基层组织工作是直接与农民打交道的，它深入乡村社会，深耕农民群众之间。党的十九大报告指出："党来自人民、植根人民，始终为人民利益而奋斗。"这就要求新时代基层组织必须关心农民生产生活，切实维护和实现好群众利益，使善之治得到更充分体现。基层党组织是党的方针政策的执行者、党的宗旨意志的体现者，也是百姓意见的反映者、群众利益的维护者，因此密切与农民的血肉联系是基层党组织贯彻并实现善治的必然要求。基层党组织善治实践创新，说到底就是要强化与农民的血肉联系。

与农民的血肉联系，最终是通过实在的、具体的"行为"来实现的。面对乡村社会的现代转型带来的利益冲突、观念冲突，乡村社会关系呈现出异常复杂局面，利益弥合、分歧疏导、舆情纠偏等工作异常艰巨。基层党组织在这其中如何做、做的是什么、做得如何等，直接反映党组织对群众的态度和能力。中央苏区时期毛泽东就提出，关心群众生活，做好群众工作，把血肉关系落实到具体的群众生活生产中。就是说，要从群众利益、群众困难、群众疾苦等群众生活生产的困境入手，切实解决群众面临的各种困难，如农产品销售、农民工技能提升培训、农村实用技术推广等。同时针对目前利益多元、观念冲突等社会转型现状，基层党组织利用

"基层"优势,通过法治与德治结合方式做好协调服务,如引导成立乡风民俗理事会、建立乡村调解机构;另外,针对农民法治意识缺乏等状况,有针对性地进行农民的法治教育活动,如通过与上级组织部门合作成立乡村法律的援助、调解组织,建立权益诉求机制,设置法治"绿色通道"。从这些"小事""烦心事""难事"出发,推进基层党组织这一"微服务""微治理"。也正是这种"微作为"实现着基层组织与农民群众的密切联系,巩固着基层党组织在群众心目中的地位。

新时代强化基层组织与群众的血肉联系,需要重视乡村公共利益的增加。乡村善治就是实现乡村公共利益最大化。事实上,只有公共利益得到保证,乡村大多数人的利益才能得到最大程度保证,基层党组织才能获得大多数人的认同。事实也证明,公共利益得到保证的乡村,其公共服务水平、经济发展程度普遍较好。因此,基层党组织在发展集体经济中要发挥作用,如集体经济规划,乡村资源整合与开发,公共设施建设等;同时发挥党组织优势来开展帮扶工作,通过市场化等方式提高农民组织力程度,如农产品销售与电商、农村龙头企业发展等。壮大了公共利益,乡村公共服务就得到了保证,乡村发展利益的保证就有了坚实基础。

(三)提升乡村基层党员队伍现代素养

党员队伍是乡村基层党组织的基石,是"堡垒作用"实现的中坚力量。党员队伍素养在一定程度上反映了基层党组织治理能力和治理水平。随着全面建设社会主义现代化新征程的开启,乡村治理方式、环境和理念等的现代化转向成为必然。善治的现代化内涵必然要求治理主体具有适应现代社会要求的知识、能力和水平的现代素养。面对生产力高度发达、社会分工广泛、社会合作紧密、市场化程度等的现代社会,现代素养是理解和适应现代化社会的钥匙。因此学习现代化知识、熟悉现代社会法则,增强现代适应能力,成为基层党员队伍素养提升的必然选择。

提升党员队伍现代素养,首先就是开展有组织、有计划的学习教育活动。中国共产党是一个学习型的政党,从革命时期的从战争中学习战争,到今天的全方位学习,党始终把学习作为加强党的自身建设的重要方式。乡村现代化大潮已经成为不可阻挡的发展趋势。作为长期生存于小农经济文化下的基层党员,对乡村现代化的认识、理解等比较有限。因此面对乡村现代化只有开展系统学习才能得到全面提升。为此通过党的组织培训机制进行全面规划,对党员定期、系统学习做出纪律约束;同时采取分类且有针对性的培训原则，结合乡村实际及党在新时代乡村振兴的方针政策，通俗化地针对现代分工合作理念、法治思维及市场化理论等内容来开展的培训。这是其一。

其次，要深入挖掘身边资源，采取典型示范等方法，推进党员队伍的现代素质提升。城市化、市场化发展，造就了不少党员群体中的"能人"，他们在闯荡市场中积累了不少经验，是鲜活的教材；他们又熟悉当地情况，从而使教育更有针对性。同时，积极发挥回乡大学生及退休返乡人员的人才优势，开展有针对性的科普、对策性知识传授。当然，也可通过争取上级组织支持而邀请专家或企业家参与，如市县党校、龙头企业、其他市场主体等。有条件的地方也可以到经济发达地区考察参考，开阔视野。这些措施的有效执行，必然能有效提升党员队伍的善治能力和水平。

再次，提升法治化、民主化认识和实践水平。现代化强调法治化、民主化的重要性。基于几千年的"官本位""官治""人治"传统及惯性，强调法治就是强调规则意识，任何权力都必须在法律范围内；任何权力都是人民赋予的，都必须应用于人民利益之上。基层党员由于直面现实利益、人情世故、乡里乡情等诸多因素，习惯于传统情感性、管控性的管理做法。然而在乡村形态格局出现大变化下，传统的人情式的管理方法出现不灵验、不管用现象，甚至使问题演变成群体性冲突的大事件。因此法治化、民主化是适应新情况的新方法，它通过划清权力边界、厘清权利与义务关系、潜规则变成明规则、人人都按规则做事等来达到共治共建，并以此树立起规则治理的权威性。这便是治理的根本要义、核心所在，也是整个党员队伍适应治理现代化要求的使命、担当使然。只有这样，才能从根本上推动乡村社会善治进步和发展。

总之，乡村治理的善治取向的确立，标志着乡村基层党组织无论在工作内容还是领导方式需要进行创新。基层党组织作为党在农村的"战斗堡垒"，党的领导也有了新的定位和新的更高的目标要求，从而对基层党组织的能力和领导水平有了更高要求。基层始终是各种矛盾冲突最直接、关系最复杂的地方之一，也是整个社会治理的重心。因此坚持党对乡村治理现代化的领导，乡村基层党的建设及创新的意义更加突出。通过不断加强党的建设，从而进一步夯实基层党组织建设，提升基层党组织的领导水平，最终使乡村振兴战略及乡村善治获得有效推进。

三 推进新时代乡村文化建设

新时代推进乡村善治，必须大力推进乡村文化建设。文化建设是塑造价值、弘扬正气、推崇道德、抵制歪风邪气的工作，简言之，是塑"魂"的工作。乡村文化建设是乡村稳定和发展的重要组成部分；文化不但使乡村发展有了正确的方向和目标，而且也提供了人生存及人成长的精神基础和内涵。没有文化建设，乡村社会发展及进步包括乡村振兴战略实施就无从说起。因此进入新时代，随着乡村现代化建设的不断推进，只有不断增强农村文化建设，才能为乡村振兴以及乡村现代化建设注入源源不断的精神动力。

习近平总书记指出："乡村振兴，既要塑形，也要铸魂。"乡村文化建设就是从乡村精神面貌及精神家园去铸造乡村之魂。推进新时代乡村文化建设，必须从铸魂入手，为乡村现代化建设构建精神家园和文化动力。为此，新时代文化建设，应该立足新时代乡村现代化建设，以中国特色社会主义现代化为引领，继承乡土文化的优秀成果，广泛吸收现代文明，构建包容、健康且具有正向价值的文化体系，从而为新时代乡村振兴及善治提升精神基础。为此需要从以下方面入手：

1. 始终抓住"乡风文明"这一主旨，推进乡村公共文化建设

"乡风文明"是乡村振兴战略实施要求之一。一切文明都是在文化建设基础上形成的，因而乡风文明需要通过乡村公共文化来加以推进。公共文化是公共生产生活领域有关秩序、规范的精神成果，是为人们提供伦理价值的有效途径。公共文化建设必须以"乡风文明"为核心，大力推进乡村文化建设，通过以文化人、以文育人，把文化塑造人、培育人从而实现乡村文明的作用发挥出来。以乡风文明为主旨构建乡村文化建设体系，就成为取得成效的重要途径。而如今乡村文化公共服务建设相对不足，包括农村文化产品供给不足、文化设施建设不够、文化服务体系缺失等，出现了诸如图书室文化站等基础设施不齐全、服务水平不高、运行经费不足等现象，这些现象导致无法为农民提供更多的公共文化服务。为此需要从以下方面加以提高。

一是重构村庄公共文化场所。公共空间是村民进行交流、交往进而实现乡村有序的重要场所，因而也是文化教育、传播及乡土文化建设的重要途径。结合乡村特点及村民生产和生活习惯，充分挖掘公共空间的文化内

涵，为村民提供多样化公共文化服务，应该是推进乡村文化建设的重要路径。乡村村委会办公场所、乡村宗祠、主要道路等场所都是文化宣传传播的地方，让这些地方成为政策宣传、公告、公约等文化载体。这显然是一种很适合村民文化习惯的方式，也是提升乡村文化的方式。

二是善于利用现代传媒手段。随着乡村电信网络等基础设施的完善，利用广播电视网络尤其是现代通信工具进行乡村文化建设已经成为新时代的重要方式。一方面，村民通过广播电视网络以及通信工具，让村民及时了解国际国内发生的重大事件，以及党和政府对乡村工作的方针政策；另一方面，各种惠农支农尤其是农业科技与法治乡村节目的宣传，使村民能够受到现代教育，既能接受新的农业知识，又能理解农业与乡村的发展趋势。因此这些文化发展方式越来越受到重视。

三是应该从乡村现实尤其是老百姓生活实际出发，从改变陋习陋规出发来重构公共文化。革除乡村陈规陋习，弘扬公序良俗，培育文明乡风，是乡村文化建设及文化治理的重要内容。与传统小农生产方式相适应的，传统乡村更多的是人情社会、礼治社会和熟人社会，村民依据代代相传的村规民约、风土民俗等礼治制度进行着生产生活。进入新时代，随着现代生产方式转变而带来的文明程度提升，及生产关系所引发的规范变化等，必然需要乡村文化的现代转向。在这当中，乡村陋习陋俗、小农意识及习性等，都需要进行摒弃。为此，依据现代法律法规，对一切有违法律法规的习俗、习惯及行为方式等内容进行纠正。如高价彩礼问题、买卖婚姻问题、宗族打斗问题等。通过对这些行为依法惩治，确保村庄礼治规范符合现代法治要求，保证乡村礼治的合法化。同时，必须对传统礼俗进行扬弃，就是对一些已经不适应于现代社会要求的行为规范、价值取向，通过积极引导加以抛弃。如在大是大非问题上把人情放在第一位、攀比心理、红白事的大操大办，讲究排场的相互攀比等陋习等。这些与村民生活相关的问题，老百姓感受最直接，也是老百姓目前最无奈的事情。通过惩治与引导，推进乡村文化建设，从而培养出好的社会风气，最终实现"乡风文明"的要求。

四是积极举办乡村公共文化活动。随着村民就业、生产生活方式的变化，村民生活更多地体现在私人领域。针对这一新变化、新趋势，需要创新公共生活方式，其中一个重要方式就是公共文化活动。传统的露天影视、以健身为内容的广场舞、体现农民生活的乡村春晚等，尤其是以乡村美丽为主题的绿色活动、环保活动，都是新时代出现及需要的新方式。通过这些新的活动形式，丰富村民文化生活，提升文化生活质量。

公共文化活动，从其根本上就是实现村庄认同感的维系。一般来说，共同的生活环境、生产活动，使村民形成了相似的生活经验和行为习惯，由此形成地方性风俗和地方性知识，从而有着更多的共识和情感共鸣。然而乡村长期生活所形成的复杂社会关系及市场经济条件下的利益关联，加上传统小农意识影响，使之出现不少的不良习气，如攀比风气、宗族意识等，甚至小矛盾也会引发大冲突。另外，随着城市化出现了一些先富的村民逐渐离开乡村，开始逐渐对乡村有了隔膜与疏离。公共文化活动，就是以文化方式，在村民参与中重新唤起村民对乡村共同体的热情，凝聚村民对村庄的价值共识。为此乡村公共文化活动，需要从挖掘乡村认同传统资源、增强互信基础等入手，从化解村民切身利益矛盾入手，从村民乐于参与入手。通过这些努力，使文化建设从无形变有形，从务虚变成现实的、可感的存在，从而体现出文化建设的力量。

2. 不断提升乡村文化产业化水平，提升乡村文化的影响力

把乡村文化当作产业来发展，这对于乡村社会而言无疑是个挑战。文化产业是个知识、技术、资金等密集化的行业，而乡村及村民恰恰缺乏这些要素。但这并不意味着乡村文化建设产业化是不可能的。文化产业建设可以从不同视角、不同程度来进行。立足乡村实际，从乡村文化传统资源及文化需要出发，在市场经济大趋势下，通过文化服务、文化产品、文化开发等，文化产业化道路是可以走通的。

目前，我国乡村文化产业发展迅速，逐渐成为满足大众文化消费需要的重要方式。如旅游产品的文化内涵挖掘、乡村传统文化项目的再开发、乡村手工艺的再开发、民间文化艺术传承等。但也面临诸如文化产业市场发育不完善，乡村文化资源转化为文化产品的效益不高，乡村传统文化资源的现代挖掘不深等问题，表现为乡村文化产业的经济主体性不强，产业规模较小，文化品种主要局限于民间戏剧及一些手工艺品，比较单一，现代要素及内涵较少，缺乏科学的管理运营机制和市场营销能力；很多乡村文化产品的品牌意识不强，从而导致缺乏知名度，在市场竞争中处于弱势地位。此外，地方政府对乡村文化资源的开发利用支持不够，导致发展动力不足，不能将优秀传统文化保护与文化产品开发有机结合起来，直接影响了乡村文化产业的发展。为此，需要进行以下方面的努力：

一是突出文化产业性，明确产业化发展思路。随着现代化发展，人类的生产方式发生了巨大变化，大机器生产所带来的经济增长方式已经打破以往生产生活的边界，而不断联结成为一个整体。因此规模化、科技化已经成为现代经济社会的生产方式。因此，作坊式、手工化的生产必然被现代的规模化生产所取代。乡村文化那种自发式、家庭式、师徒式的方式已经无法适应现代社会需要。走产业化道路已经成为乡村文化发展的现实之路。

同时，乡村文化传统是立足于小农经济基础上，文化对于乡村社会而言，更多的是附属性、依附性的行业，因而文化始终无法形成产业。新时代随着人们对精神文化的追求，精神文化需要已经成为支撑国民经济发展的重要领域，因而乡村文化的产业化在这一时代潮流下催生出新活力并获得重振机会。如福建沙县的地方小吃、武夷山大龙袍茶树故事开发等。

二是打造乡村文化品牌。乡村文化产业化发展之路，必须走品牌发展之路。品牌既体现其文化产品的影响力，也反映其文化的经济转化力。现代社会由于节奏加快，人员流动频繁，尤其是网络媒体发达而带来的影响，产品影响及知名度除了传统意义上的质量之外，更大程度上来源于传媒的宣传，或老百姓的认知与口碑。因此品牌打造是现代生产得以进行的必然选择。

打造乡村文化品牌，需要积极挖掘乡村文化的传统内涵，并对此进行现代改造。各种地方戏种、各地传统工艺、地方特色习俗等非物质遗产，都曾经是历史上的品牌，在历史上曾经发生过很大影响，只不过由于乡村社会变迁而显得凋零。因此对之进行现代内涵的丰富和完善，推陈出新，使之适合现代人的审美、价值及心态需求，就成为品牌打造的重要内容。

打造乡村文化品牌，还需要进行品牌宣传。随着科技水平的提升，现代传媒在社会中的作用日益凸显，这与现代社会节奏加快、流动频繁等相一致。因此利用各种媒介宣传乡村文化产品已经成为树立乡村文化品牌的重要环节。通过宣传传播，使乡村文化品牌走出村庄，成为乡村文化品牌做大的有效途径。现在各地进行的"文化搭台、经济唱戏"，或者举办各种乡村农产品的采摘节、品尝节之类活动，就是在这些方面的有效尝试。

3. 以乡村文化人才培养为中心，推进乡村文化队伍建设

乡村文化建设最终是通过文化人来完成的，因此推进乡村文化建设的关键，必须加强乡村文化人才队伍建设。汇集乡村文化艺术能人，调动文

化人的积极性，尊重文化人的创造，是乡村文化人队伍建设的重要方式；而保护好乡村传统文化基因，挖掘乡村文化资源，塑造文化环境氛围，从而吸引更多的人投身乡村文化建设，是壮大队伍的重要途径。

首先，应提升农村文化人员的素养。文化人素养包括文化知识素养、艺术素养及现代传媒手段素养等。传统乡村文化形式更多的是地方戏剧、杂技、手工艺等，而现代技术的应用使文化形态变得更加宽泛。要把乡村文化品牌做大，仅有传统的那些形态，显然是不够的。乡村人的电影、影视、地方戏剧、杂技等，尤其是现代技术所造就的诸如抖音、手机录像及先进的摄像器具等，使文化艺术的表现载体、传播载体发生了巨大变化。而这一切，对于传统艺人或传统文化人而言，显然存在很大差距。为此需要对乡村文化人的素养进行有意识的培训提升。同时，随着改革开放，许多外来表现形式及参与方式也对乡村文化表现产生了影响，如艺术节、广场舞、各种诸如民歌之类的文化赛事等，这些都需要乡村文化人的素养提升，否则乡村文化在社会的认同度都会受到影响。

其次，应完善乡村文化人才队伍建设。善治意义下的乡村文化建设只有通过整体性提升才能实现，因此队伍建设成为重要内容。队伍建设包括成员结构、人才配置、知识结构等诸多内容。只有人才队伍建设才能提高乡村文化影响，才能创造出更多的高质量文化产品。比如，非物质文化遗产传承人、民间文艺团体等队伍建设问题；种粮大户、养殖大户等专业队伍技术培训，乡村手工艺及特色产品的队伍建设与传承问题等。文化产业的发展离不开人才队伍制度的支撑，建立科学的人才管理及激励机制，吸引更多的优秀人才回归乡村，这是人才队伍建设的重要内容。因此，推进农村文化管理体制改革，增加政府对乡村文化建设的帮扶力度，是提升队伍建设的有效途径。目前应从加强农村文化基础设施建设，健全农村文化服务体系，切实解决农村文化发展中的资金匮乏、人才缺失、供给不足等问题入手，通过"输血式"支持转向"造血式"帮扶，最终达到提升乡村文化队伍建设水平。

最后，要结合乡村文化产业化推进乡村文化人才培养。产业化意味着专业化、规模化和效益化。进入新时代，随着现代化深入，乡村文化的产业化发展将更深入，乡村文化人才培养将更加紧迫。因此乡村文化人才培养必须打破传统的师徒式的培养方式，必须从规模化、专业化角度来加以推进。一是要融入现代教育体系之中。无论是乡村的农业技术还是地方戏剧，都在现代教育体系尤其是职业教育体系中有所体现，现在需要的是进一步加大这些方面的投入和支持力度。二是地方政府应结合地方发展整体战略加以推进。地方发展不仅是经济的发展，乡村文化自然是其中的重要内容。因此地方政府应该从地方发展中进行合理规划，从政策、资金以及其他措施中加以扶植。三是以开放姿态，不断争取乡村之外的力量加入。城乡融合发展给乡村文化人才队伍建设提供了新的契机，这当中包括乡贤、影视组织、传播媒介等。这些文化主体基于发展需要深入乡村挖掘题材，或利用乡村文化人才扩大影响力等，正好为乡村文化人才发展提供了机会。对此，乡村社会应或以合作、或以提供帮助、或以资助等方式，其最终目的就是培养人、锻炼人，提升人才水平。同时各种高等院校的招生培养，也为乡村文化人队伍培养提供了机会，或以培训、或以短期培养等方式，对乡村文化队伍提升无疑是很好的途径。

4. 乡村文化建设应始终贯彻继承与创新、传统与现代相结合的方针，并统一于乡村振兴实践之中

乡村文化建设必须立足于乡村文化土壤，是乡土文化与现代文化的有机融合。因此，保护与传承、利用与开发、继承与创新是树立乡村文化品牌的必要之举。在这当中，可以从"地方性知识"视野来理解这一问题。所谓"地方性知识"是指具有显著的地域性特色和丰富的文化内涵，是村民在长期生产生活中自觉形成的文化传统、历史印记和地方认同。简言之，地方性知识，是乡村特定环境下形成的、并已经深刻影响着村民心理的精神文化现象。正因为其独特性，在打造文化品牌及文化建设中，就必须深入挖掘"地方性知识"并由此拓展为具有现代意义的观念、价值，如村庄传统文化所蕴含的勤俭节约、吃苦耐劳、善良朴素等道德要求，人与自然和谐统一的理念，等等，仍然是现代社会所需要的。同时注重村庄历史遗迹这一文化品牌的保护。传统村落、宗族祠堂、乡风乡俗等是乡村变迁的见证，其承载着村庄历史印记，具有独特的地方文化资源优势。因而村庄可以通过对历史遗迹等文化载体的保护，凸显地方性价值，由此形成文化品牌，扩大乡村文化影响。

地方性知识是乡村独有的文化资源。在推进乡村文化建设中，这是乡村文化之根，也是乡村文化价值所在。因此要深入挖掘农村优秀传统文化资源，在尊重原有传统基础上将之融入现代元素，提升其现代内涵，从而更加适合现代人接受习性；同时要进一步完善农村特色文化传承机制，除

了中央和省级非遗之外，还应确立一些具有特色的小镇、建筑及文物等纪念性质的传承方式。在对乡村文化保护、继承中，必须注重乡村文化建设的有效性。所谓有效，就是文化的影响性、教育性、传播性及民众的认同等方面的成效。为此除了把乡村文化的内涵做好，还可通过各种媒介、平台等宣传农村文化，也可以通过文化搭台方式来进行文化成果宣传，从而打造具有地域特色和传统风味的农村文化项目，丰富乡村文化生活和提升农村文化产业的经济效益以及社会效益双赢成效。

新时代的乡村文化建设，其根本是服务于乡村振兴战略的实施。因此推进乡村文化建设，必须从利于当地乡村经济社会发展、促进城乡均衡发展出发来推进文化建设。这既能增强乡村文化软实力从而提升乡村竞争力，满足村民的精神文化需要，又能推进乡村产业发展；既能通过文化搭台，经济唱戏，提升当地产品的知名度，也能造就健康的社会风气，抵制乡村低俗文化泛滥、金钱至上、盲目攀比、爱慕虚荣、损人利己等不良价值观念泛滥，为树立淳朴乡风、人际关系和谐的社会风气作出贡献。

四 完善乡村自治制度，推进自治实效性建设

不断完善村民自治制度，是推进乡村善治的重要举措，是实现乡村振兴战略的重要内容。村民自治是中国特色社会主义重要的政治制度，是基于中国特色社会主义建设的乡村民主实践中的伟大创造与实践。它开启于改革开放实践中，是中国农民在参与治理民主实践过程中的伟大创新。从1982年宪法规定"村民委员会是基层群众自治性组织"，到1987年《村民委员会组织法（试行）》颁布，到1998年正式施行，再到2010年修订，村民自治以及乡村村民委员会的组织建设更加规范健全，有力推进了乡村民主建设及善治的进步和发展。新时代随着乡村善治的推进，现代化的效益意识重构着人们的意志和认知，自治实效性问题逐渐凸显出来，并成为自治制度完善和提升的重要动因。

1. 进一步完善村民自治制度，使村民自治更为有效地得到落实

一是完善乡村民主选举制度，使村民民主选举真正落实到实效中去。民主选举是乡村民主建设及村民自治的重要举措。在村民自治中，村民选举权是村民在村民委员会选举中的选举权和被选举权。目前村民外出务工，或者离开村庄，或者由于居住分散，尽管他们从法律上具有选举权，但是由于各种原因无法真正参与到选举之中。因此，如何真正让有选举权

和被选举权的人真实地表达自己主张，愿意表达主张，成为制度创新的一个重要问题。为此自治下沉、村民代表、现代网络利用等创新正在各地探索，并取得一些经验。自治下沉，是在村民以村为单位进行自治基础上，进一步以村民小组或自然村为单位施行自治的做法，主要是针对目前"空心村"及村民小组之间差异性而进行的新实践，从而使村民自治真正有效反映在村民生活生产之中。村民代表是针对空心村及老弱病残状况的现实而提出的，通过小组选举出代表来进行村民委员会选举及村务工作投票。现代网络主要是采用网络技术手段，如把微信、短信和抖音等引进选举活动中，及其村务处理如施政纲领、工作思路等。这些方式在一定程度上解决了目前乡村民主选举及村务活动中存在的问题。在乡村民主选举中，针对贿选、黑金操纵、黑社会性质操纵，或宗族势力干扰等现象，除了法律及政策的打击外，选举风气的塑造、选举法律的宣传，尤其是司法权力的打击程度，都是非常重要的。总之，如何有效保障选举的公平公正性，充分调动村民的广泛参与，使民主选举真正成为体现乡村善治，还需要更多的探索和创新。

二是完善民主监督制度，使村民监督成为自治的有效力量。民主监督是人民当家作主的体现。乡村民主监督是村民对村务中一切公权力运行状况进行监督，包括公权力如何处理村务、村务处理是否公平公正以及民主评议干部等内容，以保障公权力真正用于乡村公共建设及服务上。民主监督是乡村善治的体现，是村民参与乡村公共活动的体现，也是确保公权力为村民服务的有效力量。新时代民主监督要在原来的村务公开、政务公开、村干部选举及活动公开等基础上，如何更加规范、有效及更好体现村民意志上做文章。目前村务公开中仍存在一些问题，如村务经济簿记如何让村民看得懂；乡政与村务的衔接如何更加规范；村务决策的过程性监督，尤其是涉及一些民生项目问题如土地征用、土地用途调整，等等。尽管目前上级政府部门规定了必须公开的项目清单，但其中缺乏可对比性，有些仅张贴在村委会办公场所，且公示内容过于专业性等。再如民主评议干部，如何克服村民对干部的情绪化，使评议更加公正客观？这当中仍有许多可以改进的地方。因此基于乡村实际完善监督细则，比如公开内容的格式化、公开张贴方式、评议干部的具体标准和方式等，提出更适合的监督方式，都需要进一步深化监督制度。

三是进一步完善民主决策、民主管理机制。民主决策与管理是村民自治的重要方面。民主决策针对的是凡涉及村民利益的重要事项，都应由村民会议或村民代表会议讨论，按多数人的意见作出决定。如乡村基础工程建设，各种公益事业的经费筹集方案，村公益事业的建设方案，宅基地的使用方案等。民主管理涉及的是村民自我管理、自我约束、自我教育和自我服务问题。村民在国家的法律法规和党的方针政策下，结合本地实际制定出相应的村民自治章程或村规民约，从而把村民的权利和义务，乡村经济管理、社会治安、村风民俗等活动进行规范，从而达到村民的自我管理之功效，成为村民的基本行为规范。在这当中，无论是决策还是管理，村民的广泛参与并由村民多数表决通过是程序公正的核心。这反映了乡村多数人的意志，是少数服从多数的民主体现。

进入新时代，现代化使乡村发生了一系列变化。效益农业和技术农业所带来的规模化发展，城市发展与工业化对乡村的"虹吸现象"加速了乡村人财物的流动，这些因素的叠加加速了乡村"空心现象"及产业结构的变迁等，最终造就了乡村民主决策、民主管理等发生了变化。当乡村青壮年纷纷离开乡村，乡村只有老弱病残人口，乡村管理就只能是管理者之事。面对这一现代化对乡村的冲击与遭遇，必须经历的过程，制度安排及实现机制的创新就显得尤为重要。

四是充分发挥沟通协商作用，推进村民自治实践机制创新。新时代村民自我管理创新，其核心是要在机制创新上下功夫，要在沟通协商中下功夫。村民自治下民主决策和民主管理，在乡村善治实践中表现为遇事多沟通、多协商，在协商沟通中完成决策和管理。习近平总书记强调："涉及基层群众利益的事情，要在基层群众中广泛商量。"在乡村治理实践中经常面临政策相对模糊空间问题，或者说基层治理中的自由裁量权问题。这些主要是宏观制度规定与微观现实复杂所形成的，这些模糊空间主要存在于乡村土地集体所有制的制度性表述与治理实践、农业基本经营制度与新型经营方式、城乡二元户籍制度安排与乡村人口流动的现实之间等方面。对这些制度模糊空间问题，在宏观制度无法解决的情况下，就需要在治理实践中采取有效的沟通协商的治理策略，充分照顾不同主体的利益需求，并结合当地生产生活实际，逐步建立起相应的解决机制，如村民自建房有关土地使用问题，资源开发区对村民的利益补偿机制等，建立起能有效沟通化解矛盾、解决具体问题的机制。

沟通协商必须以自治为基础。在动员组织村民中，引导村民通过组织化方式参与乡村公共事务的治理中，比如建立乡村各种社会组织和合作经济组织。组织化的村民才有实力且更有效地发挥其治理主体的作用。通过建立和完善各项参与制度，从民主提事、议事、理事和监事制度入手，形成民事民议、民事民办、民事民管的多层次基层协商格局，充分有效地保障村民的各项权利。

针对乡村面广、点多、突发、多变等特点，充分发挥现代科技作用。如微信、QQ群、电话等手段，以会场、广场、现场、场院的"民意恳谈会"方式，把协商平台搭建到每一个村民手里，并始终以平等沟通、高度信任的方式进行共议协商。注意沟通的问题导向，一切沟通协商都以解决问题为前提，从而增强沟通协商的实效性。凡是涉及乡村设施、公共服务建设、土地征用情况、乡村财务收支等与村民利益有关的事务，都要通过充分沟通协商讨论作出决策，真正让沟通协商起作用，让群众满意、支持、认同协商。

2. 健全"自治、法治和德治相结合"的治理体系

党的十九大报告要求"健全自治、法治、德治相结合的乡村治理体系"，推进乡村治理体系和治理能力现代化。这是首次在党的重要报告中将"自治、法治、德治相结合"列入到乡村治理体系之中，是中国特色社会主义农村社会治理模式创新。新时代"自治、法治和德治相结合"的治理体系，如何在乡村治理实践，尤其是乡村善治中成为现实的治理实践模式，将"三治融合"体现在自治章程、村规民约、居民公约以及善治实践中，从而有效推动乡村社会在公序良俗、社会秩序、乡村发展等方面发挥积极作用，已经现实地成为乡村善治实践中需要面对的问题。

健全"自治、法治和德治相结合"的治理体系，推进乡村善治，首先需要提升乡村治理主体对"三治结合"治理体系的理解和把握。新时代乡村治理主体包括乡村党组织、基层政府、基层社会力量（包括企业、基层社区组织）和居民等部分。这些组织及个人，其最终都归结到具体的个体的、自然的人上面，法人具体到法人代表这一个体人上。因此，对"三治结合"治理体系，关键是乡村人对之的认识和理解。为此必须加大对自治、法治和德治结合的宣传教育，塑造利于"三治结合"的治理氛围。在这其中，基层党组织作为治理的领导核心，要不断提升基层党组织的战斗堡垒作用，提升依法治理的水平；基层政府应正确处理政府与自治

组织间的关系，做到依法行政，不干扰村民自治活动。而企业作为法人组织，凭借其拥有的经济实力，在推动乡村治理及乡村建设中的作用是巨大的，因而企业在乡村治理中的责任及影响也是很大的。因此企业如何在"三治结合"上有效地发挥作用，而不仅仅是由于其经济实力及影响所致，如何在乡村善治中履行好自己的责任，这无疑是个需要探讨的问题。至于居民，作为一个现实利益及社会关系下的人，如何在守法前提下行使自己的权利，履行作为村民主体的义务？这当中，无论是哪种主体，最终都反映着人的素质及组织的社会责任心问题，反映了乡村社会整体治理水平及文明程度的问题。

其次，深刻把握"三治结合"的内在关系。"三治结合"中，自治是对整个乡村治理的本质而言，就是说乡村中实行村民自治，即村民直接行使民主权利，依法办理自己的事情，实行自我管理、自我教育、自我服务。村民自治是在法律范围内的自治，是在守法前提下的自治。一切有违自治的外在要求及干扰，都是不允许的。法治和德治是实现自治的手段和方式。法治和德治是在自治基础上对乡村社会进行管理、约束的具体方式和手段。这当中，既包括乡村内部事务，也包括外部力量对乡村的影响，它们都必须依法依德进行。同时，自治主体主要为村委会，以及互助会、乡贤理事会、红白理事会等组织，也包括居民，这些法人与居民依据自治规范进行治理。法治主体则包括以派出法庭为代表的司法主体、法律服务主体以及有关执法主体等，通过法律宣传及法律普及，确立起法律意识，从而达到依法治理、依法规范的治理目的。德治主体包括新乡贤、乡村精英，以及由他们组成的道德评判团，也包括全体居民，依据道德规范及风俗传统来约束人们的不当行为。德治是处理乡村事务及人们之间关系的重要力量，是乡土治理传统的延续。德治必须符合法律规定，一切与现代法律相违的道德要求，都必须摒弃。德治是实施自治的重要手段，自治中自我管理、自我教育，都有着道德的力量作用。乡村社会的乡土性，决定着道德在处理乡村事务中的重要性，从而也对自治水平、程度产生影响。

最后，制订切实可行的"三治结合"的实践方案。"三治结合"的治理体系，最终要通过具体措施来确保其发挥作用，这是实施方案问题。浙江桐乡"三治结合"的经验是：镇级层面设立"百姓参政团"、村级设立"百事服务团"以推动自治，创立"依法行政指数"考核制度、组建三级法律服务团以确保法治，组建道德评议组织、并将道德模范评选常态化从而深化德治，形成"三治结合"的乡村治理格局。这当中把"三治结合"具体化，提出了各自的责任范围、途径和方式，是一种可操作的方法。通过百姓参政团、道德评议团和百事服务团三个载体，构成无缝对接的实践操作平台，使地方治理结构化、规范化。在治理过程方面，"将跟进式和动态化紧密结合，根据客观情况和发展状况进行动态研判"①；"三治结合"引入民主、公开、参与等现代治理要素；并且"视有效性为首要原则，引入各种治理资源、技术和要素，通过试错进行创新探索"②。

我国社会治理体制实行的是"党委领导、政府负责、社会协同、公众参与、法治保障"之"二十字方针"，而"三治结合"治理体系是这一方针在乡村的具体化，体现了新时代乡村治理现代化建设的根本要求。2018年中央一号文件《中共中央、国务院关于实施乡村振兴战略的意见》明确规定："必须把夯实基层基础作为固本之策，建立健全党委领导、政府负责、社会协同、公众参与、法治保障的现代乡村社会治理体制，坚持自治、法治、德治相结合，确保乡村社会充满活力、和谐有序。"《乡村振兴战略规划（2018—2022年）》中也明确提出"坚持自治为基、法治为本、德治为先"。因此"三治结合"相结合中应发挥乡村党组织领导核心作用，从治理主体的多元到治理效果的规范引导入手，推进"三治结合"治理体系建设。

一是积极推进多元主体参与治理。新时代推进善治应多元共治共建共享。治理多元是治理本身的要求，更是乡村治理的客观需要。现阶段乡村治理主体既有代表国家的政府，有代表市场利益的企业，也有居民等。这些主体基于各自利益提出自己的治理主张，共同参与到乡村治理共同体活动中；共同体中各主体经过共同体内部的讨论、广泛交换意见甚至冲突，最终形成治理方案。这既是基层民主的必要，也是治理共同体存在之必然。在这当中，法治和德治将发挥重要作用。依法依规是底线，讲道德是境界。因而法律工作者及法律普及是实现"三治结合"的重要工具，尤其是乡村治理现实中所遭遇的各种"钉子户""暴力事件"等，法律的介入成为治理有效方案的保证。当然各种道德评议、道德表彰与谴责、公共

---

① 张丙宣、苏舟：《乡村社会的总体性治理——以桐乡市的"三治合一"为例》，《中共杭州市委党校学报》2016年第3期。

② 何显明：《"三治合一"探索的意蕴及深化路径》，《党政视野》2016年第7期。

舆论对形成统一治理方案具有很重要的意义。通过法治和德治的共同作用，保证乡村治理的多元主体最终达到利于乡村共同体认同最大化的治理方案，实现乡村公共利益的最大化。

二是注重目标一致基础上的规范与多样。新时代推进善治，需要在治理规范多样基础上达到规范目标的一致。治理就其现实意义说，是对人的行为进行符合社会意义的规范，而社会意义就是符合大多数人的利益需要，符合大多数人的生存法则。因此人生存环境及价值取向的不同必然导致人对治理的理解和期望也不同。这就要求治理规范应该具有针对性、有效性，并由此显现出规范的方式、表现有所不同；这当中也包括不同规范自身，其适用范围、场所等也有不同。在现实乡村治理实践中，规范包括国家法律法规政策、村规民约、习惯法、自治章程及礼俗道德规范等。规范的多样性是必然的，因为人的行为本身就是多样的，任何一种规范仅能就某一方面做出允许或禁止；多样的规范共同构成完整的规范体系，规制乡村治理的多元主体的行为从而形成和谐有序的秩序，确保乡村治理有效运行。在这些规范中，显然法律法规具有决定性影响。法律法规代表着国家意志，代表国家意志下的社会发展方向，一切道德风俗都必须服从法律法规。另外，国家政策对治理的影响也是十分重要的，比如国家基于现代化而做出乡村振兴战略及乡村现代化发展战略，这对于乡村治理具有方向性意义。民风及传统乡土文化中许多优良成果在乡村善治中发挥着很重要作用，这些成果源自于乡土，与村民具有亲缘性，村民也乐于接受。同时民风民俗的规范性、约束性在乡村社会中的影响也是比较大的，因此对于乡风文明、治理有效、环境美丽等方面的作用更加明显有效。

三是把治理效益贯穿于整个治理活动之中。"三治结合"治理体系体现着效益、效率，贯穿于整个治理全过程。自治、法治和德治相结合，既是乡村治理民主化的体现，更是治理效益的需要。进入新时代，乡村社会正处于现代化转型期，传统与现代、市场经济、管理与治理叠加在一起，从而使得乡村治理状况充满着复杂性、突发性、多变性等特征。因此如何有效推进乡村治理，需要在法律和国家方针政策范围内，依据各地情况制定相应措施。为此在"三治结合"治理体系中，依据各地情况采取更加灵活的措施就显得尤为重要。在法治问题中，有的乡村通过发挥乡镇司法机关的力量，成立乡村纠纷调解办公机构；有的成立村庄司法调解员；在德治中，有的通过乡村五好评选活动，有的通过加大乡村公共场所建设，有的发挥传统的祠堂及文化作用;在自治中,有的将村民自治下沉到小组,有的通过定期召开村民代表大会,有的通过代表定期选举等。在"三治结合"治理体系的诸多关系中最重要的是乡镇政府行政行为如何规范、乡村政府如何参与治理等问题,为此中央政府通过颁布各种规范政府行为的法令、加强纪律监察机制建设、选派第一书记、大学生下乡等方式,从而使乡镇政府行政行为更加规范,使政府与自治组织间的法定关系得到更为有效实施,村民自治真正落到实处,从而提高了乡村善治的水平。

五 不断加强基层政权治理能力建设,提升基层政权的乡村善治水平

基层政权是指国家为实现其政治、经济和文化等职能,依法在基层行政区域内设立的国家机关,以及由此行使权力的统一体;在乡村指的是乡镇人民代表大会和乡镇人民政府以及职权的统一体;它依法对乡镇行政区域内的政治经济、社会文化等行使管理权力,维持区域内的社会秩序。

习近平总书记强调,基层强则国家强,基层安则天下安,必须抓好基层治理现代化这项基础性工作。基层政权代表国家行使着对乡村管理的权力。而国家职能的实现及乡村社会建设与秩序维护,必须通过基层政权的具体行政行为去实施。因此基层治理是国家治理的基石,是国家发展及社会稳定的基础。不断加强基层政权治理能力建设,提升善治水平,是实现国家治理体系和治理能力现代化的基础工程。

(一) 进一步明确乡镇政权组织的职能

乡镇政权职能概而言之,一是代表国家执行国家意志,即行政管理,一是为乡村提供服务、保障。通俗地说,乡镇政权一是对上,贯彻落实上级政府部门的指示精神;二是对下,推进本区域经济、政治和文化、社会和生态发展,维护本地区的社会秩序。因此,乡镇政权所承担的千头万绪、全方位事务,其职能及履行就成为关键。而在这当中,最重要的是厘清乡镇政权与自治组织之间的关系。

《村民委员会组织法》指出:"乡、民族乡、镇的人民政府对村民委员会的工作给予指导、支持和帮助,但是不得干预依法属于村民自治范围内的事项。"而"村民委员会协助乡、民族乡、镇的人民政府开展工作","村民委员会是村民自我管理、自我教育、自我服务的基层群众性自治组

织","村民委员会办理本村的公共事务和公益事业，调解民间纠纷，协助维护社会治安，向人民政府反映村民的意见、要求和提出建议"。很显然，村民自治必须接受政府的指导，而村民自治组织应该协助政府开展工作，这当中清楚地界定了基层政府与自治组织的关系，村民自治是对村庄内事务的自治，而且自治也是依据国家法律法规下的自治。乡镇政府开展乡村工作是代表国家行政权力的行为，乡村自治组织应该具有协助执行的责任义务。同时乡镇政府也应充分尊重自治组织，依法依规地进行政府指导。乡镇政府不能干扰甚至把自治组织当作下级、下属，政府对乡村工作不能采取简单的、命令式的做法。

(二) 加强乡镇政权善治能力建设

乡镇政权治理能力建设是乡镇政权履行职能的基础。治理区别于管理，因而相应的能力要求也不同。2021年7月《中共中央、国务院关于加强基层治理体系和治理能力现代化建设的意见》（以下简称《意见》）中，明确提出"加强基层政权治理能力建设"的六个方面的内容，包括"行政执行能力；为民服务能力；议事协商能力；应急管理能力；强化乡镇属地责任和相应职权，构建多方参与的社会动员响应体系；平安建设能力"。这六个能力建设方面，深刻地反映了新时代乡村社会变化，以及对基层政权如何适应这一变化来行使职能的要求，体现着权责一致、力量整合、聚焦建设人民满意的政府的原则。这成为新时代乡村政权治理能力建设的指导思想和根本遵循，成为政府指导和参与乡村治理的基本依据。为着乡镇政权治理能力的提升和加强，需要从以下方面入手：

1. 制订系统的政府机关全员学习培训计划，并严格执行

通过学习培训，提高思想觉悟，扩大眼界，增加认识深度和广度，这是我们党培养干部的成功做法。在乡镇政权治理能力问题上，也必须借助这一做法。这是由于：一方面随着乡村现代化建设发展，乡村社会处于转型期，各种观念间的碰撞、冲击，使乡村社会关系及治理问题更加复杂。依靠原有的认知水平、能力及知识结构，已经难以全面准确地把握其本质。比如非利益相关者在各种冲突中的参与现象，乡村民众信仰转移现象等。另一方面，党中央对乡村工作的新判断、新提法、新要求，需要通过学习培训来转化为乡镇治理中现实执行力、行政服务力。尤其是党的十九大提出的实施乡村战略，由此出现诸多乡村治理政策的调整，国家对乡村的法律制度修订完善，学习培训是这些措施政策有效落实的前提。同时，

基于乡镇政权中的工作人员，由于其自身理论水平、信息能力，尤其是学习条件等因素的制约，只有通过系统的组织，集体性推进，才能取得应有效果。

　　学习培训必须结合乡镇行政的工作实际。这当中，包括内容选择、方法路径、检查监督等。基层工作，应该更多地从参观学习、典型示范、身边榜样等入手，应该从乡村治理的问题出发，在剖析问题和化解问题的成功做法（案例）中学习。比如针对乡村经济振兴中的政府参与问题上，基层政府如何帮助农民化解农产品销售难问题？目前的电商销售如何进行？订单式生产如何推进？通过成功案例，使得基层政府在指导乡村工作中懂得并掌握这些方式，并指导农民运用这一方式。

　　2. 通过行政实践中的"压担子"来增强善治能力

　　俗称的"压担子"，就是行政上讲的赋权赋责。乡村治理是权责统一的，当赋予了更多的权力，就意味着更多的责任。责任的加重，迫使基层政府工作人员去改进工作方式和提升工作效率。比如在行政权责问题上，《意见》提出了"依法赋予乡镇（街道）综合管理权、统筹协调权和应急处置权，强化其对涉及本区域重大决策、重大规划、重大项目的参与权和建议权"的意见，使得长期以来困扰乡镇政权存在有责无权现象得到解决。依法赋权后乡镇政权在乡村治理中的责任更重了，面对乡村治理环境变化而引发的能力要求更高了，基层干部的分量更重了。在行政执法上，《意见》提出了"依法赋予乡镇（街道）行政执法权，整合现有执法力量和资源"的指导意见，并要求从组织架构、队伍建设等方面进行探索。这一执法力量的整合，使得乡镇政权在处理乡村各种违法事件中，其执法的行动力、执行力及执法效率都能得到更好的保证，尤其是对一些涉及面广、牵涉面大的违法行为，更有力量和信心进行执法。在服务群众上，《意见》提出了"建议区县政府向乡镇（街道）下放服务事项时，既要考虑群众需求，也要考虑当地承接能力"以及"让行政权力事项放得下、接得住、能用好"的指导意见，既保证了群众需求的实际，又防止行政体系中的权力推诿现象。县乡行政权力事项，几乎都与群众利益相关联，尤其是实行项目制管理后更为明显。在这当中，基于项目的科学性、整体性，乡镇政权在一些项目上确实存在"接不住、用不好"现象。要把好事办好，一要"压担子"，二要注重上下级政府的共同而又区别的担当原则，讲究上下政府之间的有机配合，充分兼顾到乡镇政权组织的实际，使

"担子"压下去后能接得住、接得起、接得好。

3. 在干部交流中不断增进善治能力

干部交流是干部管理中的重要内容，是提升干部能力的重要方式。乡镇干部的交流，包括任职交流、挂职交流、异地交流等。干部交流，意味着干部从事工作的环境变化、工作方式的变化等，更为重要的是在交流中能使人相互学习、取长补短，学习到不同的工作方法方式。目前在交流问题中应该加大力度，可以以短期交流、专项交流等方式，扩大交流面，尤其是与经济发达地区、治理先进地区进行交流。交流必须明确目的和任务，突出重点。

（三）不断创新乡镇政权治理方式，增强群众对基层政府参与治理的认同

乡镇基层政权所面对的问题都是具体的、现实的利益问题。在乡村社会的现代转型中，各种利益关系错综复杂，新旧观念冲突交织。因此新时代乡镇政权治理需要创新手段、方式，让政府治理所"想"与群众所"困"结合在一起，获得群众对治理的认同和支持，有效实现乡镇政权对村民委员会及乡村治理的指导。为此乡镇政府需要创新治理方式，更接地气地开展工作。

1. 创新治理方法，始终建立在维护和增进群众利益基础上

群众利益、群众路线是党和政府一切工作的根本出发点和立足点。工作方式创新的本质就是为更好实现群众利益。新时代推进乡村善治，从根本上是使村民在参与治理实践中获得实实在在的好处，使乡村社会秩序稳定得到巩固，乡村公共产品供给得到提升。因此，创新方式方法，就需要从乡村百姓切身利益方向去着眼、去切入。

基于群众利益的治理方式创新，首要的是必须弄清新时代善治中群众利益内涵。乡村善治之"利"，一是群众参与之"利"。乡村治理，就是乡村公共事务的管理。"民心是最大的政治"，因此要"保证人民广泛参加国家治理和社会治理"。众人参与是乡村民主建设的重要内容。正如党的十九大提出的"众人的事情由众人商量，找到全社会意愿和最大公约数"那样，乡村善治的关键是找到众人的最大公约数。为此让群众表达利益、参与利益讨论是前提。没有这一前提，最大公约数就不可能形成。二是群众的现实之"利"，即看得见、摸得着的利益。在推进乡村治理创新中，应始终围绕村民利益，从村民身边的小事、难事、杂事入手。村民

身边的"小""微"事,对于村民生产生活而言,却是实实在在的烦恼事、麻烦事。但村民个体又出于无奈而无法解决,因此从这一"小""微"切入,以点见面,以小博大,让村民从现实所感中接受政府参与。

实现好群众利益,需要方式方法的创新。乡村群众利益是多样的、变化的,因此实现好群众利益,不进行深入调查就无法因地制宜地提出解决方法,甚至会出现诸如"好心办坏事""好心办不了事"的窘境。在乡村治理方法创新中,关键是做到"实"。"实"就是务实的作风,也是实事求是的态度。"实"需要的是乡镇政权组织中的干部能深入实际,客观公正地分析问题,而不能仅仅停留于"听说"或"差不多"之类的所谓了解上,不能停留于习惯性思维或对乡村的习惯性认知上,也不能停留于政府的"想要""热心"上,而是要多听听群众意见。最近许多基层政府在推动美丽乡村建设中,花费不少,官员也用心作为,但却难以获得群众认同。这当中原因很多,但有一点是建设之前沟通不够造成的,"实"方面还有差距。通过治理之"实"让村民获益从而有感,让群众满意,是乡村工作取得成效的关键。因此乡村基层政府在工作方式、作风等领域,"实"首要的是"沉"得下,"活"得起来。所谓"沉"就是要深入基层,了解每一个群众生产生活的困难与疾苦;"活"就是要能解决问题,有影响力。现阶段乡村治理出现一些新情况,如青壮年离土离乡,城市化对乡村人口的吸纳,市场化下农产品带来的比较效益下降等,这些问题直接导致乡村自治中的一些问题的出现,如村民大会甚至代表大会难以举行,村治主体能力弱化,公共议题泛化、决议难以达成,公共治理实效性不足,过度关注物质利益等。针对问题,政府在指导村民自治中仍是着眼于村民的实际"利益",务实地解决乡村发展的实际困难。为此有些地方对治理平台和议事方式进行了创新探索,如"民主恳谈会""参与式预算""乡贤理事会"等,很好地解决了乡村动员、村务协商等问题,提高了村民参与、民主协商的程度,提升了村民自治的水平。近几年来乡村社会矛盾冲突下降,各种上访率降低,尤其是群体性事件大幅度下降,就是乡村治理方式"有效"的例证。

2. 乡镇政权治理方法创新,必须坚持共建共治共享的治理制度

党的十九届四中全会审议通过的《中共中央关于坚持和完善中国特色社会主义制度、推进国家治理体系和治理能力现代化若干重大问题的决定》指出:"坚持和完善共建共治共享的社会治理制度,保持社会稳定、

维护国家安全。"共建共治共享的社会制度，是新时代推进乡村社会治理的制度安排；它从主体、路径、目标三个维度揭示了乡村社会治理的内在逻辑及目标要求，对乡村社会治理科学化、结构合理化、方式精细化，彰显乡村治理的人民性及治理制度优势，具有重要意义，它是新时代乡村善治的根本遵循和发展方向。

"共建"回答的是关于乡村社会治理依靠谁的问题，即社会治理共同参与问题；"共治"回答乡村社会治理怎么开展的问题；"共享"即共同享有治理成果，它回答乡村社会为了谁进行治理的问题。三个方面从不同角度回答了在乡村治理实践中谁来参与、如何展开及为谁治理等根本问题，回应了新时代乡村社会治理需要，构建起了乡村治理结构，确立了乡镇政权在乡村治理中的角色地位，从而也奠定了乡镇政权治理的方法论基础。

首先，乡镇政权治理方式应定位于参与、指导，而不是管理、控制、命令。共建、共治和共享治理制度，实质是治理价值取向及治理格局问题。共建共治共享这一善治格局提出，标志着乡村治理是多主体共同参与、责任与共、共同享有。乡镇政府尽管在村民自治中有指导的责任，但自治性质从根本上规定着乡村社会的自我管理、自我教育、自我约束的特性，因此村民社会基础上的治理，乡镇政权不是控制者、管理者，应该是参与者，它与其他治理者一起，对乡村事务阐述意见，提出建议。乡镇政权与其他治理主体不一样的是，它更多的是基于国家视野，从掌握更广信息、把握更准的国家意志等提出意见，并通过政策等手段进行引导，法律法令进行规范约束。

其次，乡镇政权治理方法是综合性的，影响更为根本。对乡村社会治理而言，既包括社会秩序的维护，又包括乡村社会的发展。乡镇政权的性质以及组织属性，决定了它使用的手段方法更加多样，对乡村社会发展更具根本性。比如对乡村教育事业，乡镇政权可以通过依法追究违反教育法律法规的行为主体承担相应责任，也可以通过行政措施及经济手段来推进乡村教育事业的发展，等等。这些法律的、经济的、行政的、社会的诸多方式，由于它体现国家意志，是代表国家做出的行为，因而具有强制性、针对性，当然所产生的影响更为根本。而乡镇政府参与乡村教育治理的核心在于引导村民关心乡村教育，尤其是引导农民关心孩子教育成长问题，规范乡村教育行为，关心乡村教育事业与乡村发展的关系，最终促进乡村振兴事业的发展。

最后,乡镇政权治理方法更强调治理方向的引领。乡镇政权参与乡村治理,虽然表现为直接现实性,与村民直接打交道,甚至直接成为纠纷对象,如各种群体性事件中成为冲突的对象。但与村民委员会等治理主体不同的是,乡镇政权治理更多是根据上级部门要求,对行政区域内的治理做出整体性、全局性、方向性的部署,确保乡村治理的正确方向及上级要求的完成,尤其在村民自治部分更是如此。比如农村生态环境治理中的厕所改革问题上,更多地针对全乡改建厕所做出规划、安排,并督促检查,至于在具体组织、操作实施,则更多的是其他治理主体的工作任务。为此,这就决定了乡镇政权治理方法,必须充分掌握第一手材料,了解乡村真实,充分吃透政策要求。只有这样才能真正实现其方向的引领。

3. 充分发挥村民委员会的作用

乡镇基层政权是国家机构,而村民委员会是自治机构,虽然彼此不隶属,但构成了指导与被指导的关系,都是被法律赋予的公共权力机构,共同作用于乡村社会。乡镇政权代表国家,村民委员会代表村民,其根本目的都是推动乡村社会的发展,维护乡村社会的稳定。因此乡镇基层政权在乡村治理问题上,在指导村民委员会进行自我管理、自我教育和自我监督中,应该充分发挥其作用。

一是平等地参与到村民自治活动中。所谓平等,就是参与过程中,不以权力自大,不以地位而压制其他主体,不以身份特殊而享有特权,而是以平等角色依法依规履行职能,参与乡村治理活动。乡镇政权平等参与,既是乡镇政权的性质决定的,即政府权力归根到底是为人民服务的政权,是人民自己的政权;政府从根本上是代表人民利益的政府,在乡村自治活动中不应该也不能站在人民利益之上。在乡村治理实践中平等参与,需要政府官员克服官僚心态,应该意识到官员只是社会分工不同。同时,参与乡村自治,需要讲究方式,注意工作方法,遇事多与群众协商,行政活动中广泛征求群众意见,不以管理者或救世主心态做事,也不以权威、命令对待群众。这样,才能真正做到平等,体现平等。

二是乡镇政府要敢于负责,敢于承担责任,消除村委会推进乡村治理的后顾之忧。敢于负责既是一种工作态度,也是一种工作方法。敢于负责,反映了政府在治理中的坦诚、无惧,因而鼓励其他主体勇于创新探索。敢于负责,就是对治理自身的一种态度,能使具体承担者消除顾虑,坚定信心。现实治理活动中，确实存在不敢负责现象。无论是乡镇政府自身，还是政府中的官员，都有着现实利益要求，从而在现实的治理实践中往往表现出对利益的取舍和考量。这既有上级组织出于政务推进从而对乡镇政府进行督促、监督的需要，也有官员出于升迁需要的考虑。这显然是一种狭隘的、违背政府权力本质和官员职守的行为。敢于负责，就是抛弃利己的狭隘利益束缚，一切行为基于公心公德、职业道德。因此新时代乡镇政府的敢于负责，其本质上是充分调动其他治理主体参与治理的积极性，使得不同主体在参与当中敢于去做各种创新和探索，面对乡村转型所带来的复杂治理局面敢破敢立、不拘一格，最终开创乡村治理的新局面。

三是乡镇政权治理方法创新要注重互惠。互惠是达成共识的前提和基础，符合共治共享的理念要求。乡村治理实践中，不考虑或者不兼顾其他主体利益的任何治理活动，都难以有效实现其治理目的。这不仅是主体本身的自利性，也是经济社会治理本身的要求。所以，乡镇政权治理方法的选择和创新需要遵循互惠原则，充分照顾村委会的利益需要，听取其利益主张。互惠原则并不是乡镇政府任何行为都要均衡地照顾到村委会的利益，而是在整个治理活动的不同阶段中，对于村委会合理的利益需要，根据每次活动本身性质，各有侧重、有差别且总体合理地兼顾彼此利益需要。目前有些地方在推进乡村治理中，乡镇政府以不增加村委会负担，或者防范村委会截留资金、资源等为借口，绕开村委会直接实施各项治理活动，或者直接命令村委会无偿组织实施，其结果导致不少工作效果达不到预期。这当中，除了信任外，缺乏互惠是其重要因素。

互惠原则，既体现在经济利益上，也体现在对彼此的尊重上。实施互惠原则，一要坚持原则，不能为着互惠而违背治理本质而从事各种有损政府形象的事，如利益分赃。一旦突破原则，互惠性质就变化了。二要从治理需要出发。基层政府治理工作中，需要村委会参与的，或者具体承担的，那就依据规定给予应有报酬。除此之外，都必须给予坚决抵制。三要互惠但更要负责任态度。互惠意味着某种分享，与分享的同时是责任，即分享与责任是问题的两个方面。不少地方把互惠理解为责任下沉，或者转移了责任，这显然是错误的。因此，互惠下的乡镇政府，作为治理活动的组织者、互惠的提供者，承担着监督的责任、保证治理效益的责任、确保治理质量的责任等，这意味着乡镇政府的责任意识应该得到加强，其行为应该更为谨慎、认真。

总之，乡镇政权作为国家政权体系的基层部分，直接承担并参与到乡村基层善治工作实践中，因此其工作理念、性质及方式方法直接影响到善治及成效。新时代乡村治理现代化，其实质就是实现善治，因此乡镇政府在乡村现代化转型中，无论是善治内容还是实施方式方法，都有着更多的现代化内涵，因而需要乡镇政权在乡村治理及善治实践中不断创新，与时俱进，最终推进乡村善治的发展。

主要参考文献

《中国共产党农村工作条例》。

《中华人民共和国村民自治法》。

《毛泽东选集》(第二卷),人民出版社 1991 年版。

《邓小平文选》(第三卷),人民出版社 1993 年版。

习近平:《决胜全面建成小康社会 夺取新时代中国特色社会主义伟大胜利——在中国共产党第十九次全国代表大会上的报告》。

马克思:《哥达纲领批判》,人民出版社 1992 年版单行本。

马克思、恩格斯:《共产党宣言》,《马克思恩格斯选集》(第 1 卷),人民出版社 1960 年版。

[德] 恩格斯:《家庭、私有制和国家的起源》,《马克思恩格斯选集》(第 4 卷),人民出版社 1995 年版。

列宁:《卡尔·马克思》,《列宁全集》(第 2 卷),人民出版社 1959 年版。

[美] 塞缪尔·P. 亨廷顿:《变化社会中的政治秩序》,王冠华等译,生活·读书·新知三联书店 1989 年版。

费孝通:《乡土中国》,北京大学出版社 1998 年版。

贺雪峰:《治村》,北京大学出版社 2017 年版。

[美] 詹姆斯·S. 科尔曼:《社会理论的基础》,邓方译,社会科学文献出版社 1999 年版。

王曙光:《中国农村》,北京大学出版社 2017 年版。

俞可平:《论国家治理现代化》,社会科学文献出版社 2014 年版。

[美] 詹姆斯·博曼:《公共协商:多元主义、复杂性与民主》,黄相怀译,中央编译出版社 2006 年版。

陈荣卓、刘亚楠:《共建共享:十八大以来农村社区治理机制的优化路径》,《社会主义研究》2016年第4期。

党国英:《中国乡村社会治理现状与展望》,《华中师范大学学报》(人文社会科学版)2017年第3期。

冯石岗、杨赛:《人民公社时期乡村治理模式透析》,《沈阳大学学报》(社会科学版)2013年第5期。

冯兴元:《乡村治理关键在于实现善治》,《华中师范大学学报》(人文社会科学版)2017年第3期。

胡洪彬:《乡镇社会治理中的"混合模式":突破与局限——来自浙江桐乡的"三治合一"案例》,《浙江社会科学》2017年第12期。

赖海榕:《乡村治理的国际比较—德国、匈牙利和印度经验对中国的启示》,《经济社会体制比较》2006年第1期。

兰海洋:《中国乡村治理的善治路径取向探析》,《领导科学》2015年第11期。

郎友兴:《走向总体性治理:村政的现状与乡村治理的走向》,《华中师范大学学报》2015年第2期。

王春光:《迈向多元自主的乡村治理——社会结构转变带来的村治新问题及其化解》,《人民论坛》2015年第5期。

肖唐镖:《调查:乡村治理的结构性特征》,《北京日报》2015年6月29日。

熊小青:《农村环境冲突化解:治理理念及实践创新基于地方政府管理资源开采利用的视角》,《行政论坛》2014年第3期。

熊小青:《试论农民政治冷漠与村庄治理的改善》,《甘肃社会科学》2006年第4期。

熊小青:《谈农民政治参与失序与纠正》,《求实》2005年第10期。

徐勇:《县政、乡派、村治:乡村治理的结构性转换》,《江苏社会科学》2002年第2期。

易承志、李涵钰:《健全"三治合一"的乡村治理体系》,《中国社会科学报》2018年2月14日第七版。

约瑟·帕斯特尔:《不平等与社会流动》,《国外社会学》1990年第4期。

赵旭东:《乡村成为问题与成为问题的中国乡村研究——围绕"晏阳

初模式"的知识社会学反思》,《中国社会科学》2008年第3期。

郑晓华、沈旗峰:《德治、法治与自治:基于社会建设的地方治理创新》,《马克思主义与现实》2015年第4期。

Donald F. Kettl. The Global Public Management Revolution: A Report on the Transformation of Governance, Washington, DC: Brookings Institution Press, 2000.

Francis Fukuyama. State-Building: Governance and World Order in the 21st Century, Ithaca, New York: Cornell University Press, 2004.

Paul Hoebink. European Donors and "Good Governance": Condition or Goal?, The European Journal of Development Research, 2006 (1).

后 记

客观地把握乡村及乡村的发展，关注农民生存处境，探讨乡村社会进步路径，始终是笔者研究"三农"问题的初衷。本人承担的国家社科基金项目"新时代推进乡村善治的中国逻辑及其实践进路研究"，无疑是这一初衷的进一步深入和具体化。随着工业化、市场化的加深，乡村被裹挟于这一洪流之中，乡村社会出现前所未有的变革和危机。乡村人口大量流失、村庄不断凋敝、农业经济比较效益下降、乡土文化传统不断消亡，等等，以致不少人喊出"拯救乡村"的危言。事实上，乡村是人类生存之基，乡土是人类文明之根。尽管乡村在现代化大潮中，其社会的转型、文化的转向，以及人的生活样式的变换，乃至物质性的老屋、小桥、古树的消亡是必然的，但无论如何，现代化建立并不必然是村庄凋零消亡、乡村社会衰退破败等为代价。作为城市相对应的生存空间，乡村与城市文明、工业文明并不构成"零和博弈"。今天人们的"留住乡愁"，实质上已经表现着人们内心的情绪。乡村与乡土在人的情感世界中是深厚的、深沉的，人们对之充满着思念、不舍与留恋，以致成为人们心理、心灵的寄托。因此现代化作为人类社会发展必然趋势，如何重构乡村并使其获得新的发展，无疑是人们关注乡村、讨论乡村发展的基本思路。走乡村善治之路，是乡村现代化转型与实现的重要途径。

乡村是人类社会最早的生存空间及聚合形式。人们在乡村中获得生存需要的物质生活资料的同时，建立起人生存需要的社会秩序，从而使人从野蛮状态进入到文明状态。尽管这种人与人的交往秩序后来被异化为阶级统治秩序，但人们为着社会化生存而进行更加公平公正的秩序建立与维护的努力和探索始终没有停止。这种乡土的、基于乡村共同体利益最大化从而确保共同体存在与发展的秩序建立就构成了善治内涵与目标。

后　记

在几千年的乡村发展中，农民的乡村政治地位边缘化（仅为纳税主体），使乡村善治更多地被理解为权力的恩赐，一种美好愿景。进入现代社会，农民以其主体角色参与到乡村治理之中，真正实现了当家作主。随着国家提出和推进乡村振兴战略，新时代乡村社会建设被置于整个国家现代化的体系中，明确提出乡村治理现代化这一善治目标，乡村善治真正成为农民需要和农民利益的善治。随着乡村善治的有效实施，它对乡村社会的影响和作用将日益显现出来，也将从根本上改变乡村社会的治理状况。

正是基于上述认识，笔者一直将"三农"问题作为自己的研究方向之一，从资源开采中农民权益到农民在维权中的话语权、从村民自治创新到乡村善治，带着问题深入下去，一点一滴地积累，层层剖析研究，这样做下来的收获还是不少的。农民作为人数最多的一个群体，乡村作为整个社会的基础，需要更多人去关注农民、关注乡村。

在成书过程中，自身身体每况愈下；父母年岁已高乃至频繁进出医院，以致老父仙去，等等，可谓多事之秋。但使命使然，责任使然。非常感谢老父生前的理解，妻儿支持；马克思主义学院的领导及其他领导同事也大力支持，郑青书记为本书出版牵线搭桥，竭力相助。正是这些力量，使我有了克服困难的勇气和力量。在写作过程中，研究生周专、张玉伟等人承担一些校稿任务，在此感谢；同时，引用了许多同仁的研究成果，使我的研究增色不少，受益良多，在此衷心感谢！

搁笔之际，回望走过的研究路程，很是感慨。研究之路，注定是艰辛的、寂寞的，但每每看到研究成果对社会有所裨益，对他人研究有点启发，解决了一些现实问题，为农民利益维护做了点事，一切辛苦、劳累都觉得值得。这或许是研究者的良心吧！但无论如何，书中一定还有许多不足，甚至错误之处在所难免，敬请同仁及读者指正。

熊小青

2023 年 8 月 16 日于赣南师范大学